Kohlhammer

Entwicklung und Bildung in der Frühen Kindheit

Herausgegeben von Manfred Holodynski, Dorothee Gutknecht
und Hermann Schöler

Sabine Rohrmann
Tim Rohrmann

Begabte Kinder in der KiTa

Verlag W. Kohlhammer

Dieses Werk einschließlich aller seiner Teile ist urheberrechtlich geschützt. Jede Verwendung außerhalb der engen Grenzen des Urheberrechts ist ohne Zustimmung des Verlags unzulässig und strafbar. Das gilt insbesondere für Vervielfältigungen, Übersetzungen, Mikroverfilmungen und für die Einspeicherung und Verarbeitung in elektronischen Systemen.

Es konnten nicht alle Rechtsinhaber von Abbildungen ermittelt werden. Sollte dem Verlag gegenüber der Nachweis der Rechtsinhaberschaft geführt werden, wird das branchenübliche Honorar nachträglich gezahlt.

1. Auflage 2017

Alle Rechte vorbehalten
© W. Kohlhammer GmbH, Stuttgart
Gesamtherstellung: W. Kohlhammer GmbH, Stuttgart

Print:
ISBN 978-3-17-029346-5

E-Book-Formate:
pdf: ISBN 978-3-17-029347-2
epub: ISBN 978-3-17-029348-9
mobi: ISBN 978-3-17-029349-6

Für den Inhalt abgedruckter oder verlinkter Websites ist ausschließlich der jeweilige Betreiber verantwortlich. Die W. Kohlhammer GmbH hat keinen Einfluss auf die verknüpften Seiten und übernimmt hierfür keinerlei Haftung.

Vorwort der Herausgeberin und der Herausgeber

Die Lehrbuchreihe „*Entwicklung und Bildung in der Frühen Kindheit*" will Studierenden und Fachkräften das notwendige Grundlagenwissen vermitteln, wie die Bildungsarbeit im Krippen- und Elementarbereich gestaltet werden kann. Die Lehrbücher schlagen eine Brücke zwischen dem aktuellen Stand der einschlägigen wissenschaftlichen Forschungen zu diesem Bereich und ihrer Anwendung in der pädagogischen Arbeit mit Kindern.

Die einzelnen Bände legen zum einen ihren Fokus auf einen ausgewählten Bildungsbereich, wie Kinder ihre sozio-emotionalen, sprachlichen, kognitiven, mathematischen oder motorischen Kompetenzen entwickeln. Hierbei ist der Leitgedanke darzustellen, wie die einzelnen Entwicklungsniveaus der Kinder und Bildungsimpulse der pädagogischen Einrichtungen ineinandergreifen und welche Bedeutung dabei den pädagogischen Fachkräften zukommt. Die Reihe enthält zum anderen Bände, die zentrale bereichsübergreifende Probleme der Bildungsarbeit behandeln, deren angemessene Bewältigung maßgeblich zum Gelingen beiträgt. Dazu zählen Fragen, wie pädagogische Fachkräfte ihre professionelle Responsivität den Kindern gegenüber entwickeln, wie sie Gruppen von Kindern stressfrei managen oder mit Multikulturalität, Integration und Inklusion umgehen können. Die einzelnen Bände bündeln fachübergreifend aktuelle Erkenntnisse aus den Bildungswissenschaften wie der Entwicklungspsychologie, Diagnostik sowie Früh- und Sonderpädagogik und bereiten für den Einsatz in der Aus- und Weiterbildung, aber ebenso für die pädagogische Arbeit vor Ort vor. Die Lehrbuchreihe richtet sich sowohl an Studierende, die sich in ihrem Studium mit der Entwicklung und institutionellen Erziehung von Kindern befassen, als auch an die pädagogischen Fachkräfte des Elementar- und Krippenbereichs.

Der vorliegende Band widmet sich einem kontrovers diskutierten Thema der Bildungsarbeit im Elementarbereich, der Begabung und Hochbegabung von Kindern. Viele Eltern wünschen sich natürlich ein (hoch)begabtes Kind, aber welche Verhaltensweisen und Leistungen kennzeichnen eine Hochbegabung? Ist jedes Vorschulkind, das seinen Altersgenossen voraus ist, schon hochbegabt? Und umgekehrt: Können sogar verhaltensauffällige Kinder verkannte hochbegabte Kinder sein, weil ihre verborgenen Fähigkeiten nicht angemessen gefördert werden? Und wie soll eine KiTa-Fachkraft diese individualisierte Förderung auch noch leisten? In diesem Dschungel an herausfordernden Fragen der Theoriebildung, Diagnose und Förderung von (hoch)begabten Kindern legen die Buchautorin Dr. Sabine Rohrmann und der Buchautor Dr. Tim Rohrmann aufschlussreiche Orientierungswege an. Sie ist Kinder- und Jugendtherapeutin mit einer eigenen Praxis für Bildungsberatung und Begabtenförderung, er ist Diplompsychologe und Professor für Entwicklung und Bildung im Kindesalter an der Evangelischen Hochschule Dresden – und beide ausgewiesene Expertin und Experte im Bereich der Begabungsdiagnose und -förderung.

In ihrer umfassenden und kritischen Diskussion von Begabungskonzepten und Diagnoseverfahren resümieren Frau und Herr Rohrmann, dass sich zwar Entwicklungsvorsprünge von Kindern verlässlich diagnostizieren und diese Kinder auch angemessen fördern lassen. Ob sich daraus aber eine biographisch stabile Hochbegabung im Sinne eines früh erkannten „Genies" entwickeln wird, ist im Vorschulalter noch nicht verlässlich diagnostizierbar. Daher kommen sie zu der verblüffenden, aber auch beruhigenden Empfehlung, bei Vorschulkindern noch nicht auf die Suche nach zukünftigen „Hochbegabten" zu gehen, sondern stattdessen jedes Kind auf seinem Entwicklungsniveau zu fördern – was heißt, begabte Kinder mit besonderen oder vorauseilenden Fähigkeiten auch auf ihrem entwickelten Niveau zu fördern, ohne sie bereits als „hochbegabt" zu etikettieren. Die Autorin und der Autor stellen wertvolle Hinweise zusammen, wie eine Begabtenförderung in der KiTa gestaltet werden kann, welche Rolle die pädagogischen Fachkräfte dabei spielen, wie erfolgreich mit Eltern kooperiert und mit begabungsrelevanten Problemen von Kindern umgegangen werden kann. Ein lehrreiches Buch mit provokanten Lösungen, die einen gangbaren Weg zur Begabungsförderung von Vorschulkindern weisen.

Münster, Freiburg und Heidelberg
Manfred Holodynski, Dorothee Gutknecht und Hermann Schöler

Inhalt

Vorwort der Herausgeberin und der Herausgeber		5
Einleitung: Begabte Kinder als Herausforderung		11
1	**Was ist Begabung?**	**15**
1.1	Zur Geschichte des Begriffs „Begabung"	15
1.2	Begabung und Intelligenz	18
	1.2.1 Alltagstheorien und Definitionen von Begabung	18
	1.2.2 Was ist Intelligenz?	20
	1.2.3 Klassische Intelligenztheorien	21
	1.2.4 Multiple Intelligenzen?	23
	1.2.5 Die Anlage-Umwelt-Kontroverse	24
1.3	Modellvorstellungen von Hochbegabung	27
	1.3.1 Klassische Modelle von Hochbegabung	28
	1.3.2 Hochbegabung als developing expertise	31
	1.3.3 Systemische Perspektiven	32
	1.3.4 ... oder ist es doch nur die allgemeine Intelligenz?	34
	1.3.5 Begabung: Nur noch ein Persönlichkeitsfaktor von vielen?	35
	1.3.6 Auf dem Weg zum autonomen Lerner	37
1.4	Weiterführende Literatur	39
2	**Begabte Kinder erkennen**	**40**
2.1	‚Checklisten' für Hochbegabung	41
2.2	Psychologische Diagnostik	43
	2.2.1 Die Anamnese	43
	2.2.2 Intelligenzdiagnostik	44
	2.2.3 Weitere Bestandteile psychologischer Diagnostik	46
2.3	Begabung und Intelligenz im Kindesalter	47
	2.3.1 Identifizierung von begabten Kindern so früh wie möglich?	47
	2.3.2 Begabung oder Entwicklungsvorsprung?	48
	2.3.3 Konsequenzen für Diagnostik und frühe Förderung	50
2.4	Verfahren zur Messung der Intelligenz im Vor- und Grundschulalter	52
	2.4.1 Probleme der Identifikation	53
	2.4.2 Nonverbale bzw. kulturfaire Intelligenztests	55
	2.4.3 Mehrdimensionale Intelligenztests	56
	2.4.4 Entwicklungsdiagnostik	60
	2.4.5 Das Gutachten	60
2.5	Fazit: Müssen begabte Kinder erkannt werden?	61
2.6	Weiterführende Literatur	62

3	Entwicklung begabter Kinder		63
	3.1	Sind begabte Kinder anders als andere?	63
	3.2	Entwicklungsprobleme und psychosoziale Auffälligkeiten	69
		3.2.1 Asynchrone Entwicklung	69
		3.2.2 Verhaltensauffälligkeiten	70
		3.2.3 Perfektionismus	72
		3.2.4 Anstrengungsvermeidung	74
		3.2.5 Underachievement	76
		3.2.6 Hochsensible Kinder	77
		3.2.7 Entwicklungsauffälligkeiten als Etikettierungsproblem	78
		3.2.8 Hochbegabung und psychische Störungen	82
	3.3	Dimensionen von Heterogenität	88
		3.3.1 Geschlecht	88
		3.3.2 Migration und Sprache	90
		3.3.3 Soziale Lage	92
	3.4	Weiterführende Literatur	94
4	Zwischenruf: Warum Begabtenförderung?		95
5	Kindliche Bildung als aktiver Konstruktionsprozess		102
	5.1	Bildung als Selbst-Bildung	105
	5.2	Die Zone der nächsten Entwicklung	107
	5.3	Gemeinsam denken – Kommunikation als Schlüssel	109
	5.4	Scaffolding – Beschleunigung von Entwicklung?	110
	5.5	Zur Bedeutung des Spiels	111
	5.6	Fazit: Auf den Spuren der Kinder	113
	5.7	Weiterführende Literatur	114
6	Begabtenförderung in der KiTa		115
	6.1	Begabte Kinder im KiTa-Alltag	115
	6.2	Begabung in Bildungsplänen und -programmen	118
	6.3	Strategien der Begabtenförderung	120
	6.4	Weiterführende Literatur	126
7	Schritte in die Praxis		127
	7.1	Bei sich selbst anfangen	128
	7.2	Förderung begabter Kinder: Eine Herausforderung für das gesamte Team	131
	7.3	Beobachtung und pädagogische Diagnostik	133
	7.4	Raumgestaltung und Materialien	139
	7.5	Partizipation	141
	7.6	Weiterführende Literatur	143

8	**Förderung in den Bildungsbereichen**	**144**
	8.1 Körper und Bewegung	144
	8.2 Soziale Kompetenz	145
	8.3 Sprache und Kommunikation	146
	8.4 Ästhetische Bildung	148
	8.5 Musik	149
	8.6 Mathematik, Naturwissenschaften und Technik	150
	8.7 Neue Medien	152
	8.8 Philosophieren mit Kindern	153
	8.9 Bücher über und Spiele für kluge Köpfe	154
	8.9.1 Bücher – einige Anregungen	154
	8.9.2 Regelspiele – einige Anregungen	156
9	**Übergänge**	**159**
	9.1 Von der Familie in die KiTa	160
	9.2 Vom Kindergarten in die Schule	163
	9.3 Integrative Begabtenförderung in Grundschule und Hort	168
	9.4 Weiterführende Literatur	172
10	**Umgang mit spezifischen Problemen**	**173**
	10.1 Begabt und respektlos?	173
	10.2 Begabte Underachiever	174
	10.3 Selbstüberforderung und Perfektionismus	177
	10.4 Hochbegabte Kinder unter Erfolgsdruck?	179
	10.5 Weiterführende Literatur	181
11	**Zusammenarbeit mit Eltern**	**182**
	Literatur	189
	Verzeichnis der psychologischen Tests	206

Einleitung: Begabte Kinder als Herausforderung

Ich hatte nie die Absicht gehabt, lesen zu lernen, aber irgendwie war es eben passiert. (…) Wenn ich's mir recht überlegte, war mir das Lesen einfach zugeflogen, genauso wie die Fähigkeit, meine Hosenklappe zuzuknöpfen, ohne den Kopf zu wenden, oder die Schnürsenkel zur Schleife zu binden. Ich wußte nicht mehr, wann sich die Zeilen über Vaters wanderndem Zeigefinger in Wörter getrennt hatten, aber ich erinnerte mich an keinen Abend, an dem ich nicht daraufgestarrt und zugehört hatte: Tagesnachrichten, Gesetze, die in Kraft traten, die Memoiren von Lorenzo Dow – alles, was Vater gerade las, wenn ich abends auf seinen Schoß geklettert war. Bis mich die Angst befiel, darauf verzichten zu müssen, hatte ich nie gern gelesen. Man atmet ja auch nicht gern. (Lee, 1962, S. 28 f.)

Dies erzählt Harper Lee aus einer Kindheit in den dreißiger Jahren des vergangenen Jahrhunderts. Dass Scout, die Heldin des Buches, mit sechs Jahren schon lesen und schreiben kann, wird an ihrem ersten Schultag allerdings zum Problem, denn ihre Lehrerin ist der festen Überzeugung, dass Kinder erst in der Schule lesen lernen sollten: „Das Lesen lernt man am besten mit unbelastetem Verstand" (ebd., S. 28), und Schreiben sogar erst in der dritten Klasse.

Heute ist es nichts Ungewöhnliches mehr, wenn Kinder bereits lesen können, wenn sie in die Schule kommen. Und während es vor ein, zwei Jahrzehnten noch passieren konnte, dass einem solchen Kind im Kindergarten Bücher mit der Begründung aus der Hand genommen wurden, dass es sich später in der Schule nicht langweilen soll, ist heute eher damit zu rechnen, dass engagierte Fachkräfte den Eltern das Aufsuchen eines Psychologen empfehlen, um das Kind auf eine mögliche Hochbegabung testen zu lassen.

Wir haben dieses Beispiel für den Einstieg in unser Buch gewählt, weil es eindrücklich beschreibt, dass für das Kind selbst seine bemerkenswerten Fähigkeiten gar nichts Besonderes darstellen. Andererseits hätte Scout wohl kaum lesen gelernt, wenn sie nicht immer auf dem Schoß ihres Vaters gesessen hätte, der als Anwalt nicht nur regelmäßig die Zeitung, sondern auch Gesetzestexte las. Dieser hatte keineswegs die Absicht, sein Kind damit besonders zu fördern – das Lernen geschah vielmehr nebenbei, so selbstverständlich wie das Atmen. Damit ist Hochbegabung einerseits „die normalste Sache der Welt", wie es Feger und Prado (1998) schon vor zwei Jahrzehnten in einem der Klassiker der Hochbegabungsliteratur formuliert haben. Andererseits ist klar, dass Kinder ihre Begabungen nur entwickeln können, wenn ihr Umfeld dafür passende Anregungen bereithält und die Menschen, mit denen sie zu tun haben, ihr Lernen herausfordern. Und so wird in einer aktuellen Initiative von Bund und Ländern gefordert: „Die Potenziale aller Kinder und Jugendlichen müssen möglichst frühzeitig erkannt werden" (KMK, 2016, S. 2).

Damit sind wir beim Thema dieses Buches. Es hat das Ziel, Fachkräfte und Studierende über die komplexen Zusammenhänge von Bildung und Begabung zu informieren und sie neugierig auf die vielfältigen Begabungen von Kindern zu machen. Gleichzeitig möchten wir Tendenzen zur Dramatisierung entgegenwirken und (angehende) Fachkräfte dazu befähigen, gelassen mit dem Thema *Hochbegabung* umzugehen.

Das Buch richtet sich in erster Linie an Studierende und Fachkräfte in der institutionellen Bildung, Erziehung und Betreuung von Kindern von 0–10 Jahren. Daneben ist es für alle Fachkräfte und Studierende interessant, die mit Kindern in dieser Altersgruppe – insbesondere mit Kindern bis zu sechs Jahren – arbeiten. Als Lehrbuch steckt das vorliegende Buch den Rahmen des Themas eher weit und geht auch auf grundlegende Theorien von Entwicklung und Bildung im Kindesalter ein. Gleichzeitig ist es als Lesebuch angelegt, so dass es nicht von vorn bis hinten durchgearbeitet werden muss. Wer eher an Fragen der Praxis interessiert ist, kann daher auch in der Mitte des Buches zu lesen beginnen. Etliche Querverweise stellen Verbindungen zu anderen Teilen des Buches her.

Die ersten drei Kapitel des Buches sind psychologischen Grundlagen gewidmet. Ausgehend von einem historischen Überblick befasst sich Kapitel 1 mit grundlegenden Fragen der Entwicklung von Begabung und Intelligenz im Kindesalter und führt in verschiedene Modellvorstellungen von Hochbegabung ein. In Kapitel 2 wird diskutiert, wie sich begabte Kinder erkennen lassen und inwieweit dies in den ersten Lebensjahren überhaupt sinnvoll ist. In diesem Zusammenhang wird auch ein Überblick über psychologische Verfahren zur Messung der Intelligenz gegeben. Thema von Kapitel 3 ist die Entwicklung begabter Kinder, wobei insbesondere auf mögliche Entwicklungsprobleme und Verhaltensauffälligkeiten sowie auf verschiedene Dimensionen von Heterogenität eingegangen wird.

Ein *Zwischenruf* stellt die Frage, ob und inwiefern Begabtenförderung im Kindesalter überhaupt notwendig ist, bevor es im zweiten Teil des Buches um die pädagogische Praxis geht. Dazu wird in Kapitel 5 zunächst in aktuelle Ansätze zum Verständnis kindlicher Bildung eingeführt, bevor in Kapitel 6 die Berücksichtigung der Begabungsthematik in Bildungsplänen im Elementarbereich diskutiert und Strategien der Begabtenförderung dargestellt werden. Kapitel 7 bis 9 sind dann der konkreten Umsetzung in die Praxis gewidmet, wobei Kapitel 7 allgemeine Bereiche pädagogischen Handelns in den Blick nimmt, Kapitel 8 die spezifischen Bildungsbereiche. In Kapitel 9 wird auf einige typische Probleme eingegangen, die in der Arbeit mit begabten Kindern zu Herausforderungen werden können. Gegenstand von Kapitel 10 sind die verschiedenen Übergänge im Bildungssystem, wobei auch auf Ansätze der Begabtenförderung in der Grundschule eingegangen wird. Im abschließenden Kapitel 11 werden schließlich Ansatzpunkte für die Zusammenarbeit mit Eltern beschrieben.

Grundlegend für die Arbeit mit begabten Kindern – wie für pädagogische Arbeit überhaupt – ist eine Reflexion eigener Erfahrungen und Einstellungen. Durch das gesamte Buch ziehen sich daher Übungen mit Anregungen zur Reflexion, die sowohl eigenständig bearbeitet als auch als Methoden zur Gruppenarbeit im Kontext von Ausbildung und Studium verwendet werden können. Insbesondere die Auseinandersetzung mit der eigenen *Begabungsgeschichte* kann dabei eine persönliche Herausforderung darstellen, die einen sicheren und geschützten Rahmen erfordert.

Insgesamt möchten wir mit diesem Buch das Denken über Bildung und Begabung in der Kindheit anregen und erweitern. Es greift viele Aspekte aktueller Diskussionen über Bildung im Kindesalter auf und steht damit im Kontext der Professionalisierung der Kindheitspädagogik. Gleichzeitig möchten wir etwas Gelassenheit in diese Diskussion bringen. Kinder haben unendlich vielfältige Potenziale, und es macht großen Spaß, sie bei der Entwicklung dieser Potenziale zu begleiten. Dafür braucht es vor allem Neugier und die Lust, mit Kindern gemeinsam auf Entdeckungsreise zu gehen.

Wir danken allen Menschen, die uns im Laufe unserer Auseinandersetzung mit dem Thema Hochbegabung angeregt und unterstützt und unser Denken immer wieder in neue Richtungen gelenkt haben. Herausgeber und Verlag haben uns durch ihr Vertrauen ermöglicht, dieses Lehrbuch zu veröffentlichen. Wir danken weiter André Jacob, der den Entstehungsprozess dieses Buches begleitet und wichtige Impulse dazu beigetragen hat. Tim Rohrmann dankt den Kolleginnen und Kollegen an der Evangelischen Hochschule Dresden, die ihm in den letzten Jahren vielfältige Anregungen für ein besseres Verständnis kindlicher Bildungsprozesse vermittelt haben; ein besonderer Dank geht dabei an Holger Brandes. Schließlich dankt Sabine Rohrmann den vielen Kindern und Eltern aus ihrer Beratungspraxis, die ihr Denken über Begabung und Begabtenförderung stets aufs Neue herausfordern.

Denkte, im Mai 2017
Sabine und Tim Rohrmann

1 Was ist Begabung?

> **Ein persönlicher Einstieg**
>
> Lehnen Sie sich einmal zurück und überlegen kurz, was für ein Bild vor Ihren Augen entsteht, wenn Sie hören, ein Mensch sei besonders begabt oder sogar hochbegabt. Wahrscheinlich denken Sie an den außergewöhnlichen Musiker, der in den Konzertsälen der Welt die Menschen mit seiner Musik verzaubert oder auch an den begnadeten Wissenschaftler, der für seine bahnbrechenden Forschungen oder Erfindungen den Nobelpreis erhält. Vielleicht denken Sie auch an die herausragenden Sportler, die bei internationalen Wettkämpfen viele Auszeichnungen und Preise erhalten. Alle diese Menschen zeigen in der Tat herausragende Leistungen in ganz unterschiedlichen Bereichen.

Kinder mit besonderen Begabungen sind keine Wesen vom anderen Stern, die grundsätzlich anders sind als andere Kinder. Sie sind auch keine Problemkinder, die eine Spezialbehandlung in einer Spezialeinrichtung benötigen. Kinder, die hochbegabt sind oder besondere Begabungen haben, sind zunächst einmal einfach Kinder. Sie sind in jeder KiTa zu entdecken und können dort auch angemessen begleitet und gefördert werden. Was (Hoch-)Begabung eigentlich ist und wie man sich Hochbegabung vorstellt – darum geht es in dieser ersten Einführung.

1.1 Zur Geschichte des Begriffs „Begabung"

> **begabt** (…) ‚talentiert, mit guten Anlagen, Geistesgaben ausgestattet'; Partizip zu begaben ‚mit Gaben ausstatten, beschenken'. (Pfeifer, 2016, o. S.)

Das Wort *Begabung* kommt von mittelhochdeutsch *gābe*, welches das Ergebnis des Schenkens, das ‚Geschenk' bezeichnet, aber auch die Eigenschaften, mit denen jemand ausgestattet ist. *Begabt* im Sinne von ‚talentiert, mit guten Anlagen, Geistesgaben ausgestattet' stammt vom heute unüblichen Verb *begaben* ab, das im 13. Jahrhundert zuerst in der Rechtssprache auftrat. Ab dem 14. Jahrhundert wurde es im religiösen Verständnis auf die Gaben Gottes an den Menschen bezogen. Von dort aus entwickelte es sich zu einem allgemeinen Ausdruck zur Bezeichnung von Menschen, die in besonderer Weise mit Geistesgaben oder anderen guten Anlagen ausgestattet waren (ebd.).

Legenden über besonders begabte Menschen gab es bereits in der Antike. So berichtet Plinius der Ältere vom griechischen König Mithridates VI., dass er alle 22 Sprachen beherrschte, die in seinem Reich gesprochen wurden. Vom Perserkönig Kyros wird erzählt, dass er alle Namen seiner 3000 Soldaten auswendig kannte (vgl. Hoyer, Weigand & Müller-Oppliger, 2013, S. 16). Allerdings lässt sich aus heutiger Sicht nicht feststellen, inwiefern es sich hierbei vielleicht nur um Legendenbildung handelt, mit der absolutistische Herrscher idealisiert werden sollten.

Auch aus dem Mittelalter gibt es Erzählungen über besonders begabte Menschen. Populär ist heute insbesondere der Rückblick auf herausragende Frauen wie z. B. die Äbtissin Hildegard von Bingen, die nicht nur über ein umfangreiches und vielfältiges Wissen verfügten, sondern auch in einer männerdominierten Gesellschaft machtvolle Positionen behaupten konnten. Hildegard selbst berichtet in ihrer Autobiographie, dass ihre geistigen Fähigkeiten schon im Kindesalter Verwunderung auslösten: „In meinem achten Jahr aber wurde ich zu geistlichem Leben Gott dargebracht (*oblata*) und bis zu meinem fünfzehnten Jahr war ich jemand, der vieles sah und mehr noch einfältig aussprach, so daß auch die, welche diese Dinge hörten, verwundert fragten, woher sie kämen und von wem sie stammten" (nach Klaes, 1998, S. 125).

Den meisten Menschen war im Mittelalter jedoch der Zugang zu umfassender Bildung versperrt. „Das ent-individualisierte Weltbild dieser Zeit verhinderte die soziale Anerkennung von besonderen persönlichen Fähigkeiten und Leistungen. Zudem öffnete es einer nicht selten ideologisch-religiös motivierten Willkür beim Umgang mit begabten Menschen Tür und Tor, was die ‚Fälle' Giordano Bruno (1548–1600) und Galileo Galilei (1564–1641) selbst noch im Übergang zur Renaissance anschaulich untermauern" (Jacob, 2016, S. 17).

Erst in der Aufklärung veränderte sich das Verständnis von Begabung hin zu einem Potenzial, das prinzipiell allen Menschen innewohnt. So war der berühmte Pädagoge Johann Amos Comenius (1592–1670) der Ansicht, dass alle Menschen zur Bildung begabt sind (Hoyer et al., 2013, S. 33). Bemerkenswert modern war dabei, dass er dies nicht nur auf alle Jungen unabhängig von ihrer Herkunft, sondern auch auf Mädchen bezog.

Das sich entwickelnde humanistische Bildungsverständnis führte zur Annahme, dass in erster Linie die Erziehung für die Ausbildung der Fähigkeiten des Menschen verantwortlich sei. Damit verbunden ist die am deutlichsten von Jean-Jacques Rousseau (1712–1778) formulierte Wende im Menschenbild hin zum Kind als einem eigenen Wesen: Ich „will, daß Kinder Kinder seien, ehe sie erwachsene Menschen werden" (Rousseau, 1988, S. 593). Mit der Annahme einer frühen *Bildbarkeit* von Kindern erhielten die Erziehungs- und Lehrpersonen eine zunehmend größere Bedeutung, da sie es waren, die für die Ausbildung von Fähigkeiten und Begabungen zuständig waren. Im Kontext von Bildungsreformen wurde dabei früh die Forderung gestellt, begabte Kinder unabhängig von ihrem sozialen Hintergrund zu fördern. So sprach sich der amerikanische Präsident Thomas Jefferson (1743–1826) im Jahr 1785 dafür aus, „besonders begabte Jungen ärmerer Eltern staatlich fördern zu lassen" (zit. nach Preckel & Baudson, 2013, S. 101).

Im Zuge der zunehmend wissenschaftlichen Reflexion von Begabung und Intelligenz begann die bis heute anhaltende Debatte über das Verhältnis von Anlage und Umwelt (vgl. Hüther & Hauser, 2012; Stern & Neubauer, 2013, 2016). Die bahnbrechenden Forschungen zur Vererbungs- und Abstammungslehre führten in der zweiten Hälfte des 19. Jahrhunderts dazu, dass in diesen Theorien auch der Schlüssel für das Verständnis von Talent und Genie gesucht wurde. So war Charles Darwin (1809–1882) davon überzeugt, dass Intelligenz vererbt ist und auch „das Genie, welches eine wunderbar komplexe Kombination hoher

Fähigkeiten beinhaltet, zur Erblichkeit neigt" (Darwin, 1871, S. 111, übers. T. R.). Dabei bezog er sich auf Studien seines Cousins Francis Galton (1822–1911) zur Erblichkeit intellektueller Fähigkeiten (Galton, 1865, 1869, 1910). Da Intelligenz und Genie als angeboren galten, wurde von den Autoren angenommen, dass der Weg in eine ideale Gesellschaft eher nicht über Erziehung führe, sondern vor allem über die Zuchtauswahl zur „Rassenveredlung".

Der Begriff *Genie*, der seit dem Ende des 18. Jahrhunderts insbesondere für Dichter und Künstler mit überragendem schöpferischen Vermögen verwendet wurde, ist allerdings zwiespältig. In der Kombination *Genie und Wahnsinn* ist er bis heute dafür verantwortlich, dass mit hoher Begabung oft – und fälschlich – eine Tendenz zu gestörter Persönlichkeit assoziiert wird (vgl. Baudson, 2008).

Seit dem 20. Jahrhundert steht stattdessen der Begriff Begabung im Vordergrund der Fachdiskussion. 1896 veröffentlichte Richard Baerwald eine *Theorie der Begabung*, in der bereits die Zwiespältigkeit des Begabungsbegriffs deutlich wird. Einerseits sollte Begabung psychologisch untersucht und klassifiziert werden, andererseits wurde weiterhin nach der *Bildsamkeit* menschlicher Begabungen und der Bedeutung von Erziehung gefragt (vgl. Weigand, 2011). Bis heute bewegt sich die Diskussion um Begabung und Begabtenförderung zwischen diesen beiden Polen. Zum einen sollen Begabte und Begabungen systematisch *erkannt* werden, was mit einer Unterscheidung von *mehr* und *weniger* Begabten einhergeht. Zum anderen wird danach gefragt, wie Kinder bestmöglich *gefördert* werden können, indem die individuellen Begabungen *jedes* Kindes aufgegriffen werden.

Von *Hoch*begabung war vor hundert Jahren allerdings noch nicht die Rede. Dieser Begriff wurde erst in den 1980er Jahren in den deutschsprachigen Raum eingeführt, als Forscherteams begannen, sich intensiver mit der Situation intellektuell besonders begabter Kinder und Jugendlicher auseinanderzusetzen. Seitdem hat die Beschäftigung mit Hochbegabung einen rasanten Aufschwung genommen. Zunächst waren es nur einzelne Spezialeinrichtungen, die sich die Förderung hochbegabter Kinder und Jugendlicher zum Auftrag machten. Im Zuge der öffentlichen Diskussionen über Bildung in den letzten zwei Jahrzehnten sowie nicht zuletzt aufgrund der Initiative von Stiftungen und Elternvereinen wurde das Thema Hochbegabung dann allmählich in die Öffentlichkeit getragen. Staatliche Stellen reagierten, initiierten Programme und Institutionen zur Beratung und Förderung Begabter und nahmen das Ziel der Begabtenförderung in Lehr- und Bildungspläne auf. Während dabei zunächst eher Jugendliche im Vordergrund standen, die im bestehenden Schulsystem ihre herausragenden Fähigkeiten nicht hinreichend entwickeln konnten, geht es inzwischen vermehrt um immer jüngere Kinder. Die Forderung nach einer individuellen Förderung begabter Kinder ist damit auch in der KiTa angekommen.

Was genau ein begabtes Kind ist, ist allerdings nach wie vor nicht unbedingt leicht zu bestimmen, wie der folgende Blick auf Alltagstheorien sowie wissenschaftliche Modellvorstellungen von Begabung und Intelligenz zeigt.

1.2 Begabung und Intelligenz

1.2.1 Alltagstheorien und Definitionen von Begabung

Schaut man sich an, wie Hochbegabte in den Medien heute dargestellt werden, scheint klar zu sein, was Hochbegabte auszeichnet: Es sind merkwürdige Geschöpfe, mit denen der normale Mensch nichts anfangen kann. Die Klischees reichen vom sprichwörtlichen zerstreuten Professor, der zwar komplizierte mathematische Probleme lösen, aber kein Spiegelei braten und seine Brille nicht finden kann, über den ‚Nerd', den uncoolen Streber, der sich zwar super mit Computern auskennt, sozial aber völlig unfähig ist, bis hin zur freundlichen und sympathischen Musterschülerin, die neben exzellenten Noten auch noch sozial engagiert ist, Klavier spielt und im Hockey glänzt. Diese Eigenschaften sind nicht unbedingt typische Merkmale hochbegabter Menschen, das haben viele Studien mittlerweile immer wieder bestätigt. Dennoch halten sich diese Überzeugungen hartnäckig. Vielleicht haben Sie mit der Einstiegsübung in dieses Kapitel auch bei sich selbst einige dieser Vorurteile entdeckt?

Diese Alltagstheorien, so genannte implizite Theorien, sind ein Mosaik aus Wissen, Einstellungen, Vorerfahrungen, Überzeugungen und spontanen Einfällen. Sie helfen im Alltag, Situationen, andere Menschen und Dinge zu erfassen und zu beurteilen. Das geschieht meist nicht bewusst, denn in der Regel werden derartige Annahmen nicht daraufhin überprüft, ob sie tatsächlich gültig und richtig sind. Sie sind daher sehr subjektiv und von dem geprägt, was der einzelne erlebt und gelernt hat. Dennoch oder gerade deshalb sind sie aber sehr bedeutsam, weil sie Orientierung und Sicherheit bieten, insbesondere auch dann, wenn sie von mehreren Leuten geteilt werden.

Im Gegensatz dazu sind explizite Theorien schriftlich ausformuliert, durch Fakten abgesichert und empirisch mit wissenschaftlichen Methoden überprüft. Eine allgemein gültige Definition von Hochbegabung gibt es jedoch nicht. Stattdessen gibt es eine Vielzahl von verschiedenen, sich z. T. widersprechenden Definitionen und Modellvorstellungen. Im Kasten auf der folgenden Seite sind einige dieser Definitionen aufgelistet.

Schon an diesen wenigen Beispielen wird ersichtlich, dass es nicht so einfach ist, Hochbegabung klar und eindeutig zu definieren. Wie viele psychologische Begriffe ist auch Begabung bzw. Hochbegabung ein *Konstrukt*, also eine theoretische Konstruktion. Begabungen sind nicht direkt beobachtbar – es kann nur indirekt auf eine Begabung geschlossen werden, wenn eine Person in bestimmten Situationen ein bestimmtes Verhalten zeigt. Es gibt verschiedenste Situationen, in denen Kinder Leistungen zeigen, und es gibt unterschiedliche Auffassungen darüber, welche für die Bestimmung von Hochbegabung entscheidend sind und welche eher nicht. Das Spektrum reicht dabei von Alltagssituationen, in denen Kinder bemerkenswerte Fähigkeiten zeigen, bis hin zu aufwändigen psychologischen Tests.

Definitionen von Begabung

Der in den 1970er Jahren durchgeführten und bis heute einflussreichen Marland-Studie zur Situation Hochbegabter in den USA wurde die folgende Definition vorangestellt:

„Hochbegabte und talentierte Kinder sind von beruflich qualifizierten Personen identifizierte Kinder, die aufgrund außergewöhnlicher Fähigkeiten hohe Leistungen zu erbringen vermögen. Um ihren Beitrag für sich selbst und für die Gesellschaft zu realisieren, benötigen diese Kinder die Bereitstellung differenzierter pädagogischer Programme und Hilfestellungen, die über die normalen regulären Schulprogramme hinausgehen.

Die Gruppe der Kinder, die zu hohen Leistungen fähig sind, schließt solche mit Leistungen und/oder potentiellen Fähigkeiten in irgendeinem der folgenden Bereiche mit ein:

- Allgemeine intellektuelle Fähigkeit
- Spezifische akademische (schulische) Eignung
- Kreatives oder produktives Denken
- Führungsfähigkeiten
- Bildnerische und darstellende Künste
- Psychomotorische Fähigkeiten"

(Marland, 1971, S. IX, zit. in Anlehnung an Fels, 1999, S. 41, übers. T. R.).

„Begabungen an sich sind immer nur Möglichkeiten der Leistung, unumgängliche Vorbedingungen, sie bedeuten noch nicht die Leistung selbst. Darum muß auch die Psychologie untersuchen, welche anderen seelischen Eigenschaften zur eigentlichen Begabung hinzutreten müssen, um die Leistung zu bestimmen" (Stern, 1916, S. 110).

„Hochbegabte verfügen über verwirklichte oder potentielle Fähigkeiten, die Ausdruck sind von hohen Leistungsmöglichkeiten auf intellektuellem, kreativem, künstlerischem (musikalisch oder darstellend) oder spezifischem akademischem Gebiet oder von außergewöhnlichen Führungsqualitäten. Es sind Kinder, die ein differenziertes Unterrichtsangebot und Fördermaßnahmen erfordern, die gewöhnlich in der Regelschule nicht geboten werden, damit sie ihren Beitrag für sich und die Gesellschaft verwirklichen können" (Mönks & Ypenburg, 1998, S. 17).

„Hochbegabt sind jene Schüler, deren potentielle intellektuelle Fähigkeiten sowohl im produktiven als auch im kritisch bewertenden Denken ein derartig hohes Niveau haben, daß begründet zu vermuten ist, daß sie diejenigen sind, die in der Zukunft Probleme lösen, Innovationen einführen und die Kultur kritisch bewerten, wenn sie adäquate Bedingungen der Erziehung erhalten" (Lucito, 1964, S. 184, zit. nach Feger & Prado, 1998, S. 31).

„*Begabung* ist zunächst eine relativ unspezifische individuelle Anlagepotenz, die in ihrer Entwicklung von Anfang an interagiert, also in Wechselwirkung tritt mit der sozialen Lernumwelt, d. h. mit konkreten Erziehungs- und Sozialisationseinflüssen. Begabung, auch Hochbegabung, stellt sich somit zu jedem Zeitpunkt der individuellen Entwicklung ... als *Interaktionsprodukt* dar" (Heller, 1992b, S. 28).

Fachkräfte in der Praxis bevorzugen oft ein eher breit angelegtes Verständnis von Hochbegabung, damit möglichst viele Kinder erfasst werden können, die in irgendeiner Weise herausragend sind. Spezialbegabungen in Bereichen wie Musik, Kunst und Sport werden im deutschen Sprachraum eher als Sonderbegabungen oder besondere Talente bezeichnet und oft nicht im Zusammenhang mit allgemeiner Hochbegabung betrachtet. Wissenschaftlich wird Hochbegabung dagegen in erster Linie als überragende kognitive Leistungsfähigkeit definiert, wie sie mit Intelligenztests gemessen werden kann.

Damit kommt ein neuer Begriff ins Spiel. Der Intelligenzbegriff ist für das Verständnis von Hochbegabung zentral. In manchen Definitionen wird Hochbegabung mit hoher Intelligenz gleichgesetzt. In komplexeren Modellvorstellungen von Hochbegabung erscheint hohe Intelligenz dagegen nur als ein Aspekt, der mit anderen Faktoren zusammenwirkt. Dennoch spielt die Intelligenz auch in diesen Modellen eine zentrale Rolle. Bevor wir Modelle von Begabung und Hochbegabung darstellen, müssen wir uns daher mit Intelligenztheorien befassen sowie mit der umstrittenen Frage, in welchem Ausmaß Intelligenz angeboren ist oder durch Umwelteinflüsse geformt werden kann.

1.2.2 Was ist Intelligenz?

Intelligenz ist wie Begabung ein vielfältig angewandter und daher uneindeutiger Begriff. Alfred Binet (1857–1911) und Théodore Simon (1872–1961), die zu Anfang des letzten Jahrhunderts den ersten Intelligenztest entwickelten, verstanden unter Intelligenz die Fähigkeit, „gut urteilen, gut verstehen und gut denken" zu können (zit. nach Holling, Preckel & Vock, 2004, S. 13). Der Begriff des Intelligenzquotienten (IQ) geht ursprünglich auf William Stern (1871–1938) zurück, der die testtheoretischen Grundlagen der Intelligenzmessung weiterentwickelte.

> **Definition**
>
> *Intelligenz* kann definiert werden als allgemeine Fähigkeit zum Denken oder Problemlösen in Situationen, die für das Individuum neu, d. h. nicht durch Lernerfahrungen vertraut sind. Sie ist damit ein Sammelbegriff für einen Teilbereich der *kognitiven Fähigkeiten* des Menschen, zu denen auch Wahrnehmungsvorgänge sowie Speichervorgänge im Gedächtnis gehören. Oft werden jedoch die Begriffe Intelligenz und kognitive Fähigkeiten mehr oder weniger synonym verwendet.

Differenziertere Definitionen von Intelligenz betonen darüber hinaus, dass intelligentes Verhalten aufgaben- oder bereichsspezifisch betrachtet werden muss:

> *Intelligenz ist die Fähigkeit des Individuums, anschaulich oder abstrakt in sprachlichen, numerischen und raum-zeitlichen Beziehungen zu denken; sie ermöglicht die erfolgreiche Bewältigung vieler komplexer und mit Hilfe jeweils besonderer Fähigkeitsgruppen auch ganz spezifischer Situationen und Aufgaben. (Groffmann, 1964, S. 190, zit. nach Heller, 1976, S. 7)*

Etwas breiter angelegt ist die folgende Definition, auf die sich etliche – wenn auch nicht alle – führende Intelligenzforscher in den neunziger Jahren des vergangenen Jahrhunderts verständigten. Sie betont den Bezug der Intelligenz zum alltäglichen Leben – im Sinne einer Fähigkeit, „sich Dinge erklären zu können":

> *Intelligence is a very general mental capability that, among other things, involves the ability to reason, plan, solve problems, think abstractly, comprehend complex ideas, learn quickly and learn from experience. It is not merely book learning, a narrow academic skill, ort test-taking smarts. Rather, it reflects a broader and deeper capability for comprehending our surroundings – ‚catching on', ‚making sense' of things, or ‚figuring out' what to do. (Gottfredson, 1997, S. 13)*

Inzwischen ist der Begriff Intelligenz so populär geworden, dass er mit verschiedensten Bedeutungen und in immer neuen Zusammenstellungen verwendet wird. War er lange Zeit für kognitive Leistungen reserviert, so wird heute auch von kreativer, sozialer oder praktischer Intelligenz gesprochen. Die Bandbreite reicht dabei von wissenschaftlichen Definitionen bis hin zu alltagssprachlichen Wendungen wie der ‚Intelligenzbestie'. In den folgenden Abschnitten untersuchen wir genauer, wie Intelligenz erklärt und welche Bedeutung ihr von verschiedenen Theorien für die menschliche Entwicklung gegeben wird.

1.2.3 Klassische Intelligenztheorien

Es gibt eine Vielzahl differenzierter und einander widersprechender Modelle von Intelligenz, Begabung und Hochbegabung (vgl. Rost, 2009a, 2013). Im Bereich der Intelligenzforschung dominieren dabei quantitativ orientierte Zugänge: Intelligenz gilt in der wissenschaftlichen Forschung als etwas, das sich testen und messen lässt. Im Laufe des letzten Jahrhunderts wurden dazu zahlreiche Verfahren entwickelt, die auf der Grundlage neuer Rechenverfahren Faktoren zu bestimmen suchten, mit denen die als intelligent bewerteten Leistungen erklärt werden können.

Die bei weitem einflussreichste Intelligenzkonzeption des vergangenen Jahrhunderts ist die von Charles Spearman (1863–1945) entwickelte Vorstellung einer allgemeinen Intelligenz (*general intelligence* „g"). Danach liegt den vielen spezifischen Leistungen, die als intelligent bewertet werden, ein einziger gemeinsamer Faktor zugrunde, den er als allgemeinen Faktor der Intelligenz bezeichnete („Generalfaktor-Modell"). Diese Vorstellung ist nicht nur Grundlage vieler klassischer Intelligenztests, sondern auch mancher Konzepte von Hochbegabung. Im Gegensatz dazu ging Louis L. Thurstone (1887–1955) von sieben unabhängigen Primärfaktoren (*primary mental abilities*) aus, aus denen die Intelligenz sich zusammensetze.

Raymond B. Cattell (1905–1998) entwickelte dann die ebenfalls einflussreiche *Zweikomponenten-Theorie*, in der er die so genannte fluide von der kristallinen Intelligenz unterschied. Mit *kristalliner Intelligenz* werden kognitive Fertigkeiten bezeichnet, die durch gesellschaftliche und kulturelle Erfahrungen erworben werden. Sie umfasst z. B. Wortschatz und Sprachverständnis und beruht auf Lernerfahrungen. Die *fluide Intelligenz* bezeichnet grundlegende Denkfähigkeiten, die für die Verarbeitung von neuartigen Informationen erforderlich sind. Dazu gehören logisches Schließen und das Erkennen von Analogien. Cattell nahm an, dass die fluide Intelligenz weitgehend angeboren sei und durch Umwelterfahrungen nicht verändert werden könne. Davon ausgehend entwickelte er sprachfreie, so genannte *kulturfaire* Intelligenztests, um die fluide Intelligenz möglichst *rein* erfassen zu können. Diese verwenden komplexe visuelle Figuren und Muster, die von den Testpersonen erkannt und weitergeführt werden müssen.

Man könnte nun meinen, dass die fluide Intelligenz dasselbe sei wie der von Spearmann postulierte Generalfaktor. Welche Bedeutung hätten dann aber erlernte kognitive Fähigkeiten für die Intelligenz? Wenn die allgemeine Intelligenz mit der fluiden Intelligenz gleichzusetzen wäre, würde es ja ausreichen, letztere zu erfassen. So einfach ist es allerdings nicht. Mit Intelligenz wird auch die Fähigkeit bezeichnet, spezifische Aufgaben und Probleme zu lösen, die sich aus dem kulturellen und gesellschaftlichen Kontext ergeben, in dem Kinder aufwachsen. Diese Fähigkeit lässt sich nicht ohne die Berücksichtigung der jeweiligen Kulturtechniken – in unserer Gesellschaft z. B. Lesen, Rechnen und der Erwerb von Sachwissen in spezifischen Themenfeldern – erfassen.

Zudem wird die Annahme, dass die fluide Intelligenz durch Lernerfahrungen nicht mehr verändert werden kann, seit längerem in Frage gestellt (Stern, 2001). Es könnte sein, dass sich die zunehmende Nutzung visueller Medien auf räumlich-visuelle Basiskompetenzen ausgewirkt haben und daher Testergebnisse in kulturfairen Verfahren heute mehr von Lernerfahrungen abhängen und insgesamt besser ausfallen als in vergangenen Jahrzehnten (vgl. Rohrmann & Rohrmann, 2010, S. 34 f.).

Moderne Strukturmodelle der Intelligenz unterscheiden mehrere Bereiche der Intelligenz, die in einer Hierarchie allgemeiner und spezifischer Fähigkeiten angeordnet werden. So postuliert Carroll in seiner *Three-Stratum-Theorie* drei Ebenen der Intelligenz. Auf der obersten Ebene steht die allgemeine Intelligenz. Auf der zweiten Ebene treten neben die von Cattell benannte fluide und kristalline Intelligenz weitere Faktoren wie Gedächtnis- und Wahrnehmungsqualitäten. Auf der dritten, untersten Ebene sind diesen insgesamt acht bis neun Faktoren zahlreiche spezifische Fähigkeiten zugeordnet (vgl. Rost 2009, S. 59f.). Eine aktuelle Weiterentwicklung dieses Modells ist die Cattell-Horn-Carroll-Theorie (CHC-Modell) der kognitiven Fähigkeiten, in dem die Liste der Faktoren zweiter und dritter Ordnung nochmals erweitert wurde (vgl. Preckel & Vock, 2013, S. 31 f.).

All diese Modelle gehen davon aus, dass der Ausbildung spezifischer Fähigkeiten oder Intelligenzfaktoren ein allgemeiner Generalfaktor der Intelligenz zugrunde liegt. Es könnte aber auch sein, dass sich das, was wir Intelligenz nennen, aus vielen Einzelfähigkeiten zusammensetzt, die sich erst im Laufe eines Entwicklungs- und Lernprozesses zu übergeordneten Fähigkeiten herauskristallisieren (Stern, 2001). Eine allgemeine Intelligenz ist dann nicht die *Grundlage*, sondern das *Ergebnis* einzelner kognitiver Fähigkeiten. Neubauer und Stern

(2007) betonen in diesem Zusammenhang die große Bedeutung von Lernen und Umweltbedingungen für die Entwicklung von Intelligenz und auch von Begabung.

1.2.4 Multiple Intelligenzen?

Die bisher dargestellten Modelle setzen Intelligenz mit kognitiver Leistungsfähigkeit gleich. Gibt es aber nicht auch Menschen, die sehr intelligent sind, ohne Bücherwürmer oder Mathegenies zu sein? Gardner (1991) unterscheidet in seinem populären Konzept der „multiplen Intelligenzen" mindestens sieben verschiedene Fähigkeitsdimensionen (*Intelligenzen*), die voneinander weitgehend unabhängig sein sollen: die linguistische, die mathematisch-logische, die räumliche, die körperlich-kinästhetische, die musikalische, die interpersonale und die intrapersonale Intelligenz. Die beiden letzten Bereiche lassen sich auch als soziale Intelligenz zusammenfassen. In späteren Veröffentlichungen findet Gardner (2002) immer weitere Intelligenzen. So stellt er Überlegungen zu „naturkundlicher", „spiritueller" bzw. „existentieller" Intelligenz sowie „Lebensintelligenz" an. Neuere Konstruktionen wie „disziplinierte" oder „respektvolle" Intelligenz (Gardner, 2007) lassen den Begriff Intelligenz zunehmend als Worthülse erscheinen, der mit beliebigen Inhalten angefüllt werden kann. Nichtsdestotrotz erfreut sich der Ansatz der multiplen Intelligenzen großer Beliebtheit nicht zuletzt bei Pädagoginnen und Pädagogen im Bereich der Begabtenförderung, weil sich in ihm die Vielfalt von individuellen Eigenheiten und Stärken widerspiegelt, die Kinder zum Ausdruck bringen.

Seit langem populär ist auch der Begriff *emotionale Intelligenz* (Goleman, 1995). Obwohl kein Zweifel daran besteht, dass emotionale Kompetenzen für menschliches Zusammenleben und Kommunikation sehr grundlegend sind, ist fraglich, inwieweit der Begriff *Intelligenz* in diesem Zusammenhang Sinn macht. Noch mehr gilt das für fortwährend neu aufkommende, teils abstruse Konstruktionen wie „moralische Intelligenz" (Coles, 2001), „Herzintelligenz" (Childre, 2006) oder „somatische Intelligenz" (Frankenbach, 2014).

In der wissenschaftlichen Diskussion werden derartige Konzepte multipler Intelligenzen kritisch gesehen (Rohrmann & Rohrmann, 2010, S. 32 f.; vgl. Stern & Grabner, 2013). Es ist schwierig zu definieren, was genau mit den verschiedenen Intelligenzformen gemeint ist, und schon aus diesem Grund lassen sie sich kaum zuverlässig messen. Daher sind Aussagen über Begabung und Hochbegabung in vielen Bereichen sehr subjektiv. Diese Kritik trifft allerdings nicht auf alle Intelligenzbereiche gleichermaßen zu. So handelt es sich bei verbalen sowie bei mathematisch-logischen Fähigkeiten um gut erforschte Bereiche, in denen Begabungen durch klassische Intelligenztests gut abgebildet werden können. Andere Fähigkeiten entziehen sich dagegen hartnäckig einer empirischen Vermessung – nicht zuletzt der Bereich der Kreativität. Ob ein Kind ‚besonders gut malen kann' ist manchmal schwer zu beurteilen, so wie auch moderne Kunst von Betrachtern oft sehr unterschiedlich wahrgenommen und bewertet wird.

1.2.5 Die Anlage-Umwelt-Kontroverse

Wenn Begabung bzw. Hochbegabung als Erklärung für außergewöhnliche Leistungen herangezogen wird, wird gleichzeitig meist davon ausgegangen, dass Intelligenz in erheblichem Ausmaß angeboren ist. Inwieweit Intelligenz *erblich* bzw. *angeboren* ist, wird seit langem sehr kontrovers diskutiert. Dies schließt auch die Extrempositionen ein, dass die intellektuelle Leistungsfähigkeit weitgehend genetisch determiniert oder aber im Wesentlichen auf Umweltfaktoren zurückführbar sei. Die Annahme eines hohen erblichen Anteils geht dabei meist mit der Annahme einer unveränderbaren und stabilen Begabung einher. Dies würde bedeuten, dass Lernen und Bildung zwar wichtig sind, damit Kinder Wissen und Fähigkeiten erwerben können. Die Intelligenz im engeren Sinn ließe sich damit aber nur wenig steigern. Wird dagegen mehr von Umweltfaktoren als bestimmenden Variablen ausgegangen, wird der Begriff *Begabung* oft eher gemieden oder ganz abgelehnt, um deutlich zu machen, dass die intellektuelle Leistungsfähigkeit wesentlich durch Umwelteindrücke und Bildungserfahrungen geprägt wird.

Der Streit darum, ob Intelligenz im Wesentlichen vererbt und angeboren oder von Umweltfaktoren abhängig ist, erfuhr vor einigen Jahren einen (neuen) Höhepunkt. „Deutschland wird immer dümmer", erklärte Thilo Sarrazin im Jahre 2010 in seinem Bestseller *Deutschland schafft sich ab*. Die Ursache für diesen bedrohlichen Trend sah er in der hohen Erblichkeit der Intelligenz. Hauptgründe für den Niedergang der Nation der Dichter und Denker sei daher der Kinderreichtum von intellektuell weniger begabten Mitbürgern. Schlaue und gebildete Bürger hätten dagegen deutlich weniger Nachwuchs. Sarrazin schlussfolgert aus seinen Überlegungen, „dass sich das vererbte intellektuelle Potential der Bevölkerung kontinuierlich verdünnt. Dieser qualitative Effekt wirkt sich langfristig entscheidend auf die Zukunftsfähigkeit der Gesellschaft aus" (ebd., S. 91 f.). Ähnlich hatte bereits Galton im England des 19. Jahrhunderts einen „Rückfall in die Barbarei" befürchtet, weil „die Fruchtbarkeit der befähigteren Klassen beständigen Hemmungen ausgesetzt (ist), während die Unbedachtsamen und Nichtehrgeizigen am meisten Nachkommenschaft aufziehen" (Galton, 1910, S. 383). Derartige Befürchtungen, die auf einem irrtümlichen Verständnis von Anlage-Umwelt-Zusammenhängen beruhen, hat die Geschichte längst widerlegt.

Etwas seriöser trug der Journalist Dieter E. Zimmer (2012) zahlreiche Forschungsergebnisse zusammen. Sein Fazit: „Es ist so robust erwiesen, wie etwas in den Naturwissenschaften überhaupt erwiesen sein kann, dass die Unterschiede in der von IQ-Tests gemessenen Intelligenz bei Erwachsenen zu mindestens 60 bis 75 Prozent (…) auf Unterschiede im Genotyp zurückgehen" (2012, S. 250). Ganz so eindeutig sind die Ergebnisse der Intelligenzforschung allerdings nicht. Rost (2009a, S 238) gibt in seinem Standardwerk *Intelligenz* als mittlere Werte für die Erblichkeit 50 Prozent bis 60 Prozent an; „die berichteten Werte schwanken je nach Stichprobe, Design und IQ-Operationalisierung zwischen 40 % (…) und 80 %" (ebd.). Velden stellt sogar fest, dass die Werte veröffentlichter Studien zwischen 10 Prozent und 90 Prozent liegen (Velden, 2013, S. 7) und führt dies auf z. T. fragwürdige Methoden der Datenerhebung zurück. Seiner Ansicht nach besteht „zwischen dem, was sich wissenschaftlich zum Thema sagen lässt, und dem, was in einer breiten Öffentlichkeit aber auch unter vielen Wissenschaftlern angenommen wird, eine erhebliche Diskrepanz" (ebd., S. 8).

Zwar besteht kaum Zweifel daran, dass individuelle Unterschiede in intellektuellen Fähigkeiten von Anlagefaktoren mitbedingt sind. Dies belegen – trotz verschiedener methodischer Schwächen – nicht zuletzt Studien aus der Zwillingsforschung. Angaben von Prozentanteilen sind jedoch mit großer Vorsicht zu bewerten. Fischbach und Niggeschmidt (2016, S. 13 f.) weisen zudem darauf hin, dass der Begriff *Erblichkeit* oft missverständlich verwendet werde; besser sei es daher, vom *genotypischen Varianzanteil* zu sprechen. Aus diesem lassen sich aber keine Erkenntnisse über einzelne Individuen ableiten, denn es handelt sich dabei um *Gruppen*unterschiede. Auch Zimmer (2012) stellt fest, dass Aussagen über Erblichkeit immer relativ sind: „Ein Satz wie ‚Die Erblichkeit deines IQ beträgt 75 Prozent' wäre so unsinnig wie ‚Meine Durchschnittsgröße beträgt 1 Meter 82'" (ebd., S. 277).

Zudem gibt es einige Forschungsergebnisse, die auf den ersten Blick nicht unbedingt einleuchten. So scheint der genetische Einfluss auf die Intelligenz im Verlaufe der Entwicklung kontinuierlich zuzunehmen. Bei Kindern hängen Intelligenzunterschiede mehr mit Umweltfaktoren zusammen als bei Erwachsenen. Der genotypische Varianzanteil ist dagegen deutlich geringer, „beginnend mit geringen Prozentsätzen im Säuglingsalter und ca. 20 Prozent im Kleinkindalter" (Rost, 2009a, S. 235). Neubauer und Stern (2007) formulieren: „(…) was die Intelligenz betrifft, scheinen die Gene sich gleichsam durchzusetzen, je älter wir werden" (S. 111).

Und es wird noch verwirrender. Studien belegen, dass die Erblichkeit des IQ bei Kindern mit hoch gebildeten Eltern wesentlich höher ist als bei Kindern aus einem weniger gebildeten Elternhaus (Rowe, Jacobson & van den Oord, 1999; Tucker-Drob, Briley & Harden, 2014). In einer Studie mit Familien, die an der Armutsgrenze lebten, war der Anteil der Gene dagegen nahezu null (Turkheimer et al., 2003). Umweltfaktoren – und damit auch Förderbemühungen – scheinen also besonders bei Kindern aus bildungsfernen, benachteiligten Familien bedeutsam zu sein, weniger dagegen für Kinder aus gut gebildeten Elternhäusern (die allerdings viel eher auf die Idee kommen, dass ihr begabtes Kind besondere Förderung benötigt).

Diese Ergebnisse zeigen, dass die Zusammenhänge von Anlage- und Umweltfaktoren komplex sind und sich nicht als einfache Prozentanteile angeben lassen. Zudem ist es falsch anzunehmen, dass angeborene Eigenschaften immer auch stabil sind: „‚vererbt' ist nicht gleichzusetzen mit ‚unveränderbar', genauso wie ‚erworben' nicht bedeutet, dass hier in jedem Fall auf das entsprechende Merkmal Einfluss genommen werden kann" (Tettenborn, 1996, S. 47). Dies wird von der neueren Gen- und Gehirnforschung zunehmend bestätigt. Aufwändige Untersuchungen des menschlichen Genoms haben kaum Hinweise auf spezifische genetische Determinanten geistiger Fähigkeiten finden können. Singer fasst zusammen: „Es gibt fast keine Eins-zu-Eins-Beziehung zwischen genetischen Instruktionen und bestimmten Eigenschaften, schon gar nicht im Bereich von

Begabungsperspektiven und Persönlichkeitsmerkmalen" (Singer, 2002, S. 44). Penke (2013, S. 66) spricht von der „rätselhaften genetischen Basis" der Intelligenz. Zwar wurden inzwischen zahlreiche Genabschnitte gefunden, die mit Intelligenz zusammenhängen, aber „die genauen biologischen Grundlagen der Intelligenz liegen noch ziemlich im Dunkeln" (ebd., S. 69).

Die Einsicht, dass Intelligenz sich in der Wechselwirkung von Anlage und Umwelt entwickelt, wurde dagegen in den letzten zwei Jahrzehnten durch Forschungen zur Plastizität des Gehirns insbesondere in den ersten Lebensjahren bestätigt (vgl. Eliot, 2010). Die neuere Gehirnforschung belegt, „dass die strukturelle Reifung des Gehirns sich in einem erfahrungsbedingten ‚Selektionsprozess' entwickelt und schon vor der Geburt durch Sinnessignale und damit Umwelteinflüsse beeinflusst wird. ‚Angeboren' ist demnach nicht mit ‚genetisch bedingt' gleichzusetzen" (Brandes, 2011, S. 48). Genetische und Umweltfaktoren stehen von Beginn der Entwicklung an in Wechselwirkung, was die Gegenüberstellung von Anlage und Umwelt obsolet erscheinen lässt. Intelligenz entwickelt sich immer im Kontext sozialer Beziehungen.

Brandes weist davon ausgehend auf den Beitrag des aktiven, lernbereiten Kindes hin, „das Anlage und Umwelt zusammenbringt und ‚etwas daraus macht'" (2011, S. 50). Die empirische Säuglingsforschung hat gezeigt, in welch beeindruckender Weise bereits Säuglinge über kognitive Kompetenzen verfügen und soziale Lernprozesse aktiv mitgestalten (vgl. Dornes, 1992, 2006). „Insofern spricht viel dafür, dass Begabung letztlich ein Lernprodukt ist, wobei das Kind selbst die Rolle des aktiven ‚Dritten' spielt. Es bildet seine Anlagen aus und erobert zugleich seine Umwelt" (Brandes, 2011, S. 50). Dies gelingt einem Kind umso besser, je älter es wird – und je mehr Anregungen es in seiner Umwelt vorfindet.

Diese „*aktive Genom-Umwelt-Beziehung*" (Neubauer & Stern, 2007, S. 11) kann nun auch erklären, warum die Bedeutung der Gene mit dem Alter zunimmt. Je älter sie werden, umso mehr suchen sich intelligente Menschen Umwelten, die sie intellektuell anregen und herausfordern. Daraus wird gefolgert, dass eine Förderung durch Schaffung anregungsreicher Umwelten besonders in den ersten Lebensjahren wichtig sei (Rost, 2009a, S. 235). Ein Schulkind kann seine Mutter überreden, mit ihm in die Bücherei zu gehen, um ihm Lesestoff zu besorgen – vorausgesetzt, die Mutter besorgt ihm einen Büchereiausweis. Ein Kindergartenkind, dessen Umfeld davon überzeugt ist, dass Lesen erst in der Schule gelernt werden sollte, kann das in der Regel nicht (ein bemerkenswertes Gegenbeispiel hat Roald Dahl (1997) in seinem Kinderbuch Matilda verewigt). Fischbach und Niggeschmidt (2016) fassen zusammen:

> *Je älter Kinder und Jugendliche werden (und je wohlhabender ihr familiäres Umfeld ist), desto eher ist es ihnen möglich, sich aktiv Umwelten auszusuchen, die ihnen Entwicklungschancen bieten – was den durch Umweltwirkungen verursachten Anteil der Unterschiede innerhalb der Gruppe verringert und den auf genotypische Ursachen zurückzuführenden Anteil der Unterschiede vergrößert. (Fischbach & Niggeschmidt, 2016, S. 9)*

Begabung entwickelt sich damit in einem komplexen Wirkungszusammenhang von Anlagen und Umwelt, wobei der entscheidende Faktor die Eigenaktivität des individuellen Kindes ist. Genetisch determinierte Fähigkeiten entwickeln sich in der Interaktion mit Umweltfaktoren und können – bei förderlichen Umweltbedingungen und sozialen Beziehungen – zu Hochleistungen führen. Neubauer und Stern (2007) fassen zusammen:

> *Beim aktuellen Stand der Forschung verbleibt somit als Fazit, dass die Gene für Fragen der Begabung und Intelligenz eine nicht unbeträchtliche Rolle spielen. Gene setzen offensichtlich Grenzen für das, was ein Mensch in seinem Leben erreichen kann, aber diese Grenzen scheinen nicht extrem eng gesteckt. Ein ‚Weniger' an Intelligenz und Begabung kann (…) teilweise durch ein ‚Mehr' an Einsatz, Hingabe, Motivation und daraus resultierenden intensiven Wissenserwerb kompensiert werden. (Neubauer & Stern, 2007, S. 117)*

Interessanter als die Frage, in welchem Ausmaß die Intelligenz von den Genen bzw. der Umwelt bestimmt ist, ist damit die Frage danach, wie Umweltbedingungen und soziale Beziehungen von Menschen verbessert werden können, damit ihnen eine optimale Entwicklung ihres intellektuellen Potenzials ermöglicht wird.

1.3 Modellvorstellungen von Hochbegabung

Nach der Auseinandersetzung mit dem Intelligenzbegriff kommen wir nun zum Thema Begabung und Hochbegabung zurück. Mit Begabung, so wurde in der Einleitung ausgeführt, kann die Ausstattung eines Menschen mit „guten Anlagen, Geistesgaben" (Pfeifer, 2016, o. S.) bezeichnet werden. Begabung ist aber auch etwas, was gefördert werden muss, damit Kinder und Jugendliche sich gut entwickeln können. Wie das eine mit dem anderen zusammenhängt ist Gegenstand von zahlreichen Modellen zum Verständnis von Begabung und Hochbegabung, die in den letzten Jahrzehnten vorgelegt wurden. Modellvorstellungen von (Hoch-)Begabung sollen erklären, wie es Begabten gelingt, ihre – nicht direkt beobachtbare – Begabung in sichtbare Fähigkeiten und Leistungen umzusetzen.

Hohe Intelligenz im Sinne herausragender kognitiver Fähigkeiten nimmt in Modellen von Begabung und Hochbegabung einen mehr oder weniger wichtigen Platz ein. Dabei wird auf unterschiedliche Intelligenzmodelle zurückgegriffen und/oder das Verhältnis von Intelligenz und Begabung unterschiedlich konzipiert. Darüber hinaus liegen den Modellen unterschiedliche Vorstellungen darüber zugrunde, welche Einflussfaktoren zu beachten sind und in welcher Form diese aufeinander bezogen werden müssen. Zudem stehen manche Modelle ausdrücklich in einem Kontext von Förderung und sind daher geradezu dazu angelegt, Hochbegabte zu *entdecken*. Andere Modelle versuchen die Entwicklung Hochbegabter eher zu beschreiben. Diese Unterschiede sind zuweilen verwirrend, haben in der Vergangenheit zu großen Kontroversen geführt und lassen sich auch heute nicht gänzlich auflösen.

1.3.1 Klassische Modelle von Hochbegabung

Die ersten Modellvorstellungen von Hochbegabung wurden Ende der 1970er Jahre entwickelt. Im Gegensatz zu Definitionen von Hochbegabung, die sich lediglich auf eine besondere (intellektuelle) Leistungsfähigkeit von Begabten bezogen, berücksichtigten diese Modelle auch motivationale und Umweltfaktoren. So sah Renzulli (1978) in seinem *Drei-Ringe-Modell der Hochbegabung* diese in der Schnittmenge von drei jeweils überdurchschnittlich ausgeprägten, aber nicht notwendigerweise herausragenden Persönlichkeitsmerkmalen:

- Allgemeine kognitive Fähigkeiten sowie spezielle Stärken in den verschiedensten Wissensgebieten;
- Kreativität im Sinne eines originellen, produktiven, flexiblen und selbstständigen Vorgehens bei der Lösung von Aufgaben;
- Aufgabenverpflichtung, d. h. die Fähigkeit einer Person, sich einer Aufgabe längere Zeit zu widmen.

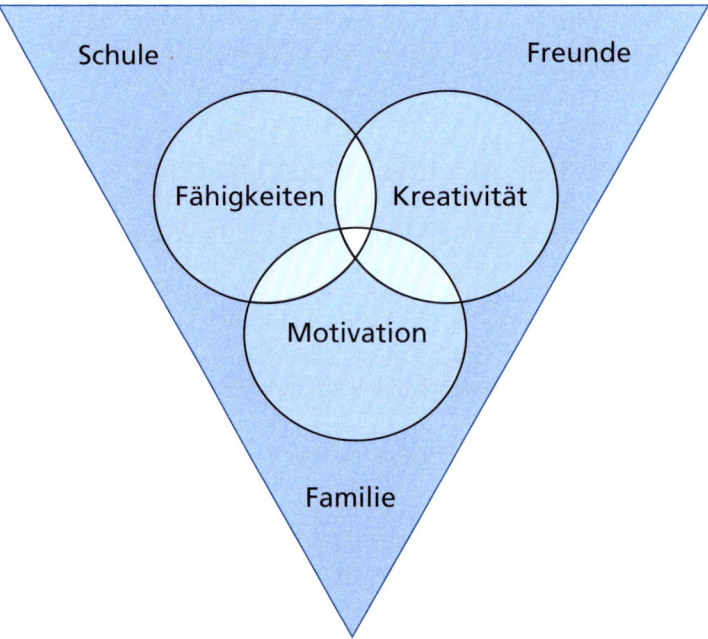

Abb. 1: Das Triadische Interdependenzmodell (nach Mönks, 2001, S. 10)

Zudem vertrat Renzulli eine sehr entwicklungsorientierte Position und betonte die Bedeutung von Umweltbedingungen für die Entwicklung individueller Fähigkeiten. Seine Definition entstand vor dem Ziel, eine möglichst breite Gruppe von potenziell Hochbegabten zu erfassen und damit für Förderprogramme interessant zu machen. Das *Drei-Ringe-Modell* hat weite Verbreitung gefunden, wurde aber auch viel kritisiert und daher von Renzulli immer wieder modifiziert und präzisiert.

Mönks (1992) erweiterte das Drei-Ringe-Modell von Renzulli zu einem *Triadischen Interdependenzmodell*, in dem er die drei Begabungsfaktoren um drei Umfeldfaktoren ergänzte. Damit hob er die Bedeutung des sozialen Umfelds hervor, in dem sich ein Kind befindet: die Familie, die Bildungseinrichtungen und schließlich die Peers, also die anderen Kinder, mit denen begabte Kinder zu tun haben. Mönks differenziert deutlich zwischen Begabungspotenzial und Leistung: „Erst bei einem guten Zusammenspiel dieser sechs Faktoren kann sich Hochbegabung entwickeln und zum Ausdruck kommen in besonderer Leistung" (Mönks, 2001, S. 10).

Mönks und Renzulli sind sich darin einig, dass Hochleistungen in einem bestimmten sozialen Kontext entstehen und in persönliche Entwicklungsbedingungen eingebettet sind. Die Modelle stimmen überein mit der heute in der Entwicklungspsychologie überwiegenden Sichtweise, dass entscheidend ist, wie die Anlagen und Bedürfnisse des einzelnen Individuums mit der Umwelt aufeinandertreffen (*Passung*). Beide Modelle sind auch Ausgangspunkt für die Entwicklung von Fördermaßnahmen. Der Appell Renzullis, möglichst viele (Hoch-)Begabte zu fördern und möglichst kein Potenzial verkümmern zu lassen, wirkt sympathisch und hat sich in der Folgezeit in vielen Identifikations- und Fördermodellen niedergeschlagen. Ein solcher Ansatz wurde und wird aber auch kritisch gesehen. Pointiert formuliert bleibt unklar, ob nicht fast jeder Mensch *hochbegabt* werden könnte, wenn er nur ausreichend gefördert werden würde.

Das von Heller und Mitarbeitern entworfene *Münchner Hochbegabungsmodell* ist ein komplexer aufgebautes mehrfaktorielles Begabungsmodell. Es liegt der 1984 begonnenen umfangreichen Münchner Längsschnittstudie zugrunde (Heller, 1990, 1992a).

Heller und Mitarbeiter griffen dabei auf vorliegende Definitionen von Intelligenz und Hochbegabung, aber auch auf die schon erwähnte Theorie der multiplen Intelligenzen von Gardner (1991) zurück, die von verschiedenen Fähigkeitsdimensionen ausgehen. Hochbegabung wird als ein Profil von Dispositionen zu besonderen Leistungen verstanden:

> *„Hochbegabung" definieren wir als individuelle kognitive, motivationale und soziale Möglichkeit, Höchstleistungen in einem oder mehreren Bereichen zu erbringen, z. B. auf sprachlichem, mathematischem, naturwissenschaftlichem vs. technischem oder künstlerischem Gebiet, und zwar bezüglich theoretischer und/oder praktischer Aufgabenstellung. (Heller, 1990, S. 87)*

Das Münchner Hochbegabungsmodell stellt Dispositionen, nicht-kognitive Persönlichkeitsmerkmale und Umweltfaktoren sehr differenziert dar. All diese Faktoren beeinflussen die Umsetzung von Begabung in beobachtbare Leistung. Zu den nichtkognitiven Persönlichkeitsmerkmalen gehören Arbeits- und Lerntechniken, Stressbewältigung, Kontrollüberzeugungen, Leistungsmotivation und (Prüfungs-)Angst. Als Umweltmerkmale werden familiäre Faktoren, Schulklima und

Unterrichtsqualität sowie kritische Lebensereignisse benannt, die die Entwicklung hoher Begabung hemmen, aber auch fördern können.

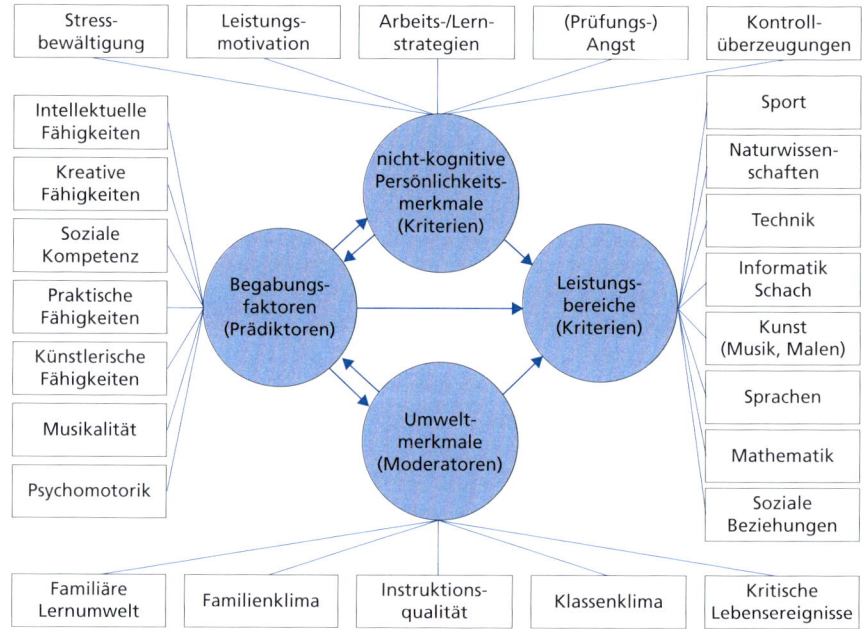

Abb. 2: Das Münchner Hochbegabungsmodell (nach Mönks, 2001, S. 11)

Die bisher dargestellten Begabungsmodelle sehen also Hochbegabung als Ergebnis eines Zusammenspiels von kognitiven und nicht-kognitiven Persönlichkeitsmerkmalen sowie Umweltfaktoren. Dabei unterscheiden die Modelle sich in der Differenziertheit ihres Verständnisses von Hochbegabung, was nicht zuletzt für die Diagnostik von Hochbegabung entscheidend ist. So diente das Münchner Hochbegabungsmodell als Grundlage für eine multifaktorielle Diagnostik von Hochbegabung. Unabhängig davon wird Hochbegabung in den verschiedenen Modellen nicht lediglich als ein vorgegebenes Potenzial, sondern als eine *Entwicklungsaufgabe* (Havighurst, 1948; vgl. Schneider & Lindenberger, 2012) konzipiert, deren Bewältigung nicht zuletzt eine fördernde Umwelt erfordert.

1.3.2 Hochbegabung als *developing expertise*

Was bedeutet eine solche Definition von Hochbegabung nun für die Arbeit mit begabten Kindern in der KiTa? Wenn Begabung als ein *Potenzial* von Kindern verstanden wird, das im Laufe der Zeit *entwickelt* werden muss, dann müssen zu guten kognitiven Voraussetzungen weitere Aspekte hinzukommen: Freude am Lernen, das Bedürfnis, sich Zusammenhänge zu erklären, Wissen und immer wieder entscheidend Neugier. Dies sind grundlegende Elemente von Bildungsprozessen in der frühen Kindheit, die täglich in der KiTa zu beobachten sind – nicht nur bei begabten Kindern. Ein integratives Modell, das diese verschiedenen Elemente von Bildungsprozessen berücksichtigt, wurde von Sternberg (2000, 2001) vorgelegt.

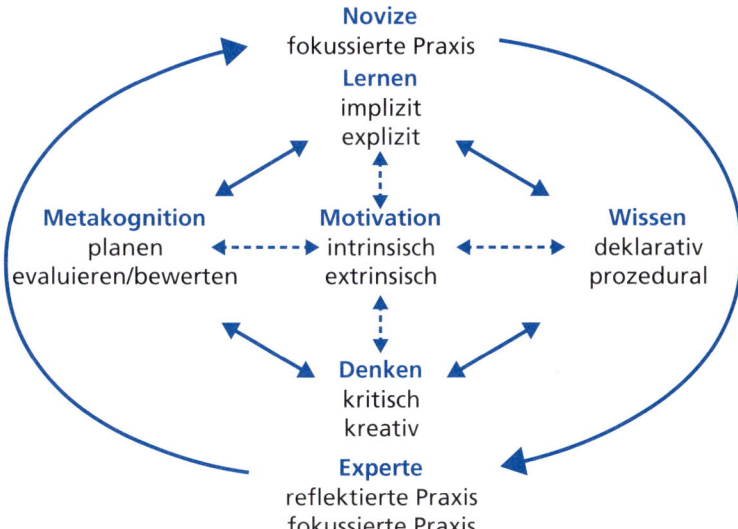

Abb. 3: Das Modell der sich entwickelnden Expertise (nach Sternberg, 2001, S. 163)

Das Modell der „sich entwickelnden Expertise" enthält fünf Schlüsselvariablen: *Metakognitive Fähigkeiten*, *Lernfähigkeiten*, *Denkfähigkeiten*, *Wissen* und als zentrales Element *Motivation*. Wichtig ist, dass der Weg vom Novizen zum Experten nicht nur einmal zurückgelegt, sondern auf immer höherem Niveau wiederholt durchlaufen wird. Aus Sicht der Expertiseforschung sind die motivationalen und Umweltfaktoren entscheidend für die Entwicklung der Leistungsfähigkeit (vgl. Sternberg, 2001, S. 162 ff.). Oft wird die Zahl von 10.000 Stunden oder zehn Jahren genannt, die es benötige, in einem Fachgebiet zur Expertin oder zum Experten zu werden. Die Frage einer (Hoch-)Begabung tritt damit etwas in den Hintergrund.

Sternberg spricht von „sich entwickelnder Expertise", womit er den fortlaufenden Prozess des Erwerbs und der Konsolidierung von Fähigkeiten meint, die für ein hohes Leistungsniveau in einem oder mehreren Lebensbereichen verantwortlich sind (ebd.). Begabte entwickeln sich aus dieser Sicht heraus nicht grundsätzlich *anders*, sondern in erster Linie *schneller*. Dies ermöglicht ihnen, mehr bzw. komplexere Expertise zu erreichen als weniger Begabte:

> *Begabte Individuen sind die, die Expertise schneller erwerben, bis zu einem höheren Niveau, oder zu einem qualitativ anderen Niveau als nicht-begabte Individuen. (Sternberg, 2001, S. 161)*

Die Expertiseforschung betont ebenfalls die Bedeutung einer fördernden Umwelt. Wesentliche Voraussetzung für die Entwicklung von Expertise ist ein zielgerichtetes Engagement, das mit direkter Unterweisung, aktiver Beteiligung, positiven Rollenvorbildern und Belohnung einhergeht.

1.3.3 Systemische Perspektiven

In den letzten Jahren werden systemische Überlegungen im Kontext der Begabtenförderung zunehmend aufgegriffen. Die Fähigkeit, systemische Perspektiven einzunehmen, gilt in vielen Bereichen der Kinder- und Jugendhilfe heute als Basiskompetenz. Dies sollte damit auch in der Begleitung hochbegabter Kinder und Jugendlicher selbstverständlich sein. Die Frage nach Ursache und Wirkung – *Warum?* – wird dabei durch die Frage *Wie funktioniert dieses System?* ersetzt. Dazu muss konkretisiert werden, welche Faktoren des jeweiligen ‚Systems' dabei zu berücksichtigen sind und wie sie sich auf die Entwicklung von begabten Kindern auswirken.

Ziegler (2005) entwickelte auf der Grundlage systemischer Überlegungen das *Aktiotop-Modell*, in dessen Mittelpunkt die Handlungen stehen, die eine Entwicklung von Leistungsexzellenz ermöglichen. Ziegler berücksichtigt dabei vier Komponenten: das Handlungsrepertoire, den subjektiven Handlungsraum, Ziele und die Umwelt. Das *Handlungsrepertoire* umfasst domänenspezifische Fähigkeiten einer Person, z. B. effektive Strategien zur Lösung mathematischer Probleme. Da die subjektive Selbsteinschätzung nicht immer den tatsächlichen Fähigkeiten entspricht, wir davon der *subjektive Handlungsraum* unterschieden, also die Selbsteinschätzung der eigenen Fähigkeiten und Möglichkeiten. *Ziele* ergeben sich einerseits aus den bereits gemachten Lernschritten, andererseits aus der permanenten Anpassung an immer komplexere Umwelten. Zur *Umwelt* zählt Ziegler Lerngelegenheiten und Materialien, aber auch Lehrkräfte und Mentoren. Die vier Komponenten des Modells sind miteinander verbunden:

> *Wenn ein Lernschritt gemeistert ist, muss das erweiterte Handlungsrepertoire im subjektiven Handlungsraum abgebildet werden. Ferner muss ein neues (Lern)Ziel gesetzt werden, das sich auf den nun folgenden Lernschritt bezieht. Und schließlich muss die Lernumgebung so gestaltet werden, dass dieser nächste Lernschritt möglich wird." (Ziegler, 2008, S. 56)*

Bis zum Alter von etwa acht Jahren neigen Kinder dazu, ihre Fähigkeiten zu überschätzen *(frühkindlicher Optimismus)*. Dies ist eine gute Voraussetzung für Lernen, weil es mit einer großen Bereitschaft einhergeht, Zeit und Anstrengung in Lernprozesse zu investieren (vgl. Hasselhorn & Gold, 2013). Auf lange Sicht ist eine realistische Selbsteinschätzung dagegen wichtig. Sowohl eine Über- als auch eine Unterschätzung der eigenen Möglichkeiten können es Menschen schwer machen, ihre Ziele zu erreichen.

Müller-Oppliger vermisst an den bestehenden Modellen „eine empirisch gestützte pädagogische Umsetzung und Didaktik individualisierter und sozial wertegeleiteter Begabungsförderung" (2012, S. 59). Vor diesem Hintergrund betont er daher die „selbstbewusste Position" des hochbegabten Individuums „als unverfügbare, eigenständige und eigenverantwortlich entscheidende Persönlichkeit (…), die zu ihrer Umwelt in Beziehung tritt" (ebd., S. 60). In seinem *dialektischen Begabungsmodell* entwickelt er ebenfalls eine systemische Sichtweise, bezieht aber auch verschiedene andere psychologische Theorien mit ein. Auf der Grundlage der ökologischen Entwicklungstheorie nach Bronfenbrenner (1981) setzt Müller-Oppliger in seinem Modell die Person mit ihren Potenzialen und Dispositionen ins Zentrum. Dabei geht er davon aus, dass eine Person das am besten lernen kann, was ihr sinnvoll und bedeutsam erscheint. Umgeben ist diese Person von ihrer soziokulturellen Umwelt, die wiederum eingebunden ist in eine gesamtgesellschaftliche Makrostruktur, in der Konventionen, Werte und Normen, wie z. B. verbreitete Ansichten zu Hochbegabung und Begabtenförderung, verankert sind.

Das Modell bezieht sich auf verschiedene psychologische Theorieansätze, um Motivation und Lernprozesse Hochbegabter zu erklären. So wird das von Wygotski formulierte Konzept der „Zone der nächsten Entwicklung" aufgegriffen (vgl. Wygotski, 1987, ▶ Kap. 5.2), um die Rolle pädagogischer Fachkräfte in der Begabungsförderung zu verdeutlichen. Lernende benötigen die Hilfe und Unterstützung Fortgeschrittener, um sich weiterzuentwickeln; dazu ist es nötig, an ihrem Vorwissen und ihren Einstellungen anzuknüpfen. Gleichzeitig müssen Lernende das neue Wissen auch tatsächlich interessant und für sich erstrebenswert finden, sich also selbst entscheiden zu lernen.

Eine zentrale Rolle wird weiter dem Selbstkonzept von Lernenden zugeschrieben. Nach Ansicht von Müller-Oppliger (2012) ist es insbesondere für die Förderung begabter Kinder und Jugendlicher wichtig, ihre spezielle Situation, ihre Lernsituationen und die Reflexion ihrer Lernerfahrungen zu ihrem Selbsterleben in Beziehung zu setzen, da mögliche Schwierigkeiten „in den meisten Fällen in direktem Zusammenhang mit dem Selbstkonzept der betroffenen Personen" stehen (ebd., S. 63).

Hervorgehoben wird schließlich auch die Bedeutung von Emotionen für gelingendes Lernen. Müller-Oppliger (2012) nimmt daher nicht nur Leistungen im intellektuellen Bereich in den Blick, sondern auch personale und soziale Leistungen. Konzepte der Begabungsförderung könnten damit auch auf bislang weniger oder gar nicht beachtete Bereiche wie Fürsorge, Solidarität oder (politische) Mitverantwortung ausgeweitet werden.

1.3.4 … oder ist es doch nur die allgemeine Intelligenz?

Obwohl manche der in den letzten zwei Jahrzehnten entwickelten Modelle von Hochbegabung sehr komplex sind und auch systemische Perspektiven einbeziehen, sind dabei kaum neue Faktoren oder Erkenntnisse aufgenommen worden. Hochbegabung wird nach wie vor im Zusammenspiel von Persönlichkeits- und

Umweltfaktoren gesehen; häufig wird lediglich ein längerer Übungs- oder Trainingsprozess betont, oder motivationale Faktoren werden stärker differenziert (z. B. Lehwald, 2017).

Die im Kontext der Begabtenförderung entstandenen Modelle wurden vielfach kritisiert – in Deutschland vor allem von Rost und seinen Kollegen, die in Marburg die zweite große Längsschnittstudie zu Hochbegabung durchführten (▶ Kap. 3.1). Die älteren Modelle von Renzulli und Mönks bezeichnet Rost als trivial und fordert eine genauere Präzisierung des Modells und seiner Variablen. Aber auch die neueren multifaktoriellen Modelle sieht er kritisch, weil seiner Ansicht nach Belege für die Relevanz der aufgelisteten Faktoren fehlen. Im Gegensatz zur Münchner Forschungsgruppe und auch zu neueren Aussagen der Intelligenzforschung hält Rost (2000, 2009a) an einem Verständnis von Hochbegabung als hoher allgemeiner Intelligenz fest. Er plädiert „ganz nachdrücklich dafür, den Begriff der Hochbegabung auf das Vorhandensein von statistisch definierten herausragenden intellektuellen Fähigkeiten zu begrenzen" (2009a, S. 30). Mehrfaktorielle Intelligenztests zur Identifikation und Selektion von Hochbegabten lehnt er ab und begründet dies zum einen mit zahlreichen Untersuchungsergebnissen, die die prognostische Validität der allgemeinen Intelligenz für späteren Erfolg belegen, zum anderen mit methodischen Problemen.

Tatsächlich fällt auf, dass viele neuere Modelle zu Hochbegabung zwar zunächst differenziert wirken, die jeweilige Auswahl der berücksichtigten Faktoren bei genauerem Blick aber relativ beliebig erscheint. Manche der verwendeten Konzepte sind Allgemeinplätze. Vielfach ließe sich fragen, inwiefern in den Modellen überhaupt spezifische Aussagen zu besonderen Begabungen formuliert sind oder letztlich nur allgemeine Faktoren von Entwicklung in den Blick genommen werden. Die Modelle bieten zwar vielfältige Ansatzpunkte für eine veränderte pädagogische Praxis im Umgang mit begabten Kindern und Jugendlichen. Aus wissenschaftlicher Sicht sollten sie jedoch nicht überbewertet werden.

Der Versuch, den Begriffen von Begabung und Intelligenz auf den Grund zu gehen, hinterlässt zunächst eine gewisse Ratlosigkeit. In der Fachdiskussion besteht keine Einigkeit darüber, was (Hoch-)Begabung nun genau ist, und auch die Zusammenhänge von Intelligenz und Begabung werden unterschiedlich gesehen. Zwar besteht kein Zweifel daran, dass es Kinder mit herausragenden kognitiven Fähigkeiten gibt, und sehr hohe Ergebnisse in Intelligenztests werden von allen Fachleuten mit dem Begriff Hochbegabung in Verbindung gebracht. Im Kindergartenalter werden Kinder aber nicht systematisch getestet. Vielmehr fallen sie mit besonderen Fähigkeiten oder Verhaltensweisen auf, die oft nur als Hinweis auf eine mögliche hohe Begabung verstanden werden können. Wenn wir von solchen Kindern als *begabten Kindern* sprechen, sollte uns diese Einschränkung immer bewusst sein.

Wenn es darum geht, eine nachprüfbare Aussage über das Vorliegen einer hohen Begabung zu machen, verstehen wir unter Hochbegabung im weiteren Verlauf dieses Buches eine hohe bis sehr Ausprägung allgemeiner Intelligenz, wie sie mit Intelligenztest gemessen werden kann. Dies ist insbesondere für die Diagnostik von Begabung wichtig (▶ Kap. 2.2). Geht es dagegen darum, die Entwicklung von Kindern mit sehr guten kognitiven Fähigkeiten besser zu verstehen oder

Fördermaßnahmen zu entwickeln, sprechen wir von *begabten Kindern*, auch wenn diese Bezeichnung ungenau ist. Der Begriff *Hochbegabung* sollte im Kindesalter dagegen nur mit Vorsicht verwendet werden; dies hat mit der mangelnden Stabilität von Hochbegabung zu tun, auf die in Kapitel 2.3 genauer eingegangen wird.

1.3.5 Begabung: Nur noch ein Persönlichkeitsfaktor von vielen?

In den 1990er Jahren wurden in der Fachwelt über die Frage des ‚richtigen' Verständnisses von Hochbegabung teils erbitterte Kontroversen geführt (vgl. z. B. Heller, 1990; Rost, 1991). Aus heutiger Sicht ließe sich fragen, ob es angesichts der vielen ungelösten Fragen und Kontroversen überhaupt ein Modell zur Erklärung von Hochbegabung braucht. Müller-Oppliger (2012) weist darauf hin, dass viele Modelle in einer Phase der Sensibilisierung entstanden sind, in der es darum ging, pädagogische Einrichtungen und Fachkräfte überhaupt erst einmal für Fragen von Begabung und Begabtenförderung zu interessieren. Entsprechend seien die Modelle vornehmlich darauf ausgerichtet gewesen, die Entstehung von Hochbegabung und die Identifikation hochbegabter Individuen zu beschreiben bzw. zu klären.

Das grundsätzliche Problem von Begabungsmodellen ist jedoch, dass die Fokussierung auf *Begabung* einer umfassenden Wahrnehmung eines Individuums eigentlich im Wege steht. Es ist daher möglicherweise sinnvoller, den Faktor Begabung als *Moderatorvariable* zu verstehen, anstatt Begabung im Zentrum der Persönlichkeit zu verorten. An die Stelle eines Begabungsmodells tritt damit ein *psychosoziales Modell zur personalen Entwicklung*, in welchem Begabung als wichtiger Faktor berücksichtigt, aber nicht mehr die Umsetzung von Begabung in Leistung in den Vordergrund gestellt wird (Jacob, 2015).

Entwicklungspsychologische Modelle verstehen persönliche Entwicklung als eine lebenslange Auseinandersetzung mit *psychosozialen Krisen* (Erikson, 1973) oder als Bewältigung altersspezifischer *Entwicklungsaufgaben* (Havighurst, 1948; vgl. Schneider & Lindenberger, 2012). In humanistischen Persönlichkeitstheorien wie in der *Bedürfnispyramide* von Maslow (1981) wird eine Befriedigung menschlicher Grundbedürfnisse als Ausgangspunkt für eine gelungene Entwicklung der Persönlichkeit angenommen. Darauf aufbauend formuliert die *Selbstbestimmungstheorie* drei grundlegende Bedürfnisse: das Streben nach Kompetenz, nach sozialer Eingebundenheit und nach autonomer Handlungsregulation (Deci & Ryan, 1993; Krapp & Ryan, 2002). Die Erfüllung dieser Bedürfnisse ist Voraussetzung dafür, sich wohl zu fühlen und mit sich und der eigenen Entwicklung zufrieden zu sein. In diesen Modellen wird Begabung nicht als besonderer Faktor erwähnt, obwohl auf der Hand liegt, dass Begabung und Intelligenz für die Entwicklung von Identität und psychosozialen Kompetenzen von Bedeutung sind. Es braucht daher weniger ein spezifisches Modell von Begabung als vielmehr ein besseres Verständnis davon, *in welcher Weise* Begabungsfaktoren die individuelle Entwicklung beeinflussen können.

Dabei ist ein weiterer Aspekt wichtig. Die in Kapitel 1.4.1 genannten Begabungsmodelle, aber auch das Expertisekonzept und die dargestellten systemischen Ansätze stellen Fragen nach der Entwicklung von kognitiven Kompetenzen in den Mittelpunkt. Faktoren der sozial-emotionalen Entwicklung werden dagegen nur am Rande berücksichtigt und wenn, dann nur als Bedingungsfaktoren für hohe Leistungen (wie im Münchner Begabungsmodell). Davon ausgehend werden dann auch Konzepte der Begabtenförderung entwickelt, die in erster Linie auf eine Förderung kognitiver Fähigkeiten bei Kindern mit hoher intellektueller Leistungsfähigkeit abzielen.

An solchen Ansätzen wird kritisiert, dass sie das komplexe Zusammenspiel von kognitiver, sozialer und emotionaler Entwicklung zu wenig berücksichtigen, das insbesondere für die Entwicklung in den ersten Lebensjahren grundlegend ist. Sowohl die empirische Säuglingsforschung als auch die neuere neurobiologische Forschung belegen eindrücklich die Zusammenhänge von kognitiver und sozial-emotionaler Entwicklung (Dornes, 2006; Fonagy et al., 2004; Hüther & Hauser, 2012). Dies gilt natürlich auch für hochbegabte Kinder. Modelle, die ein Verständnis der Entwicklung begabter Kinder ermöglichen sollen, können daher unserer Ansicht nach nicht auf die kognitive Entwicklung beschränkt werden, sondern müssen die emotionale und soziale Entwicklung gleichermaßen berücksichtigen (▶ Abb. 4; vgl. Rohrmann & Rohrmann, 2010, S. 58).

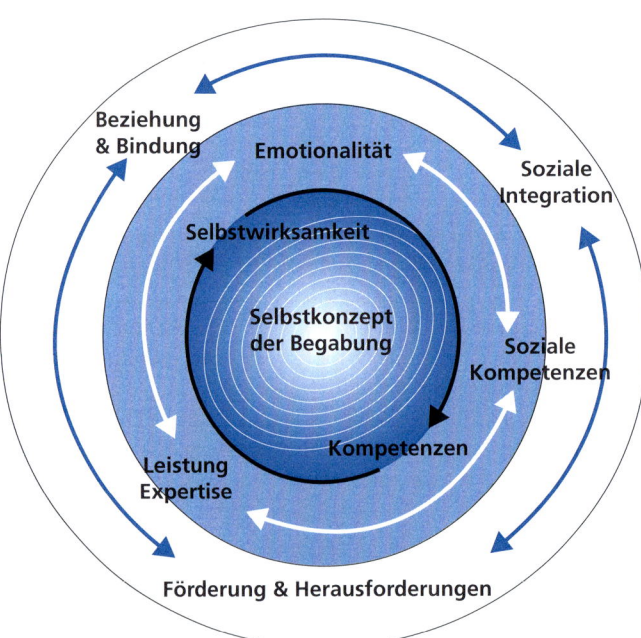

Abb. 4: Begabung im sozial-emotionalen Kontext (Abdruck mit freundlicher Genehmigung des Ernst Reinhardt Verlags: Rohrmann/Rohrmann: Hochbegabte Kinder & Jugendliche © 2. Auflage 2010, Verlag Ernst Reinhardt GmbH & Co KG, München, S. 59. www.reinhardt-verlag.de)

Ausgehend vom ökosystemischen Ansatz Bronfenbrenners (1981) stellen Müller-Oppliger (2012, 2014) sowie Jacob (2015) die Entwicklung der Persönlichkeit begabter Kinder in einen größeren Kontext. In den Mikro- und Mesosystemen kommen dabei zunächst die unmittelbaren Beziehungen von Kindern in den Blick: Familie, Peers und auch die pädagogischen Fachkräfte in KiTas. Betrachtet werden aber auch Exo- und Makrosysteme, auf die Kinder keinen direkten Einfluss haben, z. B. institutionelle Rahmenbedingungen für einen vorzeitigen Schuleintritt oder gesellschaftliche Einstellungen zu Hochbegabung, die sich in den letzten beiden Jahrzehnten sehr verändert haben. Hochbegabung erscheint damit nicht mehr nur als individuelle Persönlichkeitseigenschaft. So sind die Einstellungen von pädagogischen Fachkräften in KiTas oder die öffentliche Diskussion über Hochbegabung möglicherweise wichtiger für das Verständnis von Hochbegabung als eine Antwort auf die Frage, ob ein individuelles Kind hochbegabt ist oder nicht.

> **Übung: Begabung im ökosystemischen Kontext**
>
> Diskutieren Sie mögliche Einflussfaktoren auf die Entwicklung von begabten Kindern im Kontext des ökosystemischen Ansatzes von Bronfenbrenner (1981). Berücksichtigen Sie dabei die Ebenen der Mikro-, Meso-, Exosysteme eines individuellen Kindes sowie auch den Kontext des Makrosystems unserer Gesellschaft. Stellen Sie Ihre Ergebnisse in einem Schaubild dar.

1.3.6 Auf dem Weg zum *autonomen Lerner*

Welche Schlussfolgerungen lassen sich nun aus den vielfältigen Modellvorstellungen für die Entwicklung und Förderung von Begabten ziehen? Die Frage einer hohen Intelligenz und/oder Begabung tritt etwas in den Hintergrund:

> *Ob Kinder oder Jugendliche hochbegabt sind oder nicht, ist weit weniger wichtig als die Frage, wie sie mit ihren Möglichkeiten umgehen, ob sie sich möglicherweise selbst im Weg stehen und was sie brauchen, um ihre Potenziale zu entfalten. (Rohrmann & Rohrmann, 2010, S. 30)*

Wesentlich ist dabei nicht nur, welche Möglichkeiten die Umwelt Kindern und Jugendlichen bereitstellt, sondern auch und vor allem das, was sie selbst *wollen*. Ein Schlüsselbegriff dafür ist das Konzept der Selbstwirksamkeit (Bandura, 1977). Selbstwirksamkeit bezeichnet das Vertrauen in die eigenen Möglichkeiten und Kompetenzen, Anforderungen zu bewältigen und eigene Ziele erreichen zu können. Sie lässt sich als wesentlicher Teil individueller Entwicklung verstehen. Nach Ansicht von Bandura ist die Selbstwirksamkeit bzw. Selbstwirksamkeitsüberzeugung zentral für das Handeln von Menschen und kann wichtige Themen wie Motivation, Leistung oder Bewältigung von Problemen in ganz verschiedenen Kontexten erklären und vorhersagen. Quellen der Selbstwirksamkeitsüberzeugung sind *Erfolgserlebnisse, stellvertretende Erfahrung, verbale Ermutigung* sowie eine geringe *emotionale Erregung* (Bandura, 1977, 1979, 1997; vgl. Krapp & Ryan, 2002).

Eine entscheidende Phase für die Entwicklung der Selbstwirksamkeitsüberzeugung ist das Grundschulalter. Flammer (1996) ist der Ansicht, dass der früheste schulische Leistungsbereich – von der Einschulung bis zum Ende der Grundschulzeit – von entscheidender Bedeutung ist, da in der Schule „viel Wert auf … präzise Rückmeldung" gelegt wird und „die entsprechenden Konzepte (‚sich Mühe geben', … ‚schwierige Aufgabe' etc.) häufig sprachlich formuliert werden und damit für die Kinder als Erkenntnis- und Interpretationskategorien leicht zur Hand sind" (S. 261).

In den ersten Lebensjahren wurde die Entwicklung von Selbstwirksamkeit bislang weniger untersucht – zumindest nicht unter dieser Überschrift. Ergebnisse der Säuglings- und Bindungsforschung zeigen aber, in welch großem Ausmaß Kinder bereits in den ersten Lebensjahren ihre eigene Entwicklung aktiv mitgestalten. Die Erfahrung, mit eigenen Verhaltensweisen Wirkungen erzielen und eigene Ziele erreichen zu können, ist dafür ganz wesentlich. Voraussetzung ist, dass Bezugspersonen sensibel auf die Signale von Kleinkindern eingehen und damit die Erfahrung von Wirksamkeit überhaupt ermöglichen (vgl. Glüer, 2016; Gutknecht, 2015).

Die Bedeutung von Selbstwirksamkeit in der frühkindlichen Entwicklung wird auch im Kontext der Resilienzforschung hervorgehoben. Rönnau-Böse und Fröhlich-Gildhoff (2010, S. 21) benennen Selbstwirksamkeit als einen von sechs übergreifenden Resilienzfaktoren und berücksichtigen sie daher an zentraler Stelle in ihrem Konzept zur Resilienzförderung in KiTas.

Die Erkenntnis, eigene Erfahrungen durch das eigene Verhalten beeinflussen zu können, hat zentrale Bedeutung für die Motivation. Wer glaubt, dass er bestimmte Dinge erreichen kann, setzt sich auch Ziele, und wer sich ein Ziel setzt, ist auch bereit, dafür Anstrengung auf sich zu nehmen und bei Schwierigkeiten nicht aufzugeben. Dies ist insbesondere für das Verständnis von Underachievement wichtig, wenn eine Person nicht die Leistung erbringt, die sie eigentlich von ihren kognitiven Möglichkeiten her erbringen könnte (▶ Kap. 3.2.5).

Als Zielvorstellung für die Entwicklung von Hochbegabten formulieren Betts und Kercher (1999) die Idee des *autonomous learner* – den bzw. die autonom Lernenden. Dies ist jemand, der/die „durch eine Kombination von divergentem und konvergentem Denken Probleme löst und neue Ideen entwickelt" sowie „in spezifischen Bereichen seiner Bemühungen mit minimaler äußerer Anleitung auskommt" (ebd., S. 12). Solche *autonomen Lerner* lernen nach Ansicht von Betts und Kercher in der Schule, ohne ihre Individualität dem Anpassungsdruck der Schule zu opfern. Sie behalten ihre Kreativität und Autonomie und entwickeln die notwendigen Fähigkeiten und Einstellungen, die Voraussetzung für lebenslanges Lernen sind. Betts und Kercher haben dabei nicht nur intellektuell Begabte im Blick, sondern auch kreativ Begabte sowie Kinder und Jugendliche mit Stärken in spezifischen Bereichen.

Eine solche Entwicklung zum *autonomen Lerner* kann als Zielvorstellung für möglichst viele Kinder und Jugendliche formuliert werden, auch wenn begabte Kinder ein besonderes Potenzial für eine solche Entwicklung mitbringen. Das Bild des *autonom Lernenden* passt zudem gut zu aktuellen Erkenntnissen über Bildungsprozesse in der frühen Kindheit (▶ Kap. 5). Ausgangspunkt ist dabei die

Eigenaktivität von Kindern, die durch pädagogische Begleitung angeregt und gefördert werden kann. Pädagogische Fachkräfte in KiTas haben damit nicht die Aufgabe, Hochbegabte zu *finden*. Vielmehr geht es um einen neugierigen und differenzierten Blick darauf, wie Kinder ihre vielfältigen Potenziale entwickeln können – auch diejenigen, die anderen Kindern in der Entwicklung voraus sind und mit besonderen kognitiven Fähigkeiten auffallen. Das Eingehen auf die Möglichkeiten und Bedürfnisse dieser Kinder kann damit zu einem Schlüssel für die Weiterentwicklung der pädagogischen Qualität insgesamt werden.

1.4 Weiterführende Literatur

Preckel, F. & Vock, M. (2013). *Hochbegabung: Ein Lehrbuch zu Grundlagen, Diagnostik und Fördermöglichkeiten*. Göttingen: Hogrefe.
   Das Buch gibt eine kompakte Übersicht über grundlegende Theorien zu Begabung sowie zu Ansätzen der Begabtenförderung.
Rost, D. H. (2013). *Handbuch Intelligenz*. Weinheim: Beltz.
   Das Handbuch stellt den aktuellen Stand der Intelligenzforschung sehr umfassend und differenziert dar.
Stamm, M. (Hrsg.). (2014). *Handbuch Talententwicklung. Theorien, Methoden und Praxis in Psychologie und Pädagogik*. Bern: Huber.
   Ein breit angelegter Sammelband mit zahlreichen Einzelbeiträgen zu einem vielfältigen Spektrum von Begabungsbereichen und unterschiedlichsten Ansätzen der Förderung.

2 Begabte Kinder erkennen

> **Beispiele: Woran sind begabte Kinder zu erkennen?**
> Bestimmt kennen Sie solche (oder ähnliche) Kinder:
> Julian ist fünf Jahre alt, liegt aber in seiner motorischen Entwicklung weit hinter den Gleichaltrigen zurück. Kein Wunder: Er beteiligt sich kaum am Toben oder am Fußballspielen der Jungs. Dafür liest er Bücher. Er hat sich schon mit vier Jahren das Lesen selbst beigebracht. Außerdem unterhält er sich gern mit der Leiterin in ihrem Büro.
> Lynn hat Schwierigkeiten mit anderen Kindern im Kindergarten, weil sie immer die Bestimmerin sein will. Wenn die anderen damit einverstanden sind, hat sie tolle und ungewöhnliche Ideen – aber leider sind die anderen nicht immer einverstanden. Dann zieht sie sich maulig zurück und spielt allein.
> Kasimir ist ein sehr stiller, zurückhaltender Junge. In der KiTa baut er stundenlang komplizierte Gebäude und Landschaften – am liebsten ganz allein für sich. Kommen andere Jungen dazu und wollen mitspielen, räumt er das Feld. Jetzt ist er sechs Jahre alt und soll eingeschult werden; die Mutter macht sich große Sorgen, wie er in der Schule zurechtkommen wird.
> Sarah zieht sich oft in die Puppenecke zurück und erfindet ausgedehnte und fantasievolle Rollenspiele. Im Stuhlkreis sagt sie kein Wort, wenn sie nicht ausdrücklich dazu aufgefordert wird. Zuhause sei sie ganz anders, sagen die Eltern: vorlaut, frech, eine Plappertasche – das kann man sich überhaupt nicht vorstellen.
> Tobias geht in der KiTa über Tische und Bänke und gerät oft mit den Erzieherinnen und anderen Kindern in Streit. Ständig sagt er, dass er sich langweilt; man kann es ihm nicht Recht machen. Die Eltern sagen, dass er zu Hause auch sehr anstrengend ist und immer ‚Programm' und etwas Neues fordert.

Haben diese Kinder besondere Begabungen, sind sie vielleicht sogar hochbegabt? Nur daran, dass ein Kind sich irgendwie ‚ungewöhnlich' verhält oder etwas besonders gut kann, ist das nicht zu erkennen.

Vielleicht ist es gar nicht so wichtig, herauszufinden, ob hinter einem besonderen Verhalten eine besondere Begabung steckt. Im pädagogischen Alltag von KiTas geht es nicht darum, Kinder psychologisch zu diagnostizieren. Pädagogische Fachkräfte haben den Auftrag, Aktivitäten und Angebote auf die konkreten Bedürfnisse und Kompetenzen von Einzelnen und Gruppen abzustimmen. Dies schließt einen genauen Blick auf den individuellen Entwicklungsstand und auf besondere Fähigkeiten einzelner Kinder ein, erfordert aber keine Einschätzung dieser Kinder als *hochbegabt*. Hierauf wird im zweiten Teil dieses Buches ausführlicher eingegangen. Eine genauere Klärung der kognitiven Fähigkeiten eines Kindes kann aber dann relevant werden, wenn es Verunsicherungen gibt, z. B. weil unklar ist, ob ein Kind von pädagogischen Angeboten eher über- oder unterfordert ist oder ein Kind sozial sehr auffällig ist und ein Zusammenhang zur intellektuellen Leistungsfähigkeit vermutet wird.

Wichtig wird die Frage der intellektuellen Leistungsfähigkeit außerdem, wenn es um eine mögliche vorzeitige Einschulung geht. Dann ist ein genauerer Blick sinnvoll.

2.1 ‚Checklisten' für Hochbegabung

‚Checklisten' zum Erkennen von Hochbegabten sind in nahezu jedem Ratgeber zu Hochbegabung zu finden und auch im Internet weit verbreitet. Sie bestehen aus einer unsystematischen Zusammenstellung von teils schwammig formulierten Eigenschaften und Verhaltensweisen, die häufig bei begabten Kindern beobachtet worden sind. Mit derartigen Checklisten wird suggeriert, dass es leicht möglich sei, hochbegabte Kinder zu erkennen. Im Sinne einer möglichst frühen Identifizierung geht es dabei meist um Auffälligkeiten im Vor- und Grundschulalter. Das folgende Beispiel für eine solche Checkliste stammt aus der 1999 zum ersten Mal vom Bundesministerium für Bildung und Forschung (BMBF) herausgegebenen Broschüre *Begabte Kinder finden und fördern*.

Merkmale von Hochbegabung (nach Holling, 2003, S. 23 f.)

Merkmale des Denkens und Lernens, die ein Hinweis auf eine Hochbegabung sein können

- Besonders Begabte haben in einzelnen Bereichen ein sehr hohes Detailwissen.
- Ihr Wortschatz ist für ihr Alter ungewöhnlich.
- Ihre Sprache ist ausdrucksvoll, ausgearbeitet und flüssig.
- Sie können sich Fakten schnell merken und außergewöhnlich gut beobachten.
- Sie durchschauen sehr genau Ursache-Wirkung-Beziehungen.
- Sie erkennen bei schwierigen Aufgaben zugrundeliegende Prinzipien.

Interessen und Arbeitsstile, die ein Hinweis auf eine Hochbegabung sein können

- Besonders Begabte, die motiviert sind, gehen in bestimmten Problemen völlig auf.
- Sie bemühen sich, Aufgaben stets vollständig zu lösen und streben nach Perfektion.
- Sie sind bei Routineaufgaben leicht gelangweilt.
- Sie geben sich mit ihrem Arbeitstempo oder -ergebnis nicht schnell zufrieden.
- Sie interessieren sich für viele *Erwachsenenthemen* wie Religion, Philosophie, Politik, Umweltfragen, Sexualität, Gerechtigkeit in der Welt.

Merkmale des sozialen Verhaltens, die ein Hinweis auf eine Hochbegabung sein können

- Besonders Begabte beschäftigen sich viel mit Begriffen wie Recht/Unrecht sowie Gut/Böse.
- Sie sind individualistisch und gehen nicht um jeden Preis mit der Mehrheit.
- Sie akzeptieren keine Meinung von Autoritäten, ohne sie kritisch zu prüfen.
- Sie können gut Verantwortung übernehmen und erweisen sich in Planung und Organisation als zuverlässig.
- Sie suchen sich ihre Freunde bevorzugt unter Gleichbefähigten, häufig Älteren.
- Sie neigen schnell dazu, über Situationen zu bestimmen.

Der Wunsch nach einer solchen Liste, mit der verlässlich Kinder mit hohen Begabungen erkannt werden können, ist verständlich. Aber eine *Diagnose* ist auf diese Weise nicht möglich. Die Autoren stellten der Liste in ihrer Broschüre daher eine *ausdrückliche Warnung* voran:

> *Es ist nicht ausreichend überprüft, ob die in der Liste aufgeführten Kriterien typisch für Hochbegabte sind. Außerdem sind die Kriterien so vage formuliert, dass sie oft auch nicht hochbegabten Kindern zugesprochen werden können.* (Holling, 2003, S. 23)

In den neueren Auflagen der Broschüre fehlt eine entsprechende Liste ganz, da sich in der Zwischenzeit die Erkenntnis durchgesetzt hat, dass Checklisten für ein differenziertes Erfassen individueller Begabungen und Entwicklungsvorsprünge ungeeignet sind:

> *Checklisten eignen sich nicht zum Erkennen Hochbegabter. Merkmale, die auf eine hohe intellektuelle Begabung hinweisen können, lassen sich in Alltagssituationen nicht immer beobachten. Die meisten Merkmale, die in Checklisten genannt werden, sind zudem nicht unbedingt typisch für Hochbegabte.* (Holling, 2015, S. 42)

Perleth (2010) berichtet von einer Studie, in der Elternchecklisten zu Hochbegabung, also von Eltern zu bearbeitende Merkmalslisten zur Einstufung ihrer Kinder, auf ihre Verlässlichkeit geprüft wurden. Festgestellt werden konnte, dass mittels der Fragebögen „nicht zufriedenstellend zwischen hochbegabten und einer (allerdings eher überdurchschnittlich begabten) Vergleichsgruppe differenziert werden kann" (S. 82). Insbesondere bei nicht-kognitiven Merkmalen wie Selbstständigkeit, Perfektionismus oder sozialen Kompetenzen konnte nicht zwischen hochbegabten und nicht hochbegabten Kindern und Jugendlichen unterschieden werden.

Es macht durchaus Sinn, über besondere Begabungen nachzudenken, wenn ein Kind sehr früh überraschende Fähigkeiten zeigt, schon als Kindergartenkind mit seinen Eltern philosophieren will oder nur mit älteren Kindern und Erwachsenen spielt, weil es mit den Spielen der Gleichaltrigen nichts anfangen kann. Schwieriger wird es, wenn Eltern (sich) fragen, ob ihr Kind hochbegabt sei, weil neun der 17 auf einer Checkliste genannten Merkmale auf ihr Kind zuzutreffen scheinen. Kinder sind nicht ‚umso hochbegabter', je mehr der genannten Merkmale sie aufweisen, obwohl der Begriff *Checkliste* ein solches Missverständnis nahelegen kann. Die Listen sind nicht mit zuverlässigen Kriterien vergleichbar, wie sie die psychologische und psychiatrische Diagnostik bereitstellt.

Checklisten können den Blick erweitern und erste Hinweise auf besondere Begabungen liefern, aber sie können auch in die Irre führen. Für pädagogische Fachkräfte geht es zunächst darum, überhaupt in Betracht zu ziehen, dass ein Kind hochbegabt sein könnte und den Blick für die vielfältigen Erscheinungsformen besonderer Begabungen zu schärfen. Eine sichere Aussage über das Vorliegen einer Hochbegabung ist dagegen nur auf Grundlage einer psychologischen Diagnostik möglich.

2.2 Psychologische Diagnostik

Was ist nun der nächste Schritt, wenn vermutet wird, dass ein Kind oder Jugendlicher besonders begabt bzw. hochbegabt sein könnte? Die Aufgabe psychologischer Diagnostik umfasst weit mehr als die Feststellung, ob ein Kind begabt ist. Sie muss ein umfassendes Bild der Stärken und Schwächen des Kindes bzw. Jugendlichen bereitstellen und möglicherweise auch die Schwierigkeiten identifizieren, die einer Verwirklichung des individuellen Potenzials im Wege stehen. Ausgangspunkt ist dabei zunächst eine ausführliche *Anamnese*, d. h. die Aufnahme der Vorgeschichte und der aktuellen Befindlichkeit der bzw. des Untersuchten. Im Vordergrund einer Begabungsdiagnostik steht dann die Diagnostik der Intelligenz, die in allen Konzeptionen von Begabung einen zentralen Platz einnimmt. Dazu kommen können andere Untersuchungen zur Erfassung der Motivation sowie der sozial-emotionalen Entwicklung sowie in Einzelfällen spezielle Leistungstests.

2.2.1 Die Anamnese

Im Anamnesegespräch ist zunächst zu klären, von wem der Anstoß zu einer psychologischen Untersuchung ausging und wer dabei welches Interesse hat. Kinder im Kindergartenalter selbst haben in der Regel kein Interesse an einer psychologischen Untersuchung. Sie können bestenfalls die Begründungen wiedergeben, die ihnen ihre Eltern für den Besuch der Psychologin bzw. des Psychologen gegeben haben. Manchmal fragen Eltern, wie sie ihren Kindern einen solchen Besuch ankündigen sollen. Hier kann der Verweis auf die Vorsorgeuntersuchungen (U 1 bis U10) oder die Schuluntersuchung beim Gesundheitsamt hilfreich sein, nur dass es hier eben genauer ‚um das, was im Kopf ist' gehe.

Im Kindergarten und zu Beginn der Grundschulzeit sind es weniger die Eltern selbst, sondern eher pädagogische Fachkräfte aus KiTa und Grundschule, die eine psychologische Untersuchung anregen, weil ihnen Besonderheiten eines Kindes im Vergleich mit den anderen Kindern aufgefallen sind. Nicht selten wird vermutet, dass sozial-emotionale Auffälligkeiten mit einer hohen Begabung in Verbindung stehen könnten. Eltern nehmen diesen Anstoß in der Regel auf, weil sie keine Fehler machen und nichts bei der Förderung ihrer Kinder versäumen möchten. Sowohl Eltern als auch pädagogische Fachkräfte erwarten sich von einer psychologischen Diagnostik nicht nur eine Klärung ihrer Vermutungen, sondern auch konkrete Hinweise darauf, wie sie mit dem jeweiligen Kind umgehen sollen. Darüber hinaus erhoffen sie sich Empfehlungen für weitergehende Fördermöglichkeiten. Dabei geht es unter anderem um Fragen der Schullaufbahnberatung, konkret um eine mögliche vorzeitige Einschulung oder um das Überspringen einer Klassenstufe.

Im Gespräch werden dann Angaben zum bisherigen Bildungsverlauf sowie mögliche Auffälligkeiten in der Lebensgeschichte erhoben. Sinnvoll kann sein, Einstellungen in der Familie zum Thema Begabung zu erforschen. Das Spektrum reicht dabei von Unsicherheit oder sogar Vermeidung des Wortes hochbegabt bis hin zur Überzeugung, dass das eigene Kind sicher hochbegabt sei und dies nun nur noch offiziell ‚attestiert' werden müsse. Erfragt werden auch ggf. bereits erfolgte Fördermaßnahmen. Wichtig ist dabei, sowohl die Perspektiven der Eltern als auch die der Fachkräfte aus KiTa und ggf. Grundschule sowie nicht zuletzt die Sichtweise des Kindes selbst zu berücksichtigen. Wenn es um die Frage der vorzeitigen Einschulung geht, ist es wichtig, sowohl die Einschätzung der KiTa als auch der Grundschule einzuholen.

Neben diesen Inhalten geht es im Einführungsgespräch auch darum, dass das Kind den Raum sowie den Untersucher bzw. die Untersucherin kennenlernt und sich dann von den Eltern lösen kann, da die Untersuchungen in Abwesenheit der Eltern durchgeführt werden. An die Anamnese schließt sich dann die Durchführung geeigneter Testverfahren an.

2.2.2 Intelligenzdiagnostik

Intelligenz ist keine Eigenschaft, die man konkret beobachten kann. Sie kann nur aus anderen beobachtbaren Informationen, wie z. B. aus erbrachten Leistungen, erschlossen werden. Für die Messung von Intelligenz werden Tests eingesetzt, bei denen von der Lösung spezieller Aufgaben auf die Intelligenz des Menschen geschlossen wird. Die erbrachten individuellen Leistungen können in Beziehung zu den Gleichaltrigen gesetzt werden. Da ein Intelligenztest fehleranfälliger ist als ein Zollstock, wird auch bei korrekter Durchführung eines Tests am Ende nicht ein fester Wert für die Intelligenz angegeben, sondern ein Bereich (das *Konfidenzintervall*), in dem die Intelligenz der getesteten Person mit großer Wahrscheinlichkeit (meist 95 Prozent) liegt.

Für die Messung der Intelligenz werden verschiedene Skalen verwendet, die alle auf der Annahme einer Normalverteilung der Intelligenz beruhen (▶ Abb. 5). Dabei wird Intelligenz einer Person nicht in absoluten Werten angegeben, sondern stets relativ im Vergleich mit der jeweiligen Altersgruppe. Weil sich die Fähigkeiten von Kindern von denen Jugendlicher oder Erwachsener unterscheiden, werden für verschiedene Altersgruppen unterschiedliche Tests konzipiert.

Der IQ (Intelligenzquotient) ist so definiert, dass als Mittelwert (M) 100 und als Standardabweichung (SD) 15 festgelegt sind. Der *Normalbereich*, in dem 68,2 Prozent der Werte einer Population liegen, ist dann der Bereich von 85 bis 115. Die *T*-Skala hat dagegen einen Mittelwert von 50 und eine Standardabweichung von 10. Alternativ kann auch der Prozentrang (PR) verwendet werden, der angibt, welcher Anteil der Bevölkerung einen bestimmten Intelligenzwert erreicht. Abbildung 5 zeigt die Normalverteilung mit diesen in Intelligenztests verwendeten Skalen.

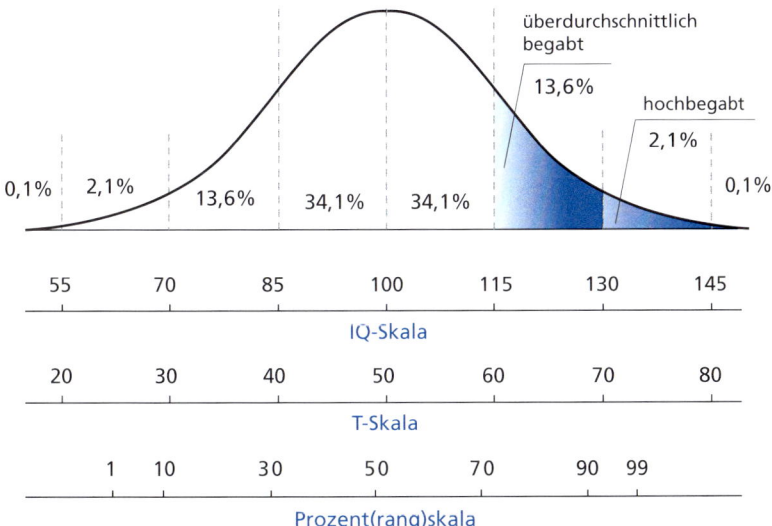

Abb. 5: Die Normalverteilung und ihre Kennwerte und Eigenschaften

Ab welchem Wert von Hochbegabung gesprochen wird, ist Definitionssache. In Deutschland hat sich die Übereinkunft durchgesetzt, die zwei bis drei Prozent der Bevölkerung, die in Intelligenztests am besten abschneiden, als hochbegabt zu bezeichnen. Dies entspricht einem IQ von 130 ($M + 2\,SD$) bzw. einem Prozentrang von 98. Es gibt aber auch ‚großzügigere' Definitionen, nach der 10 bis 15 Prozent der Population als (besonders) begabt zu bezeichnen sind und damit bereits ein IQ von 115 ($M + 1\,SD$) für diese Zuordnung ausreicht.

Die Begriffe *hoch-* und *höchstbegabt* werden uneinheitlich für die Differenzierung im oberen Intelligenzbereich verwendet. Im englischen Sprachraum wird generell von *gifted children* gesprochen (also *begabten* Kindern); der Begriff *highly gifted* wird dagegen meist nur in speziellen Studien zu Gruppen von Personen mit extrem hohen Intelligenzwerten verwendet.

Die Verwendung von Intelligenzmaßen, insbesondere des IQ, ist derart in die Alltagssprache übergegangen, dass oft übersehen wird, dass Testergebnisse grundsätzlich fehlerbehaftet sind. Eine psychologische Untersuchung kann nur angeben, dass die Intelligenz mit großer Wahrscheinlichkeit in einem bestimmten Bereich liegt. Üblich ist die Angabe eines so genannten Konfidenz- bzw. Vertrauensintervalls, in dem der *wahre Wert* mit einer Wahrscheinlichkeit von 95 Prozent liegt. Dies ist ein besonderes Problem bei der Diagnostik von Hochbegabung, weil aus statistischen Gründen die Vertrauensintervalle an den extremen Enden der Normalverteilung größer sind als in der Mitte (▶ Abb. 5). Eine strenge Definition von Hochbegabung (Prozentrang ≥ 98) führt dazu, dass in der Regel bei einem sehr hohen Testwert das Vertrauensintervall über den engen Bereich der Hochbegabung hinausgeht – was aber bedeutet, dass die getestete Person möglicherweise doch nicht im strengen Sinne hochbegabt sein könnte. Dies ist eine testtheoretische Binsenweisheit, wird aber in der Praxis kaum reflektiert.

Dazu kommt, dass Verfahren zur Messung der Intelligenz auf ganz unterschiedlichen theoretischen Konzepten basieren und daher unterschiedliches Aufgabenmaterial verwenden. Grundlage für die Erstellung psychologischer Tests zur Messung der Intelligenz sind die oben dargestellten Intelligenztheorien (▶ Kap. 1.4). Tests zur Messung der Intelligenz lassen sich vor diesem Hintergrund in eindimensionale und mehrdimensionale Tests einteilen.

In eindimensionalen Verfahren wird Intelligenz als Problemlösefähigkeit, als Fähigkeit zum logischen und zum schlussfolgernden Denken verstanden. Diese Tests bestehen aus relativ ähnlichen, figuralen Aufgaben, die weitgehend ohne spezifisches Vorwissen bearbeitet werden können und daher auch als *kulturfair* bzw. *sprachfrei* bezeichnet werden. Die allgemeine Intelligenz soll damit unabhängig von speziellem Vorwissen oder unterschiedlichen kulturellen Vorerfahrungen erfasst werden.

Mehrdimensionale Intelligenztests ergeben dagegen ein Profil intellektueller Fähigkeiten, das Aussagen über spezifische Fähigkeiten oder über Stärken und Schwächen in einzelnen inhaltlichen Bereichen möglich macht. Diese spezifischen Fähigkeiten stehen in engem Zusammenhang zu Bildungsinhalten, wie sie zum Beispiel in der Schule erworben werden, und sind damit vom Bildungs- und Sprachhintergrund abhängig. Dies ermöglicht zwar einen Vergleich der intellektuellen Leistungsfähigkeit der Person mit den für das jeweilige Alter bzw. die jeweilige Schulstufe zu erwartenden Normwerten. Nicht differenzieren lässt sich aber in diesen Intelligenztests zwischen Begabung (als potenzieller Leistungsfähigkeit) einerseits und in vorangegangenen Lernprozessen erworbenem Wissen andererseits.

Daher sind sprachfreie, kulturfaire Tests insbesondere dann unverzichtbar, wenn das intellektuelle Potenzial von Kindern erfasst werden soll, die aus unterschiedlichen Gründen weniger spezifische Bildungsinhalte erworben haben. Dies kann an mangelnden Bildungsanregungen im Elternhaus liegen, an nicht ausreichenden Sprachkenntnissen und anderen kulturellen Hintergründen, oder auch daran, dass Kinder aufgrund von Verhaltensproblemen nicht dazu gekommen sind, Wissen aufzunehmen und zu verarbeiten.

Eine fundierte Intelligenzdiagnostik sollte daher sowohl einen sprachfreien, kulturfairen Zugang ermöglichen als auch bildungsabhängiges Wissen erfassen. Dies erfordert in der Regel, zwei verschiedene Intelligenztests vorzulegen, bedeutet aber auch, dass ein und dieselbe Person in verschiedenen Tests sehr unterschiedliche Ergebnisse erzielen kann.

2.2.3 Weitere Bestandteile psychologischer Diagnostik

Wie in Kapitel 1 dargestellt, ist die Intelligenz nur ein Faktor, der wichtig ist, um Begabung in Leistung umsetzen zu können. Daneben sind Faktoren wie die Leistungsbereitschaft und die Motivation bedeutsam. Auch diese Aspekte sollten daher in der psychologischen Diagnostik berücksichtigt werden.

Manchmal ergeben sich bereits im Anamnesegespräch Hinweise auf diese Zusammenhänge. Dann kann es sinnvoll sein, mit den Eltern noch vor Beginn der Testdiagnostik über die Entwicklung des Kindes und/oder eine aktuelle Problemsituation zu sprechen. Typische, wiederkehrende Problemsituationen des Kindes werden aufgegriffen und mögliche Zusammenhänge zur Begabung des Kindes herausgearbeitet. Auf diese Weise kann herausgestellt werden, welche Annahmen über Bedingungszusammenhänge Eltern entwickelt oder von pädagogischen Fachkräften übernommen haben.

Im Rahmen der psychologischen Untersuchung des Kindes können dann sowohl die allgemeine Entwicklung des Kindes als auch besondere Aspekte wie Motivation und Ausdauer, sozial-emotionale Entwicklung sowie spezifische Probleme und Störungen durch standardisierte Verfahren erhoben werden. Wenn neben der Bestimmung der intellektuellen Fähigkeiten eines Kindes die Erfassung weiterer Entwicklungsbereiche erforderlich ist, können Entwicklungstests eingesetzt werden (▶ Kap. 2.4.4).

Faktoren wie Motivation, Ausdauer, Anstrengungsbereitschaft und Lernfreude können bei (älteren) Grundschulkindern mit verschiedenen Fragebögen erhoben werden. Insbesondere bei jüngeren Kindern ist es allerdings sinnvoller, Aspekte wie Leistungsbereitschaft und Motivation im Gespräch bzw. in der Verhaltensbeobachtung in der Testsituation zu bestimmen. Unverzichtbar sind spezifische Verfahren bei Verdacht auf spezifische Lern- und Leistungsstörungen, insbesondere LRS (▶ Kap. 3.2.8).

Spezifische Begabungen in den Bereichen Musik, Sport und Kunst sind nicht Gegenstand psychologischer Beratung und werden hier daher nicht weiter behandelt.

2.3 Begabung und Intelligenz im Kindesalter

2.3.1 Identifizierung von begabten Kindern so früh wie möglich?

Aussagen zur Entwicklung von Begabung und Intelligenz in den ersten Lebensjahren bewegen sich in einem komplexen Spannungsfeld. Auf der einen Seite stehen populärpsychologische Schlagworte, die in jedem Kind besondere Begabungen vermuten lassen. Eine Aussage wie „Jedes Kind ist hoch begabt" (Hüther & Hauser, 2012) lenkt den Blick auf die Potenziale und Fähigkeiten, die bei jedem Kind zu entdecken sind. Sie weist auch darauf hin, dass Kinder in unserem Bildungssystem ihre Potenziale oft nicht oder nur teilweise entwickeln. Der Begriff der Begabung wird dabei allerdings sehr beliebig.

Auf der anderen Seite ist in Fachveröffentlichungen und Elternratgebern zum Thema Hochbegabung immer wieder der Hinweis zu finden, eine Identifizierung als hochbegabt müsse so früh wie möglich stattfinden. Nur dann sei gewährleistet, dass das Kind in seinem Anderssein verstanden werde und keine ‚falsche' Behandlung erhalte. So wird in einem aktuellen Fachbeitrag beklagt, dass Hochbegabung „im Vorschulalter viel zu selten erkannt werde" (Hartmann, Stapf & Vöhringer, 2016, S. 142). Die Autorinnen meinen: „Hochbegabte Kinder müssen entdeckt und gefördert werden, damit sie Schwierigkeiten überwinden und glücklich werden" (ebd., S. 143).

Auf der Website eines privaten Anbieters von Begabtenförderung wird sogar formuliert: „Leider kann eine in früher Kindheit diagnostizierte Hochbegabung durchaus auch wieder verloren gehen, wenn keine adäquate Begabten- bzw. Hochbegabtenförderung erfolgt" (Haese, 2016, o. S.). Solchen Aussagen liegt implizit ein Verständnis von Begabung zugrunde, das Hochbegabung in erster Linie als angeborene Besonderheit sieht, die begabte Kinder von anderen unterscheidet. Teilweise sind damit eher verworrene Vorstellungen von Begabung im Kindesalter verbunden.

Vor allem dramatisierende Medienberichte und populärpsychologische Ratgeber, aber auch manche Fachbeiträge zu Begabtenförderung erwecken den Eindruck, dass hochbegabte Kinder Gefahr laufen, große Probleme zu bekommen, wenn ihre Begabungen nicht rechtzeitig ‚entdeckt' oder sie nicht angemessen begleitet und gefördert werden. So meinen Hartmann et al. (2016), dass nicht erkannte hochbegabte Kinder in der KiTa stören und provozieren, aggressiv oder depressiv werden oder psychosomatische Beschwerden entwickeln können. Mit Hochbegabung ist hier in der Regel in erster Linie eine hohe Intelligenz gemeint. Mögliche Auffälligkeiten und Verhaltensstörungen werden dabei in erster Linie auf (kognitive) Unterforderung zurückgeführt. Daher sei frühzeitige Förderung nötig, um problematische Entwicklungen und später auftretende Verhaltensstörungen auszuschließen. Belege für diese Annahme gibt es allerdings kaum (▶ Kap. 3.2).

Es ist verständlich, dass Eltern, die ihrem Kind in den ersten Lebensjahren gute Entwicklungsmöglichkeiten geben konnten, sich dafür einsetzen, dass ihr Kind auch in KiTa und Grundschule entsprechend weiter gefördert wird. Es kann aber auch sein, dass beeindruckende kognitive Fähigkeiten von Kindern in erster Linie Ergebnis besonders guter Förderung im Elternhaus sind und damit gar nicht auf eine besondere Begabung verweisen. Von guter individueller Förderung profitieren alle Kinder. Diese setzt voraus, dass individuelle Stärken und Entwicklungsbedürfnisse von Kindern differenziert wahrgenommen werden, nicht aber, dass sie als ‚hochbegabt' erkannt werden. Um dies genauer zu erläutern, muss die Entwicklung der kognitiven Leistungsfähigkeit und damit der Intelligenz im Laufe der Kindheit in den Blick genommen werden.

2.3.2 Begabung oder Entwicklungsvorsprung?

Wenn Begabung nicht als gegebene Größe, sondern als Ergebnis einer Entwicklung verstanden wird, die das Kind aktiv mitgestaltet, hat dies Auswirkungen auf Annahmen zur Stabilität von Begabungen. Hierzu gibt es bezogen auf die frühe Kindheit sehr unterschiedliche Ansichten. Im Kontext von Programmen für frühe Begabtenförderung wird oft davon ausgegangen, dass Hochbegabung bereits sehr früh ein stabiles Persönlichkeitsmerkmal ist. Dabei wird – den komplexen Modellvorstellungen zum Trotz – Hochbegabung mehr oder weniger mit sehr hoher Intelligenz gleichgesetzt, wie sie mit Intelligenztests gemessen werden kann. Daraus wird die Notwendigkeit früher Förderung abgeleitet. So ist Stapf (2003) der Ansicht, dass von einer hohen Stabilität von Hochbegabung bereits ab dem Vorschulalter ausgegangen werden kann. Mit Bezug auf kleinere Studien fasst sie zusammen: „Somit verfügt ein mit Hilfe von Einzeltests als hochbegabt identifiziertes Vorschulkind (ab ca. vier Jahren) mit hoher Wahrscheinlichkeit auch im Jugend- und Erwachsenenalter über ein sehr hohes Intelligenzpotential" (S. 34).

Die meisten empirischen Untersuchungen stimmen dagegen darin überein, dass zumindest bis zum Schulbeginn noch nicht von einer Stabilität der Intelligenz ausgegangen werden kann. Rost stellt fest:

Im Säuglings-, Kleinkind- und frühen Kindergartenalter spielen sich offensichtlich bedeutsame qualitative Veränderungen und Umstrukturierungen in der Komposition der Intelligenz ab. Erst ab dem Alter von viereinhalb bis fünf Jahren kann man eine für praktische Zwecke zufriedenstellende Strukturstabilität der (Hoch)Begabung über mehrere Jahre hinweg annehmen. Ab dem frühen Jugendalter kann von einer langfristigen, d. h. mehrere Jahrzehnte umfassenden Strukturstabilität von (Hoch)Begabung ausgegangen werden. (2010, S. 256)

Längsschnittstudien zeigen zudem, dass es im Grundschulalter zumindest bei einem Teil der Kinder noch zu starken Schwankungen in den Ergebnissen von Intelligenztests kommt (vgl. Rohrmann & Rohrmann, 2010, S. 42ff.).

Im Kindesalter muss daher von mehr Variabilität in den Veränderungen von Intelligenztestwerten ausgegangen werden, als meist angenommen wird. Stöger, Schirner und Ziegler (2008, S. 18) kommen nach Durchsicht der Forschungslage zu dem Schluss, „dass es der derzeitige Forschungsstand nicht erlaubt, hochbegabte Kinder bereits im Vorschulalter zuverlässig zu identifizieren", da Intelligenz „in diesem Alter keineswegs so stabil ist, als dass längerfristige Prognosen wissenschaftlich fundiert wären". Erst im Schulalter gleichen sich die Entwicklungsgeschwindigkeiten allmählich an.

Im Kindergarten – und oft auch noch im Grundschulalter – ist es daher grundsätzlich sinnvoller, von *Entwicklungsvorsprüngen* zu sprechen. Erst gegen Ende der Grundschulzeit macht es Sinn, Intelligenz als ein stabiles Persönlichkeitsmerkmal zu betrachten.

Was dies für die Praxis der Begabtenförderung bedeuten kann, zeigen Evaluationsstudien zur Integrativen Begabtenförderung an Grundschulen.

> **Studien: Begabung oder Entwicklungsvorsprung? Empirische Ergebenisse**
>
> In einem aktuellen Projekt in einem Würzburger Kindergarten nahmen die Kinder mehrfach an Intelligenztests teil. Nur bei den aufeinander folgenden Messungen im Alter von fünf und sechs Jahren ergaben sich signifikante Zusammenhänge in den Testleistungen. In den jüngeren Altersgruppen waren diese deutlich geringer oder gar nicht nachweisbar (Berger & Schneider, 2017, S. 22).
>
> In der Studie von Henze, Sandfuchs und Zumhasch (2006) erzielten von über 40 im Kindergarten als ‚hochbegabt' eingestuften Kindern in Folgeuntersuchungen nur sehr wenige einen IQ-Wert von über 130. Auch einen ‚weicheren' Grenzwert, der den Messfehler berücksichtigt, erreichte nur etwa die Hälfte der Schülerinnen und Schüler, und dies oft nur auch in einer von mehreren nachfolgenden Untersuchungen (Henze et al., 2006, S. 187).
>
> Rohrmann (2009, S. 105 f.) stellt dar, dass das Auswahlverfahren eines Schulversuchs zur Begabtenförderung trotz erheblichen Aufwands kaum dazu geeignet war, die weitere kognitive Entwicklung der untersuchten Kinder vorauszusagen. Zwar schnitten die als ‚begabt' bezeichneten Kinder im weiteren Verlauf in Intelligenztests durchschnittlich etwas besser ab als andere Kinder, aber die Ergebnisse zeigten eine erhebliche Streuung – sowohl in der Gruppe der als begabt eingestuften Kinder als auch in Vergleichsgruppen von nicht als begabt eingestuften Kindern. Zur ‚Identifikation' begabter Kindern war das Verfahren offensichtlich nicht geeignet.

Von Bedeutung ist schließlich, dass sich Aussagen zur Stabilität von Intelligenz auf formale Denkfähigkeiten beziehen, nicht aber auf differenziertere Aufgaben, die Wissen voraussetzen – wie z. B. Schulleistungen oder auch musikalische Fähigkeiten, die in großem Ausmaße von Übung abhängig sind. Je breiter daher das Verständnis von Begabung angelegt ist, desto weniger Sinn macht es, Begabung als stabiles Persönlichkeitsmerkmal zu sehen.

Vor diesem Hintergrund sollte die Zielsetzung einer (frühen) Identifikation von Hochbegabten grundlegend überdacht werden. Dies fordern auch Stöger et al. (2008), die meinen, dass das Bemühen, Hochbegabte zu finden, allzu oft von einer Art „Goldgräbermentalität" getragen sei. „Doch Hochbegabte findet man nicht einfach so vor, sondern man *schafft* sie erst durch Bereitstellung anregender Umwelten, guter Lernbedingungen und ausreichender Förderung" (S. 19).

2.3.3 Konsequenzen für Diagnostik und frühe Förderung

Die geschilderten Ergebnisse haben erhebliche Konsequenzen für die Diagnostik und frühe Förderung von Hochbegabten. Sie sprechen nicht dagegen, sich für eine gute Förderung von Kindern bereits vor der Schule einzusetzen. Sie machen aber die Probleme deutlich, die aus einer zu frühen Identifikation eines Kindes als hochbegabt erwachsen können. Im besten Falle führt eine Diagnose als hochbegabt dazu, dass ein Kind besonders gut gefördert wird – was sich möglicherweise wieder positiv auf seine Intelligenz auswirken kann (*Pygmalion-Effekt*, s. Kasten).

> **Der *Pygmalion-Effekt***
>
> In einem Experiment zu den Auswirkungen von Einstellungen auf die Intelligenz wurden Lehrkräften die Namen von Schülern genannt, die angeblich einem Test zufolge eine „ungewöhnlich gute schulische Entwicklung" nehmen würden. Während die daraus resultierende Erwartungshaltung der Lehrkräfte in den höheren Schulklassen nur einen geringen Einfluss hatte, waren die Auswirkungen in den unteren Klassen dramatisch. Am Ende des Schuljahres hatten die vermeintlich Hochbegabten einen erheblichen Intelligenzvorsprung vor ihren Mitschülern (Rosenthal & Jacobsen, 1992).
>
> Diese Studie wurde in der Folgezeit methodisch kritisiert und kontrovers diskutiert. Manche Autoren geben an, dass weitere Untersuchungen den Pygmalion-Effekt bestätigten (z. B. Stöger et al., 2008), wogegen andere ihn für einen „Mythos" halten (Rost, 2009a, S. 270).

Im ungünstigeren Falle kommt es zu einer Krise, wenn ein Kind in der weiteren Entwicklung die Erwartungen nicht mehr erfüllen kann, die aufgrund seiner (vermeintlichen) Begabung an es gerichtet werden. Daher muss die Zielsetzung einer Diagnostik gut bedacht werden. Im Vordergrund sollte immer stehen, welche Folgerungen sich aus den Untersuchungsergebnissen für eine bessere Förderung des einzelnen Kindes ergeben.

Diese Überlegungen sprechen nicht gegen eine umfassende Diagnostik von Intelligenz im Vor- und Grundschulalter. Eine solche Untersuchung kann verunsicherte Eltern und Fachkräfte entlasten und wertvolle Hinweise für eine anschließende gründliche Beratung sowie für die Förderung in KiTa und Grundschule liefern.

Die Annahme, dass eine im Vorschulalter festgestellte ‚Hochbegabung' im Grundschulalter und darüber hinaus Bestand haben wird, kann dagegen fatale Folgen haben. Es ist daher im Kindergarten- und auch noch im Grundschulalter grundsätzlich sinnvoller, von *Entwicklungsvorsprüngen* zu sprechen. Eine fälschliche Zuschreibung von Hochbegabung kann in der Folgezeit dagegen zu massiven Problemen führen.

> *Fallbeispiel*
> Johann war in der KiTa als pfiffiges Kerlchen aufgefallen. Er war aufgeweckt und begeisterungsfähig, eloquent und im Umgang mit Erwachsenen charmant. Mit fünf Jahren wurde er in einer psychologischen Praxis vorgestellt und als hochbegabt diagnostiziert.
>
> Obwohl er sich sehr auf die Schule gefreut hatte, zeigt er nach Schuleintritt schon nach einigen Tagen erste Anzeichen von Schulunlust. Er kann nicht stillsitzen und es fällt ihm schwer, sich an die schulischen Regeln und Abläufe zu halten. Dennoch sind seine Leistungen zunächst gut.
>
> In der dritten Klasse kommt es zu einem massiven Leistungseinbruch. In Mathematik ist er zu langsam, in Deutsch macht er viele Rechtschreibfehler. Zum Lesen längerer Texte hat er wenig Lust. Stattdessen lenkt er die Aufmerksamkeit der Klasse durch Kaspereien auf sich.
>
> Die Eltern vermuten Langeweile und Unterforderung als Ursache der Probleme. Sie stellen Johann erneut zur psychologischen Untersuchung vor. Hier ergibt sich

> allerdings nun ein zwar überdurchschnittlicher, aber kein herausragender Testwert für die Intelligenz. Festgestellt werden aber wenig Lernfreude, mangelnde Anstrengungsbereitschaft sowie eine geringe Integration in die Klasse.
> Mehr kognitive Herausforderungen und anspruchsvolle Angebote würden Johanns Probleme nicht nur nicht lösen, sondern angesichts der schon bestehenden Defizite möglicherweise sogar verstärken.

Dieses Beispiel macht mögliche Probleme deutlich, die eine frühzeitige Diagnostik als ‚hochbegabt' mit sich bringen kann.

Im Vorschulalter sollte eine Begabungsdiagnostik daher eher später als früher erfolgen und auch nur dann, wenn sie wirklich erforderlich ist, zum Beispiel, um die Frage einer vorzeitigen Einschulung zu klären. Die Ergebnisse sollten als Momentaufnahme verstanden werden und nicht als sichere langfristige Prognose.

So rät der Bayerische Orientierungsplan für Bildung und Erziehung (Bayerisches Staatsministerium für Arbeit und Sozialordnung, Familie und Frauen & Staatsinstitut für Frühpädagogik, 2012), mit der Bezeichnung *hochbegabt* sehr vorsichtig umzugehen. Es wird darauf hingewiesen, dass „eine vermeintliche Hochbegabung (…) schon einige Monate später verschwunden sein kann. (…) Bei einer besonders intensiven (partiellen) Förderung durch seine Eltern kann ein Kleinkind in einem Entwicklungsbereich als hochbegabt erscheinen, ohne das wirklich zu sein" (S. 157). Als Aufgabe der pädagogischen Fachkräfte wird daher formuliert, „frühzeitig Anzeichen zu erkennen, die auf eine Hochbegabung schließen lassen, und dies in erster Linie bei älteren Kindern. Erst wenn das jeweilige Kind über einen längeren Zeitraum hinweg genau beobachtet worden ist, kann Hochbegabung ernsthaft in Erwägung gezogen werden" (ebd., S. 156).

Im Grundschulalter ist eine pädagogisch-psychologische Diagnostik insbesondere dann angezeigt, wenn die Fähigkeiten eines Kindes von Eltern und Lehrkräften stark unterschiedlich wahrgenommen werden. Auch starke und unerklärliche Leistungseinbrüche sowie massive Verhaltensauffälligkeiten oder soziale Probleme von an sich leistungsstarken Kindern können Anlass für eine psychologische Untersuchung sein.

2.4 Verfahren zur Messung der Intelligenz im Vor- und Grundschulalter

Wie jeder Diagnostik muss auch einer Intelligenzmessung eine konkrete Fragestellung vorangehen (vgl. Preckel & Vock, 2013). Diese Fragestellung bestimmt, welche Untersuchungsverfahren eingesetzt werden. Ob ein Kind hochbegabt ist oder nicht, ist allein keine ausreichend konkrete Fragestellung! In diesen Fällen ist genau zu prüfen, was genau der Anlass ist, das Kind jetzt zur Diagnostik vorzustellen: Geht es darum, Klarheit zu gewinnen, wie das kognitive Potenzial des Kindes einzuschätzen ist? Soll geklärt werden, ob eine vorzeitige Einschulung sinnvoll ist, oder wird überlegt, das Kind an einer spezifischen Fördermaßnahme teilnehmen zu lassen? Im Schulalter können auch massive Schulprobleme Anlass für eine Intelligenzmessung sein.

Psychologische Diagnostik wird grundsätzlich von dafür ausgebildeten Psychologen und Psychologinnen durchgeführt. Auch für pädagogische Fachkräfte ist es aber sinnvoll, über Grundwissen zu psychologischer Diagnostik zu verfügen, um psychologische Gutachten und Empfehlungen besser einschätzen zu können. Daher werden in diesem Kapitel Verfahren der Intelligenzdiagnostik vorgestellt. Insbesondere für das Vorschulalter ist allerdings zunächst wesentlich, die Frage einer Identifikation von begabten Kindern kritisch zu bedenken.

2.4.1 Probleme der Identifikation

Unabhängig vom verwendeten Verfahren und möglichen konkreten Mängeln einzelner Tests sind drei grundsätzliche Probleme zu bedenken, wenn aus Ergebnissen von Intelligenztests eine Aussage über das Vorliegen einer überdurchschnittlich hohen Begabung abgeleitet werden soll.

Die Entwicklung der Intelligenz verläuft im Kindesalter nicht immer gleichmäßig. Grundsätzlich entwickeln sich Kinder mit besseren kognitiven Voraussetzungen schneller als weniger begabte Kinder. Meist erreichen sie im späteren Jugend- und frühen Erwachsenenalter auch ein höheres Niveau kognitiver Fähigkeiten. Entwicklung verläuft allerdings oft in Sprüngen, und die Entwicklung der Intelligenz ist im Kindesalter nicht stabil. Ob herausragende Leistungen auf einem zeitweiligen Entwicklungsvorsprung beruhen oder auf Begabungen, die auch in der weiteren Entwicklung Bestand haben werden, lässt sich vor Schulbeginn daher nicht entscheiden. Erst im Laufe der Grundschulzeit steigt die Stabilität der Intelligenz allmählich an.

Viele Tests differenzieren nicht ausreichend im oberen Intelligenzbereich („Deckeneffekt"). In der Intelligenzdiagnostik werden überwiegend Verfahren verwendet, die ein breites Intelligenzspektrum abdecken. Viele dieser Intelligenztests ergeben die genauesten Messungen im mittleren Begabungsbereich, weil der Anteil von Aufgaben mit mittlerem Schwierigkeitsgrad größer ist als der Anteil leichter und schwieriger Aufgaben.

Messungen im über- wie auch im unterdurchschnittlichen Begabungsbereich sind deshalb stark fehlerbehaftet: Wenn die Aufgaben zu schwer für eine Person sind und kaum Aufgaben richtig gelöst werden, ergibt sich ein so genannter „Bodeneffekt". Sind die Aufgaben dagegen zu leicht, so dass eine Person nahezu alle Aufgaben richtig löst, zeigt sich ein so genannter „Deckeneffekt". Konkret bedeutet dies nicht selten, dass das richtige Lösen einer einzigen Aufgabe den IQ bzw. Prozentrang um mehrere Punkte verändern kann. Boden- wie auch Deckeneffekte lassen eine korrekte Einschätzung der Begabung einer Person nicht zu.

Das Risiko von Deckeneffekten besteht in der Diagnostik von hoher Intelligenz grundsätzlich bei nahezu allen gebräuchlichen Tests. Es gibt kaum deutschsprachige Verfahren, die speziell für die Diagnostik von Hochbegabung entwickelt wurden. Im letzten Jahrzehnt ist jedoch eine bemerkenswerte Zahl von psychologischen Tests neu erschienen. Zudem wurden viele ältere Intelligenztests überarbeitet und neu normiert, oft insbesondere in Hinsicht auf hohe Intelligenz, so dass das Problem der Deckeneffekte bei neueren Testversionen geringer ist.

Um den Schwierigkeitsgrad von Testaufgaben zu erhöhen, werden für die Diagnostik im oberen Bereich zuweilen auch Aufgaben oder ganze Tests verwendet, die für ältere Jahrgangsgruppen erstellt und normiert wurden. Dieses *above level testing* macht Deckeneffekte weniger wahrscheinlich. Allerdings liegen bislang für dieses Vorgehen wenige gesicherte Erkenntnisse vor.

Intelligenztests sind nicht zeitlos gültig. Die Intelligenzwerte, die sich aus Testleistungen errechnen lassen, sind immer eine relative Angabe, die sich auf die Stichprobe beziehen, mit der das jeweilige Verfahren entwickelt und normiert worden ist.

> **Studie: Der *Flynn-Effekt***
>
> Forscher, die Ergebnisse von Intelligenztests über mehrere Jahrzehnte hinweg auswerteten, machten eine erstaunliche Entdeckung: Die durchschnittlichen Testwerte in der Bevölkerung sind im Laufe des vergangenen Jahrhunderts deutlich angestiegen. Jugendliche in den 90er Jahren des vergangenen Jahrhunderts konnten in Intelligenztests mehr Aufgaben erfolgreich lösen als Jugendliche in den 1950er oder 1970er Jahren. Dieser nach dem neuseeländischen Politikwissenschaftler und Psychologen benannte *Flynn-Effekt* bedeutet, dass Menschen heute von ihren *absoluten* Testleistungen her intelligenter sind als vor einem Jahrhundert.
>
> Dickens und Flynn (2001) erklären dies mit einem komplexen Zusammenwirken von Erbfaktoren und Umwelteinflüssen. Genauerer Analysen ergaben, dass die Testleistungen nur in bestimmten Bereichen besonders angestiegen sind – z. B. den *Matrizenaufgaben*, in denen es um das Verstehen abstrakter Zeichenmustern geht. Vielleicht fallen diese Aufgaben vielen Menschen heute leichter, weil wir es in unserem Alltag in immer größerem Maße mit Bildern und Zeichen zu tun haben (vgl. Zimmer, 2012, S. 183). Zudem gibt es Hinweise darauf, dass die Durchschnittswerte der Intelligenz seit Ende der 1990er Jahre nicht mehr steigen oder sogar zurückgehen (vgl. Rohrmann & Rohrmann, 2010, S. 40 f.).

Wenn sich die Leistungsfähigkeit der Bevölkerung insgesamt verändert, müssen Intelligenztests daran angepasst werden. Daher werden Tests regelmäßig neu normiert. Veraltete Normen können wie die mangelnde Differenzierung im oberen Leistungsbereich dazu führen, dass Testergebnisse zu einer Überschätzung des Potenzials und ggf. zu einer nicht korrekten Diagnose als ‚hochbegabt' führen. Tests, deren Normierung älter als zehn Jahre ist, gelten als veraltet und sollten eher nicht mehr verwendet werden. Allerdings liegen manche gut differenzierende Tests nicht in aktuellen Fassungen vor, so dass im Einzelfall abgewogen werden muss, welches Verfahren im konkreten Fall am besten geeignet ist.

Im Folgenden werden derzeit gebräuchliche und aktuell normierte psychologische Intelligenztests dargestellt.[1]

---

[1] Die Literaturangaben zu den Verfahren sind in einem eigenen Abschnitt im Literaturverzeichnis aufgeführt.

2.4.2 Nonverbale bzw. kulturfaire Intelligenztests

Grundintelligenztest Skala 1, Revision (CFT 1-R)

Die *Culture Fair Tests* (CFT), im Deutschen als Grundintelligenztests bezeichnet, sind eine Testreihe, deren Ziel die Erfassung der fluiden Komponente der Intelligenz ist. Konkret geben die Tests darüber Aufschluss, bis zu welchem Komplexitätsgrad nonverbale Problemstellungen erfasst und gelöst werden können.

Insgesamt gibt es in der CFT-Reihe drei Tests, die sich im Schwierigkeitsgrad und damit in der Zielgruppe unterscheiden: Der CFT 1 bzw. die revidierte Form CFT 1-R ist für Kinder im Alter von 5;3[2] bis 9 Jahren konzipiert. Für ältere Kinder und Erwachsene mit einfacher Schulbildung eignet sich der CFT 20 bzw. CFT 20 R. Der CFT 3 ist die schwierigste Version und kann bei Jugendlichen ab 14 Jahren und Erwachsenen mit höherer Schulbildung eingesetzt werden.

Wechsler Nonverbal Intelligence Scale (WNV)

Die *Wechsler Nonverbal Intelligence Scale* (WNV) ist ein nonverbaler Intelligenztest für die Einzelfalluntersuchung, der mit Kindern ab dem Alter von vier Jahren durchführbar ist. Auf der Grundlage von bildgestützten Anleitungen kann das Verfahren durchgeführt werden, ohne dass das Kind dabei selbst aktiv sprechen muss. Es ist daher insbesondere für die Intelligenzdiagnostik bei Kindern geeignet, deren Erstsprache nicht Deutsch ist. Von den insgesamt sechs Untertests wurden vier mit gesonderten Aufgaben für Kinder von vier bis sieben Jahren entwickelt; ältere Kinder, Jugendliche und Erwachsene erhalten andere Aufgaben.

Das Verfahren wird seit 2014 angewendet. Eine im Rahmen der Normierung des Verfahrens durchgeführte Studie von Daseking et al. (2015) ergab, dass das Verfahren dem Anspruch gerecht wird, Intelligenz unabhängig vom muttersprachlichen Hintergrund der Kinder zu erfassen. Es zeigte sich allerdings ein deutlicher Zusammenhang zum Bildungshintergrund der Familien.

Progressive Matrizen (CPM, SPM)

Die *Progressiven Matrizen* sind eine Gruppe von Verfahren, mit denen die sprachfreie, kulturfaire intellektuelle Leistungsfähigkeit, insbesondere Beobachtungsvermögen und genaues schlussfolgerndes Denken, bei fortschreitend schwieriger werdenden Aufgaben erfasst werden. Die Aufgaben bestehen aus geometrischen Figuren oder Mustern, die Lücken beinhalten, welche mit einem passenden Muster ausgefüllt werden sollen. Neben der Standardversion (SPM) gibt es eine farbige Version für Kinder im Vor- und Grundschulalter (CPM) sowie eine Version mit schwierigeren Aufgaben für überdurchschnittlich begabte ältere Testpersonen (APM). Die CPM können ab einem Alter von 3;9 Jahren eingesetzt werden, die SPM ab einem Alter von sechs Jahren.

---

2 Altersangaben mit Semikolon geben *Jahr; Monat* an.

Bildbasierter Intelligenztest für das Vorschulalter (BIVA)

Der *Bildbasierte Intelligenztest für das Vorschulalter* (BIVA) ist ein Verfahren für 3;6- bis 7;6-jährige Kinder. Das Verfahren erlaubt differenzierende Aussagen über alle Niveaustufen intellektueller Leistungsfähigkeit hinweg.

Der BIVA basiert auf Erkenntnissen neuerer kognitionspsychologischer Forschung. In der Tradition dieser Forschung wird von den Autoren das Vereinfachungsprinzip als wichtiges Wirkprinzip menschlicher Intelligenz gesehen. Danach wird intelligentes Verhalten über den zur Lösung eines Problems erforderlichen Denkaufwand bestimmt. Werden Informationen auf intelligente Weise verarbeitet, sind aus der Fülle der Informationen die für eine Entscheidungsfindung wesentlichen herausgefiltert worden. Diese Vereinfachungsleistungen sind in allen Aufgaben des BIVA gefordert. Erfolg in der Aufgabenbewältigung des BIVA hängt damit vor allem von der Fähigkeit ab, beim Lösen von Problemen zu vereinfachen und Wesentliches von Unwesentlichem zu trennen.

Non-verbaler Intelligenztest SON-R 2½-7

Der *Non-verbale Intelligenztest SON-R 2½-7* ist ein sprachfreier, kulturfairer Intelligenztest für Kinder von 2;6 bis 7;11 Jahren. Das Verfahren eignet sich neben der Diagnostik der allgemeinen Intelligenz vor allem für die Untersuchung von Kindern mit Sprachentwicklungsstörungen, Hörbeeinträchtigungen oder Intelligenzminderungen sowie von Kindern, die nicht Deutsch als Muttersprache beherrschen. Insbesondere bei der Untersuchung von älteren Kindern sind im oberen Intelligenzbereich Deckeneffekte zu erwarten.

2.4.3 Mehrdimensionale Intelligenztests

Bildungsabhängige Verfahren erfassen verschiedene Facetten der Intelligenz in separaten Untertests (Subtests). Aus diesen kann in der Regel ein Gesamtwert errechnet werden. Sowohl der Gesamtwert als auch die Ergebnisse der einzelnen Skalen können Grundlage der Ergebnisinterpretation sein. Zumindest einige Subtests setzen mehr oder weniger Bildungserfahrungen voraus, z. B. die Fähigkeiten Lesen, Schreiben und Rechnen oder Allgemeinwissen.

Rein bildungsabhängige Verfahren gibt es für das Vorschulalter und das frühe Grundschulalter nicht. In der vierten Klasse kann das Prüfsystem für die Schul- und Bildungsberatung (PSB-R 4-6) angewandt werden, das allerdings inzwischen als veraltet angesehen werden kann (vgl. Rohrmann & Rohrmann, 2010; Preckel & Schneider, 2010).

Die nachfolgend dargestellten Mischverfahren enthalten sowohl sprachfreie, kulturfaire als auch bildungsabhängige Aufgaben und decken damit verschiedene Teilbereiche von Intelligenz ab.

Wechsler-Verfahren

Die Wechsler-Verfahren gehören zu den weltweit am häufigsten eingesetzten Intelligenztests. Bei diesen Tests handelt es sich um individuell anzuwendende Verfahren zur umfassenden Untersuchung der allgemeinen intellektuellen Fähigkeiten von Kindern. Sie basieren auf einem dreistufigen hierarchischen Intelligenzmodell. Auf der höchsten Ebene befindet sich die allgemeine Intelligenz, die durch komplexe kognitive Prozesse höherer Ordnung bestimmt wird. Darunter befinden sich zehn Fähigkeitsbereiche mittlerer Generalität, die wiederum spezifische Fähigkeiten auf der untersten Ebene des Modells beeinflussen. Dieser Ansatz wird dann für verschiedene Altersgruppen konkretisiert.

Lange Zeit wurden die deutschen Versionen dieser Verfahren als *Hamburg-Wechsler-Intelligenztests* vertrieben (HAWIK, HAWIVA). Seit einigen Jahren werden auch die deutschen Fassungen unter den amerikanischen Originaltiteln angeboten.

Wechsler Preschool and Primary Scale of Intelligence III (WPSSI III)

Die *Wechsler Preschool and Primary Scale of Intelligence III* (WPPSI III) als Nachfolger der HAWIVA III richtet sich an Kinder zwischen 2;6 und 7;2 Jahren. In der Tradition der Wechsler-Tests werden die allgemeine Intelligenz, die Leistungsfähigkeit im verbalen (Verbalteil) und im anschauungsgebundenen, praktischen Bereich (Handlungsteil) erfasst. Zudem enthält das Verfahren zwei weitere Skalen zur Prüfung der Verarbeitungsgeschwindigkeit und der allgemeinen sprachlichen Fähigkeiten. Die WPPSI III besteht aus insgesamt 14 Untertests, die je nach Alter des zu untersuchenden Kindes unterschiedlich zusammengestellt und vorgelegt werden.

Wechsler Intelligence Scale for Children (WISC IV/WISC V)

Die *Wechsler Intelligence Scale for Children IV* ist die Neubearbeitung des HAWIK IV und ist mit Kindern und Jugendlichen im Alter von 6;0 bis 16;11 Jahren durchführbar. Mit dem WISC-IV sollen wesentliche Fähigkeitsbereiche der mittleren Ebene und die allgemeine Intelligenz erfasst werden, so dass er zur umfassenden Charakteristik der allgemeinen kognitiven Funktionsweise eines Kindes herangezogen werden kann. Er ist gleichermaßen für die Beurteilung intellektueller Hochbegabung, Intelligenzminderung sowie von individuellen kognitiven Stärken und Schwächen geeignet.

Das Verfahren besteht dazu aus verschiedenen Untertests, deren Ergebnisse in einem Gesamt-IQ als Maß für den kognitiven Entwicklungsstand eines Kindes sowie in vier weiteren Indizes (Sprachverständnis, Wahrnehmungsgebundenes Logisches Denken, Arbeitsgedächtnis und Verarbeitungsgeschwindigkeit) zusammengefasst werden. Insgesamt umfasst der WISC IV 15 Untertests, von denen zehn so genannte Kerntests zur Berechnung des Gesamt-IQs und der Indizes durchgeführt werden müssen. Fünf weitere Untertests sind optional zu verwenden, um weitere Informationen zu erheben oder einen Kerntest ersetzen zu können.

2017 wurde mit dem WISC V eine weitere Überarbeitung und Neunormierung des Verfahrens vorgelegt.

Test zur Erfassung der Intelligenz im Grundschulalter (THINK 1-4)

Der *Test zur Erfassung der Intelligenz im Grundschulalter* (THINK 1-4) besteht aus insgesamt acht Untertests, von denen sieben das logisch-schlussfolgernde Denken erfassen, das als wichtigstes Merkmal fluider Intelligenz gilt. Die Aufgaben enthalten figural-bildhaftes, numerisches und verbales Material. Im achten Untertest wird der Wortschatz des Kindes erfasst, also der Faktor, der bei der Entwicklung der Lesekompetenz eine wichtige Rolle spielt. Damit ist der Test ein Mischverfahren; da jedoch die meisten Skalen die fluide Intelligenz erfassen und keine Normwerte für die einzelnen Skalen vorliegen, aus denen sich ein Fähigkeitenprofil erstellen ließe, ist es nicht wirklich mehrdimensional.

Der Test ist ein so genannter *Power-Test*. Dies bedeutet, dass im Gegensatz zu so genannten *Speed-Tests* auf enge zeitliche Vorgaben verzichtet wird. Er lässt sich sowohl in der Einzeluntersuchung als auch als Gruppentest, z. B. als Screeningverfahren, anwenden. Aufgaben mit hohen Schwierigkeitsgraden ermöglichen es, den Test auch für Fragen in der Hochbegabungsdiagnostik anzuwenden.

Es liegen aktuelle Normen vor, die sich allerdings nicht auf das Alter, sondern ausschließlich auf Klassenstufen beziehen. Die Auswertung ermöglicht dabei nicht nur einen Vergleich individueller Testergebnisse mit der Klassenstufe, die das Kind zurzeit besucht, sondern auch mit höheren und niedrigeren Klassenstufen. Dieses *Test-Equating* macht den THINK 1-4 insbesondere dann interessant, wenn bei begabten Kindern über das Überspringen einer Klassenstufe nachgedacht wird. Dennoch wird auch von den Testautorinnen empfohlen, das Verfahren in Kombination mit mehrdimensionalen Tests zu verwenden, insbesondere, wenn eine Entscheidung über die weitere Schullaufbahn getroffen werden soll.

Adaptives Intelligenzdiagnostikum (AID-3)

Mit adaptiven Tests ist es möglich, schon während der Durchführung des Tests die Aufgaben an die Fähigkeiten des Kindes anzupassen, also sowohl zu leichte als auch zu schwierige Aufgaben wegzulassen. Das Kind muss auf diese Weise weniger Aufgaben lösen, so dass die Untersuchung nicht so lange dauert und das Kind motivierter bleibt.

Das *Adaptive Intelligenzdiagnostikum* (AID-3) ist für Kinder ab einem Alter von sechs Jahren geeignet. Die Bereitstellung schwieriger Aufgaben ermöglicht eine höhere Messgenauigkeit im oberen Leistungsbereich auch bei kürzerer Durchführungszeit. Die Wahrscheinlichkeit von Deckeneffekten ist daher gering. Erforderlich ist jedoch eine sehr gründliche Einarbeitung und Erfahrung auf Seiten der durchführenden Diagnostikerin.

Im Vordergrund der Testauswertung steht die Beurteilung eines Fähigkeitenprofils. Die Angabe eines generellen Wertes für die Intelligenz ist zwar grundsätzlich möglich, wird aber für weniger sinnvoll gehalten, da sie nach Ansicht des Testautors und der Testautorin aktuellen Konzeptionen von Intelligenz nicht entspricht.

Kognitiver Fähigkeitstest (KFT)

Der *Kognitive Fähigkeitstest* (KFT 4-12+R) ist ein differenzieller Intelligenztest zur Ermittlung der kognitiven Ausstattung von Schülern und Schülerinnen der vierten bis zwölften Klasse. Der Test besteht aus einem verbalen, einem quantitativen und einem nonverbalen Teil. In jeweils drei Untertests können Informationen über Sprachverständnis, sprachgebundenes Denken, arithmetisches Denken, Rechenfähigkeiten, anschauungsgebundenes Denken und konstruktive Fähigkeiten sowie ein kognitives Gesamtleistungsniveau eines Schülers bzw. einer Schülerin erfasst werden. Ähnlich wie bei jeder schulischen Anforderung müssen im Kognitiven Fähigkeitstest intellektuelle Leistungen erbracht werden.

Der KFT 4-12+R liegt in einer Lang- und einer Kurzform vor. Auch die Kurzform ist geeignet, um mit geringem Aufwand einen Überblick über das Profil schulbezogener Leistungsfähigkeit zu gewinnen. Die Interpretation des Profils muss sich auf die drei Testteile beschränken. Eine weitergehende Interpretation der Ergebnisse einzelner Untertests ist nicht sinnvoll und auch aus testtheoretischen Gründen fragwürdig. Bei schwierigen Schulkarrieren ist in jedem Fall die Durchführung der Langfassung zu empfehlen.

Der KFT 4-12+R wurde Ende der 1990er Jahre normiert und enthält sowohl Alters- als auch Klassennormen. Dies ist insbesondere dann hilfreich, wenn eine diagnostische Untersuchung von Schülerinnen und Schülern im Zusammenhang mit Maßnahmen der Akzeleration steht (z. B. das Überspringen einer Klassenstufe; ▶ Kap. 6.3). Diese Normen sind allerdings veraltet, so dass eher der WISC IV bzw. WISC V verwendet werden sollte.

Münchner Hochbegabungstestbatterie für die Primarstufe (MHBT-P)

Die *Münchner Hochbegabungstestbatterie für die Primarstufe* (MHBT-P) enthält zwei Versionen der Kognitiven Fähigkeitstests KFT 4-12+R (s. o.) für den Einsatz in der Hochbegabtendiagnostik. Wie alle KFT-Versionen ermöglichen die Skalen des MHBT-P (KFT-HB 3 und KFT-HB 4) die Erfassung der verbalen, numerischen und nonverbalen Verarbeitungskapazität sowie die Bestimmung eines Gesamtwerts. Sie enthalten schwierigere Items als die ursprünglichen Versionen, um Deckeneffekte zu vermeiden. Neben den genannten Intelligenzskalen enthalten die MHBT-P verschiedene Selbsteinschätzungsskalen zur Erhebung von nicht-kognitiven Faktoren, wie sie im mehrdimensionalen Münchner Hochbegabungsmodell aufgeführt sind, das dem MHBT-P zugrunde liegt.

Das Verfahren ermöglicht die Untersuchung hochbegabter Grundschulkinder, ist allerdings erst ab der Jahrgangsstufe 3 einsetzbar und basiert auf einer (hochbegabten) Normierungsstichprobe, die nur aus einem Bundesland (Bayern) stammt. Zu kritisieren sind zudem die völlig unklaren Angaben zu den Erhebungsstichproben und die unvollständigen Angaben zu den Skalenkennwerten der Normierungsstichprobe. Das Manual enthält dazu keine näheren Informationen und keine Normtabellen. Die Auswertung erfolgt ausschließlich über ein PC-Programm, so dass sie zwar weniger zeitaufwändig und fehleranfälliger ist, aber auch keine näheren Informationen über die zugrunde liegenden Kennwerte gibt. Inzwischen ist das Verfahren als veraltet anzusehen.

Kaufman Assessment Battery for Children-II (K-ABC-II)

Die *Kaufman Assessment Battery for Children-II* fußt auf dem CHC-Modell der Intelligenz von Cattell, Horn und Carroll (vgl. Preckel & Vock, 2013, S. 31 f.). Das in deutscher Version vorliegende Verfahren erfasst einen breiten Bereich unterschiedlichster Fähigkeiten, wie z. B. Verarbeitungsstile, Lernprozesse, Problemlösevorgänge und kristalline Fähigkeiten, also bereits erworbenes Wissen. Damit liegt mit dem K-ABC-II ein Verfahren vor, das insbesondere für das Verständnis von Kindern mit Lernschwierigkeiten oder Entwicklungsproblemen grundlegend ist. Der Test ist besonders auf die Intelligenzdiagnostik von Kindern beim Verdacht auf Lernschwierigkeiten und Entwicklungsproblemen ausgerichtet und daher für die Diagnostik hoher Begabungen weniger geeignet.

2.4.4 Entwicklungsdiagnostik

Entwicklungstest ermöglichen Aussagen zum Entwicklungsstand und zu Stärken und Schwächen eines Kindes in verschiedenen Entwicklungsbereichen. Im Vorschulbereich wird dazu vornehmlich die *Intelligence and Development Scales-Preschool* (IDS-P) verwendet, mit der Intelligenz, Psychomotorik, sozial-emotionale Kompetenz, Mathematik, Sprache und Leistungsmotivation erfasst wird. Für ältere Kinder wird die IDS eingesetzt.

Ein weiteres Verfahren aus diesem Bereich ist der *Kognitive Entwicklungstest für das Kindergartenalter* (KET-KID). Im KET-KID werden kognitive Basiskompetenzen und Teilleistungen wie visuelle Wahrnehmungsleistungen, auditive und visuelle Gedächtnisleistungen, expressive und rezeptive Sprache, Aufmerksamkeit und Psychomotorik erfasst. Die Grundkonzeption basiert auf neuropsychologischen Erkenntnissen zu umschriebenen Entwicklungsstörungen des Sprechens und der Sprache (z. B. Artikulationsstörungen) sowie der Motorik (z. B. mangelhafte fein- und/oder großmotorische Koordination). Die Anwendung des Verfahrens erfolgt mit dem Ziel einer effektiven und frühen Interventionsplanung für Kinder, die bestimmte, einzelnen Teilleistungen zuzuordnende Defizite aufweisen. Im Kontext hoher kognitiver Begabung kann dies im Einzelfall durchaus sinnvoll sein, da auch hochbegabte Kinder und Jugendliche von Teilleistungsstörungen betroffen sein können, z. B. von LRS (s. S. 83).

2.4.5 Das Gutachten

Psychologische Diagnostik von Kindern und Jugendlichen wird grundsätzlich durch ein schriftliches Gutachten dokumentiert, das in der Regel im Anschluss an die Untersuchung von den durchführenden Fachpersonen mit den Eltern besprochen wird. Dieses Gutachten enthält Informationen zu den verwendeten Verfahren, den erzielten Leistungen und ihrer Bewertung (z. B. in Form von IQ-Werten) sowie mögliche Schlussfolgerungen und Empfehlungen. Zuweilen werden solche Gutachten auch pädagogischen Fachkräften vorgelegt.

Die Qualität psychologischer Gutachten ist allerdings sehr unterschiedlich. Gerade in der Begabungsdiagnostik kommt es leider vor, dass teure Untersuchungen nur sehr knapp dokumentiert werden oder weitreichende Schlussfolgerungen z. B. über die Notwendigkeit bestimmter Fördermaßnahmen gezogen werden, ohne dass solche Folgerungen wirklich gut begründet werden. Zuweilen werden veraltete oder ungeeignete Tests verwendet. Oft fehlen bei den Testwerten Aussagen zu Konfidenzintervallen (▶ Kap. 2.2.1). Diese Angabe ist wichtig, weil nur daraus hervorgeht, wie eindeutig die Diagnose einer weit überdurchschnittlichen Intelligenz gestellt werden kann. Es ist daher sinnvoll, psychologische Gutachten genau zu lesen und durchaus auch kritisch einzuschätzen. Konkrete Hinweise zur Qualität psychologischer Gutachten gibt eine Checkliste von Rohrmann und Rohrmann (2010, S. 102 f.).

2.5 Fazit: Müssen begabte Kinder erkannt werden?

Was lässt sich nun zur Frage des Erkennens von begabten Kindern zusammenfassend feststellen? Zunächst ist Vorsicht angebracht. Besondere Fähigkeiten und Auffälligkeiten von Kindern im Vorschulalter können auf eine hohe Begabung hindeuten, aber sie können auch ein Ergebnis guter Förderung oder spezieller Interessen sein oder lediglich auf einen Entwicklungsvorsprung hinweisen. ‚Checklisten' für Hochbegabung sind nicht dazu geeignet, hochbegabte Kinder zu erkennen. Aber auch fundierte Verfahren zur Messung der Intelligenz können im Kindesalter noch keine sichere Aussage darüber ermöglichen, ob die in einem Test festgestellte hohe intellektueller Leistungsfähigkeit im Laufe der Entwicklung stabil bleiben wird. Dies ist erst gegen Ende des Grundschulalters möglich und sinnvoll.

Daher ist bis zu diesem Alter zu empfehlen, eher von *entwicklungsschnellen* Kindern zu sprechen, wenn bereichsübergreifend herausragende Fähigkeiten festzustellen sind. Zeigt ein Kind besondere Fähigkeiten in spezifischen Bereichen, sollten Aussagen dazu möglichst konkret bleiben und sich auf diese Fähigkeiten beziehen. So kann festgestellt werden, dass ein Kind über einen außerordentlich großen Wortschatz verfügt oder sich für sein Alter sehr eloquent ausdrücken kann. Oder es kann beschrieben werden, dass ein Kind Aufgaben und Spielregeln sehr schnell begreift und ungeduldig wird, wenn andere dafür länger brauchen.

Dies ist nicht nur für den Fall wichtig, dass Entwicklungsvorsprünge und besondere Fähigkeiten im Laufe der Zeit weniger zu beobachten sind und sich herausstellt, dass ein Kind doch nicht hochbegabt ist. Unabhängig davon, ob sich diese Einschätzung in der weiteren Entwicklung bestätigt, kann es zu Problemen führen, wenn ein Kind als ‚hochbegabt' bezeichnet wird. Eine solche Einschätzung kann Eltern und Fachkräfte entlasten, weil sie die subjektive Wahrnehmung bestätigt, dass ein Kind ‚besonders' ist. Sie kann aber auch zur Folge haben, dass unrealistische Erwartungen an ein Kind gerichtet werden oder problematisches Verhalten entschuldigt wird, weil das Kind ja hochbegabt sei (▶ Kap. 3.2.7).

Eine psychologische Untersuchung auf Hochbegabung ist dennoch nicht überflüssig. Untersucht wird dabei in jedem Fall die Intelligenz als wesentliche Voraussetzung kognitiver Leistungen. Darüber hinaus können spezifische Fähigkeiten, Fragen des Lern- und Leistungsverhaltens sowie Aspekte der sozial-emotionalen Entwicklung systematisch erfasst werden. Dies ist insbesondere dann sinnvoll, wenn Unsicherheit über die kognitive Leistungsfähigkeit eines Kindes besteht, Eltern und pädagogische Fachkräfte uneins sind oder ein Kind Verhaltensauffälligkeiten zeigt, die mit besonderen Begabungen in Verbindung gebracht werden. Wichtig ist eine solide psychologische Diagnostik zudem, wenn eine Entscheidung über vorzeitige Einschulung oder das Überspringen von Klassen getroffen werden soll.

Davon abgesehen müssen begabte Kinder nicht unbedingt als solche ‚erkannt' werden. Noch weniger ist es erforderlich, die Intelligenz aller Kinder systematisch zu untersuchen, um eventuelle hohe Begabungen zu entdecken. Pädagogische Fachkräfte sollten aber über ein Grundwissen über psychologische Diagnostik verfügen, um im Einzelfall Empfehlungen geben sowie psychologische Gutachten angemessen einschätzen zu können. Dies gilt nicht zuletzt für den zuweilen vorkommenden Fall, dass Eltern eine besondere Förderung ihres Kindes einfordern, weil in einer psychologischen Untersuchung dessen Hochbegabung festgestellt worden sei.

2.6 Weiterführende Literatur

Gauck, L. & Reimann, G. (2015). Diagnostik von Hochbegabungen. Wie sie erfasst und von psychischen Auffälligkeiten unterschieden werden können. *Report Psychologie, 40* (7–8), 294–304.
 Der Beitrag stellt gut dar, wie eine diagnostische Untersuchung durchgeführt werden muss, damit sie aktuellen fachlichen Standards entspricht.
Preckel, F. & Brüll, M. (2008). *Intelligenztests*. München: UTB.
 Der kleine Band fasst kurz und verständlich Grundlagen der Intelligenzdiagnostik sowie gängige Intelligenztests zusammen. Die Auswahl der Testverfahren ist allerdings nicht mehr aktuell.
Rohrmann, S. & Rohrmann, T. (2010). *Hochbegabte Kinder und Jugendliche. Diagnostik – Förderung – Beratung* (2., überarb. Aufl.). München: Reinhardt.
 In den Kapitel 3 bis 5 dieses Buches werden Modellvorstellungen von Hochbegabung sowie Fragen der Diagnostik von Begabung ausführlicher behandelt. Achtung: überarbeitete Auflage verwenden!

3 Entwicklung begabter Kinder

3.1 Sind begabte Kinder anders als andere?

In diesem Kapitel befassen wir uns mit möglichen Entwicklungsbesonderheiten begabter Kinder. Dabei beziehen wir uns auf verschiedene Studien, in denen begabte und hochbegabte Kinder untersucht wurden, wobei die Identifikation dieser Kinder als hochbegabt in der Regel aufgrund hoher Werte in Intelligenztests erfolgte. In diesem Kontext sprechen wir dann trotz den in den vorangegangenen Kapiteln formulierten kritischen Überlegungen auch von *hochbegabten* Kindern. Gleichzeitig betrachten wir die Entwicklung von Kindern, die von ihren Eltern oder von pädagogischen Fachkräften als ‚besonders' und ‚begabt' wahrgenommen werden, auch wenn diese Kinder nicht getestet wurden und nicht immer klar ist, was genau Eltern oder Fachkräfte meinen, wenn sie ein Kind für ‚begabt' halten. Wenn wir daher im weiteren Text von *begabten* Kindern sprechen, meinen wir damit Kinder, die besondere Leistungen im kognitiven Bereich zeigen, über eine hohe allgemeine Intelligenz verfügen und/oder spezifische Begabungen erkennen lassen, auch wenn keine sichere Aussage darüber getroffen werden kann, ob diese Kinder hochbegabt sind.

Kinder mit herausragenden oder auffälligen Begabungen sind ganz unterschiedlich. Ihre hohe kognitive Leistungsfähigkeit ist nur ein Aspekt ihrer Persönlichkeit und sollte daher nicht pauschal als *Ursache* verschiedenster Verhaltensweisen angesehen werden. So können begabte Kinder – wie andere Kinder auch – aus allen möglichen Gründen neugierig oder gelangweilt, zurückhaltend oder ständig aktiv und fordernd sein. Wenn sich zum Beispiel Tobias langweilt, kann das damit zu tun haben, dass es tatsächlich etwas langweilig in seiner Gruppe ist, nur er weniger in der Lage ist als andere Kinder, sich damit zu arrangieren. Vielleicht braucht er aber auch tatsächlich mehr ‚Futter' als andere Kinder und würde wesentlich ausgeglichener sein, wenn er entsprechende Angebote bekäme. Auffälliges Verhalten begabter Kinder *kann* also mit ihrer Begabung zu tun haben, *muss* dies jedoch nicht. Wichtig ist, überhaupt in Betracht zu ziehen, dass solche Verhaltensweisen mit hoher Begabung zusammenhängen können, auch wenn dies auf den ersten Blick nicht so aussieht.

Kinder, die in ihrer Entwicklung ihrer Altersgruppe offensichtlich weit voraus sind, sind in der Regel leicht zu erkennen. Dies muss allerdings nicht bedeuten, dass sie hochbegabt sind. Gerade im Kindergartenalter spielt es eine große Rolle, wie gut Kinder im Elternhaus gefördert werden. So galt es früher als ein Anzeichen von besonderer Begabung, wenn ein Kind schon vor der Schule lesen konnte. Heute sind manche Kindergartenkinder zu Hause von Büchern und Lernspielen umgeben. Da ist es nicht verwunderlich, dass viele von ihnen früh lesen lernen. Dass andere Kinder in Elternhäusern leben, in denen überhaupt nicht gelesen, sondern nur noch ferngesehen wird, führt dazu, dass Kinder heute extrem unterschiedliche Bildungserfahrungen aus Familie und sozialem Umfeld mitbringen, wenn sie in die KiTa kommen. Es kann daher sein, dass beeindruckende Fähigkeiten von (KiTa-)Kindern Ausdruck eines Entwicklungsvorsprungs sind, der nicht unbedingt bestehen bleiben wird. Ein solcher Vorsprung kann auch lediglich das Ergebnis besonders guter Förderung dieser Fähigkeiten im Elternhaus sein.

Noch schwieriger ist es mit Kindern, die – wie Tobias – nicht durch besondere Fähigkeiten, sondern durch besondere Probleme auffallen. Hier braucht es gründliche Beobachtungen und konkrete Gespräche mit den Eltern, um genau herauszufinden, in welchen Bereichen mögliche Begabungen vorliegen, wie schwierige Verhaltensweisen zu erklären sind und wie beides möglicherweise miteinander zusammenhängen kann.

Zwei entgegengesetzte Positionen werden dazu immer wieder angeführt. Sie können als *Harmoniehypothese* und *Disharmoniehypothese* bezeichnet werden. Die *Harmoniehypothese* geht von einer insgesamt positiven Entwicklung Hochbegabter aus. Menschen, die über hohe Begabungen verfügen, zeigen demnach auch weitere überdurchschnittlich hoch ausgeprägte Merkmale. Sie sind beispielsweise körperlich und psychisch gesünder, haben mehr positiv zu bewertende Charaktereigenschaften und sind sozial kompetenter als durchschnittlich Begabte.

Mit der *Disharmoniehypothese* wird das Gegenteil behauptet: Es wird davon ausgegangen, dass hohe Intelligenz mit negativen Merkmalen in Zusammenhang steht, Hochbegabte demnach eher problematische psychische wie physische Merkmale und Eigenschaften zeigen und also anfälliger für Auffälligkeiten sind (vgl. Preckel & Vock, 2013, S. 72 f.).

> **Sind Hochbegabte besonders problematisch?**
>
> Wenn Sie sich umhören, werden Sie immer wieder auf die Überzeugung treffen, dass hochbegabte Menschen neben ihrer Intelligenz massive emotionale und soziale Probleme haben.
> - Fallen Ihnen entsprechende Beispiele dazu ein?
> - Kennen Sie auch Gegenbeispiele?
> - Warum, meinen Sie, hält sich diese Hypothese so hartnäckig?

Studien fanden keine Belege für die Disharmoniehypothese – im Gegenteil:

Die Terman-Studie

Der amerikanische Psychologe Lewis M. Terman (1877–1956) und seine Forschungsgruppe begannen bereits Anfang der 1920er Jahre eine Längsschnitt-Studie, um die Annahme zu widerlegen, dass *intellektuell hochbegabte* Kinder schwächer und auffälliger sind als andere Kinder. Aus insgesamt ca. 6.000 von Lehrkräften vorgeschlagenen Kindern und deren Geschwistern wurden die 1.528 Kinder für die Studie ausgewählt, deren IQ in einem standardisierten Intelligenztest (dem bis heute in den USA gebräuchlichen Stanford-Binet-Test) mindestens 140 Punkte erreichte. Dazu gab es Kontrollgruppen von normalbegabten Kindern. Die Stichprobe wurde in zwölfjährigen Intervallen bis ins hohe

Alter hinein regelmäßig ausführlich untersucht (Holahan & Sears, 1995; Sears, 1977). Die allermeisten der anfänglich in die Stichprobe aufgenommenen Teilnehmerinnen und Teilnehmer standen auch im höheren Erwachsenenalter bereitwillig für die Untersuchungen zur Verfügung.

Auch wenn die Studie in Bezug auf Methodik und Ergebnisse sehr den damaligen Zeitgeist widerspiegelt, stellt sie einen Meilenstein der Hochbegabtenforschung dar. Tatsächlich konnte die Forschergruppe nachweisen, dass die untersuchten hochbegabten Kinder nicht nur intellektuell, sondern auch in vielen anderen Merkmalen und Eigenschaften den Kindern aus der Vergleichsstichprobe überlegen waren. Sie waren als Jugendliche und junge Erwachsene emotional stabil, vielseitig interessiert, psychisch und physisch gesund, sozial integriert und hatten eine hohe Schulbildung. Später waren die Männer überwiegend in akademischen Berufen erfolgreich, während (den damaligen Geschlechterverhältnissen entsprechend) ein großer Teil der Frauen im mittleren Alter Hausfrau war oder trotz sehr guter akademischer Ausbildung Bürotätigkeiten ausübte (vgl. Preckel & Vock, 2013, S. 52).

Allerdings unterschieden sich die Karrieren der untersuchten Hochbegabten insgesamt nicht sonderlich von denen einer Vergleichsgruppe mit vergleichbar hohem sozioökonomischen Hintergrund. Zudem stellte sich heraus, dass Intelligenzunterschiede für beruflichen Erfolg weit weniger bedeutsam waren als Persönlichkeitsvariablen sowie die Unterstützung durch das Elternhaus und das Bildungssystem. Terman stellte zusammenfassend fest, „dass hohe Intelligenz nur im Zusammenspiel mit Durchsetzungsvermögen, Selbstvertrauen und einer positiv eingestellten sozialen Umgebung zu Leistungen auf hohem oder sehr hohem Niveau führen kann" (Mönks & Knoers, 1995, S. 173).

Die Münchner Hochbegabungsstudie

Zielsetzung der Studie der Münchner Forschungsgruppe unter der Leitung von Kurt Heller war die „Entwicklung und Erprobung eines differentiellen Diagnoseinstrumentariums zur Identifizierung hochbegabter Kinder und Jugendlicher unter Berücksichtigung verschiedener Begabungsformen" (Heller, 1992b, S. 28) sowie die „Beobachtung, Beschreibung und Analyse des Entwicklungsverlaufs hochbegabter Kinder und Jugendlicher im Zeitkontinuum" (ebd.). Dazu wurden Schülerinnen und Schüler aus sechs Altersgruppen zwischen sechs und 18 Jahren aus drei Bundesländern in eine Längsschnittuntersuchung einbezogen. Die ersten Untersuchungen fanden von 1986 bis 1988 statt; 1994 und 1997 wurden Follow-Up-Untersuchungen vorgenommen.

Dabei bezog sich die Studie nicht nur auf kognitiv Hochbegabte. Vielmehr wurden aus einer Grundgesamtheit von ca. 26.000 Kindern durch angeleitete Lehrerbeurteilungen ca. 8.000 Kinder und Jugendliche ausgewählt, um mit Hilfe verschiedener Verfahren die besten zwei bis fünf Prozent der Schülerinnen und Schüler in mehreren Begabungsbereichen zu erfassen.

Berichtet wurden Ergebnisse zur Entwicklung von Kreativität und Intelligenz, zu Interessen, zur Bedeutung nichtkognitiver Persönlichkeitsmerkmale sowie zu verschiedenen Umwelteinflüssen, etwa von kritischen Lebensereignissen sowie des Unterrichts- und des Familienklimas. Nach Ansicht der Forschungsgruppe ließ sich belegen, dass „die meisten Hochbegabungen bereichsspezifisch in Erscheinung treten, also sog. universelle Hochbegabungen relativ selten sind" (Heller, 2000, S. 255). Damit wandten sich die Autoren gegen die bis dahin vorherrschende einseitige Betonung intellektueller Fähigkeiten bei der Definition und Identifikation von Hochbegabung, was ihnen sowohl Anerkennung als auch Kritik einbrachte.

Ergebnis der Studie war das bereits dargestellte Münchner Begabungsmodell, das im Zuge der Untersuchungen mehrfach modifiziert und erweitert wurde. Zudem wurde aufbauend auf bereits vorliegenden Verfahren ein umfangreiches Instrumentarium zur Diagnostik hochbegabter Kinder entwickelt, der MHBT (▶ Kap. 2.4.4).

Die Marburger Längsschnittstudie

Rost (1993, 2000, 2009b) führte ab 1987 über 22 Jahre eine umfangreiche und methodisch sehr ausgefeilte Längsschnittstudie durch. Beginnend mit einer repräsentativen Stichprobe von zunächst knapp 300 Kindern (151 hochbegabte und 136 durchschnittlich begabte Kinder) der dritten Schuljahrgangsstufe wurde nicht nur die Entwicklung der hochbegabten Kinder und Jugendlichen, sondern auch die der Vergleichsgruppe der durchschnittlich begabten Kinder bis ins Jugendalter verfolgt. Hochbegabung wurde dabei als „sehr hohe, einzigartige Ausprägung der allgemeinen Intelligenz" (Rost 1993, S. 2) definiert (IQ ≥ 130). 1994 wurde die Stichprobe um weitere Vergleichsgruppen ergänzt, die u. a. einen Gruppenvergleich zwischen *Hochbegabten* und anhand von Lehrerbeurteilungen bestimmten *Hochleistern* ermöglichen sollten.

Mit allen Beteiligten wurden regelmäßig Intelligenztest durchgeführt, was Hinweise auf die zeitliche Stabilität intellektueller Begabung geben sollte. Zudem wurden mit umfangreichen Fragebogenverfahren die Lebensbedingungen und Umwelten hochbegabter und durchschnittlich begabter Kinder und Jugendlicher untersucht, um hemmende und förderliche Entwicklungsbedingungen zu identifizieren. So ergaben sich Einblicke in die Persönlichkeit der Kinder, ihr Selbstkonzept, ihre Interessen, Emotionen und Motive sowie in familiäre Zusammenhänge.

Als Gesamtergebnis lässt sich zusammenfassen, dass die psychische und soziale Entwicklung von hochbegabten Kinder sowohl im Grundschulalter als auch im Jugendalter nicht negativer verläuft als die von durchschnittlich Begabten. Hochbegabte zeigen in der Regel hervorragende schulische Leistungen. Allerdings ließen sich – abgesehen von den Intelligenzwerten – keine grundlegenden Unterschiede zwischen hochbegabten und hochleistenden Kindern belegen. Hinweise auf eine wie auch immer verstandene Andersartigkeit hochbegabter Kinder wurden nicht gefunden (Rost, 2009; vgl. Preckel & Vock, 2013, S. 58 f.). Rost selbst kam zur Schlussfolgerung: „Hochbegabte Grundschüler sind zuerst einmal und vor allem Kinder wie alle anderen Kinder auch, mit ähnlichen Vorlieben, mit ähnlichen Abneigungen, mit ähnlichen Schwierigkeiten, mit ähnlichen Vorzügen" (Rost, 2000, S. 5).

Bemerkenswert war, dass hochbegabte Schüler mehrheitlich keine Spitzenwerte im Leistungsbereich erreichten. Umgekehrt zeigten hochleistende Schüler im Durchschnitt keine Höchstwerte in Intelligenztests. Lediglich zwölf Prozent der Teilnehmer/-innen der Studie von Rost und seiner Arbeitsgruppe waren hochbegabt *und* hatten gute und sehr gute Schulleistungen. Auf der anderen Seite stellte das Forschungsteam fest, dass eine *kleine* Gruppe von hochbegabten Kindern in ihren Schulleistungen deutlich hinter ihren Möglichkeiten zurückblieb. Diese so genannten *Underachiever* zeigten eine Reihe problematischer Verhaltensweisen und litten nicht selten unter ihrer Situation (▶ Kap. 3.2.5).

Die biografische Studie von Freeman

Die britische Begabungsforscherin Joan Freeman (1979, 2001, 2010) führte eine qualitative Langzeitstudie mit 210 anhand von Intelligenztests identifizierten hochbegabten Kindern durch, die sie über einen Zeitraum von 35 Jahren regelmäßig persönlich interviewte und z. T. intensiv begleitete. Diese verglich sie mit durchschnittlich begabten Kindern sowie einer Stichprobe von Kindern, deren Eltern Mitglied in einer Organisation zur Förderung Hochbegabter waren. Zu Beginn ihrer Studie waren die Kinder im Alter zwischen fünf und 14 Jahre alt. Freeman untersuchte, welche Faktoren, Bedingungen und Ereignisse hochbegabte Menschen im Leben beeinflussen und wie es dazu kommt, dass sich die Lebensläufe der begabten Erwachsenen nach Ende der Schulzeit zum Teil sehr weit auseinanderentwickelten.

In ihren Ergebnissen betont sie die Bedeutung von nicht-kognitiven Persönlichkeitsmerkmalen für die Entwicklung: „Wieder und wieder konnte ich sehen, dass die *Persönlichkeit* die Hauptrolle spielt, wenn Hochbegabte entscheiden, was sie mit ihrem Leben tun (oder nicht tun) wollen" (zit. nach Steinheider, 2014, S. 34). Bemerkenswert waren insbesondere ihre Ergebnisse zu Unterschieden zwischen „erkannten" und „nicht erkannten" hochbegabten Kindern und möglichen problematischen Folgen einer *Etikettierung* von Kindern als hochbegabt (▶ Kap. 3.2.7). Nach Ansicht von Freeman ist die Bedeutung einer *kognitiven* Förderung für den späteren Lebenserfolg weit weniger bedeutend als oft angenommen wird. Ein Zuviel an kognitiver Förderung könne sogar zu Gefühlen von Hoffnungslosigkeit und innerer Leere sowie zu sozialer Isolation führen. Wichtig sei stattdessen die Entwicklung eines positiven Selbstbildes (vgl. Steinheider, 2014, S. 38 f.).

Sind begabte Kinder unbeliebt?

Ein häufiges Thema in Veröffentlichungen zu Hochbegabung ist die Annahme, dass Hochbegabte aufgrund ihrer Andersartigkeit soziale Probleme hätten. So wird angenommen, dass es ihnen schwerfiele, Freundschaften zu schließen oder sie prinzipiell eher Einzelgänger seien. Ob dies tatsächlich so ist, ist erstaunlicherweise selten empirisch untersucht worden. Lediglich das Marburger Hochbegabtenprojekt ist der Frage nach sozialen Beziehungen von hochbegabten Grundschulkindern nachgegangen. Das Ergebnis: Hochbegabte Kinder haben keineswegs mehr sozial-emotionale Probleme – im Gegenteil. Unter dem bezeichnenden Titel *Beliebt und intelligent? – Abgelehnt und dumm?* berichten Rost und Czeschlik (1994) sogar, dass intelligente Kinder von anderen Kindern häufiger als Spielpartner ausgewählt, wogegen weniger intelligente Kinder mehr abgelehnt werden.

Eine aktuelle Studie bestätigt diese Ergebnisse für den Kindergarten (Berger & Schneider, 2017). Bei den bis vierjährigen Kindern zeigte sich dabei noch kein Unterschied zwischen besonders begabten und durchschnittlich begabten Kindern. Bei den Fünf- und Sechsjährigen wurden begabte Kinder dagegen häufiger als Spielpartnerinnen bzw. -partner genannt. Sie wurden signifikant häufiger in gemeinsamen Spielsituationen und seltener in Einzelspielsituationen beobachtet. Die sechsjährigen Kinder wurden zudem von den pädagogischen Fachkräften als kontaktfähiger eingeschätzt. Berger und Schneider kommen daher zum Ergebnis: „Zusammengefasst lässt sich die Frage, ob die besonders begabten Kinder beliebter sind als die normal begabten, also mit ‚ja' beantworten" (ebd., S. 23). Allerdings beruhen diese Ergebnisse nur auf geringen Fallzahlen aus einer einzigen Einrichtung; zudem wurde für eine Einstufung als *besonders begabt* aufgrund der kleinen Stichprobe als „liberales Kriterium" (ebd., S. 20) ein IQ ≥ 120 verwendet.

Fazit

Alle angeführten Studien zur Begabungsentwicklung zeigen, dass zwischen Hochbegabten und durchschnittlich Begabten keine systematischen Persönlichkeitsunterschiede zu Ungunsten besonders begabter Kinder und Jugendlicher bestehen. Betrachtet man Persönlichkeitsmerkmale, die für das Erbringen hoher und außergewöhnlicher Leistungen wichtig sind, haben Hochbegabte sogar Vorteile: Sie sind tendenziell selbstbewusster was ihre Leistungsfähigkeit angeht, sind besser organisiert und haben weniger Prüfungsangst. Zudem gibt es Hinweise darauf, dass sie auch beliebter sind als durchschnittlich begabte Kinder. Insgesamt scheint es damit mehr Belege für die Harmoniehypothese der Begabungsentwicklung zu geben.

Längsschnittstudien, die die Entwicklung von hochbegabten Kindern bereits ab der frühen Kindheit untersuchen, gibt es nicht. Vor dem Hintergrund der vorliegenden Ergebnisse deutet allerdings nichts darauf hin, dass begabte Kinder in besonderer Weise psychisch auffällig oder problematisch sind. Dennoch steigt die Nachfrage nach besonderen Beratungsangeboten, die in einer pädagogisch-psychologischen Beratung das Thema Hochbegabung ins Zentrum stellen. Im Folgenden sollen daher typische Probleme, die im Zusammenhang mit Begabung immer wieder diskutiert werden, ausführlicher dargestellt werden.

3.2 Entwicklungsprobleme und psychosoziale Auffälligkeiten

3.2.1 Asynchrone Entwicklung

Was bedeutet ein kognitiver Entwicklungsvorsprung für die gesamte Entwicklung eines Kindes? Oft wird die Position vertreten, dass ein Vorsprung hochbegabter Kinder vor allem im kognitiven Bereich besteht, die körperliche Reife sowie die motorische, emotionale und soziale Entwicklung dagegen dahinter zurückbleiben. Anders formuliert: Die verschiedenen Persönlichkeitsbereiche fallen in der Entwicklung auseinander. Dies wird als *asynchrone* Entwicklung bezeichnet.

Allerdings kann auch bei durchschnittlich Begabten nicht von einer synchronen Entwicklung der Persönlichkeitsbereiche ausgegangen werden. Selbst innerhalb einzelner Bereiche kann es sehr unterschiedliche Entwicklungsgeschwindigkeiten geben. Für die Annahme, dass bei Hochbegabten derartige Asynchronien besonders ausgeprägt sind, gibt es kaum Belege. Stapf (2003) kommt zum Ergebnis, dass im kognitiven und psychosozialen Bereich die Entwicklung Hochbegabter eher synchron verläuft.

Daher stimmt es nicht, dass das Sozialverhalten von KiTa-Kindern mit kognitiven Entwicklungsvorsprüngen besonders häufig ‚noch so kindlich' ist. Dies schließt aber nicht aus, dass im Einzelfall kognitiv weit entwickelte Kinder Rückstände in ihrer sozial-emotionalen Entwicklung aufweisen.

Anders sieht es im Bereich der körperlichen und motorischen Entwicklung aus. Für alle Kinder und damit auch für Hochbegabte gilt, dass der körperliche Entwicklungsstand und die kognitive Entwicklung in keiner Altersstufe eng miteinander zusammenhängen und dass hier erhebliche individuelle Unterschiede bestehen. Für eine allgemein höhere Entwicklungsgeschwindigkeit von Hochbegabten gibt es keine Belege. Sie kommen zum Beispiel nicht früher in die Pubertät (vgl. Stapf, 2003, S. 94). Dies bedeutet aber, dass zumindest in manchen Entwicklungsphasen die körperliche Entwicklung Hochbegabter deutlich hinter ihren kognitiven Fähigkeiten *zurückbleiben* kann.

Stapf (2003, S. 92) geht genauer auf die Entwicklung fein- und großmotorischer Fähigkeiten ein. Vor dem Hintergrund ihrer Beratungspraxis beschreibt sie hochbegabte Kinder, die die Diskrepanzen zwischen dem, was sie „im Kopf haben", und dem, was sie mit ihren Händen und Fingern umsetzen können, intensiv als Mangel wahrnehmen und unter ihrem „Versagen" leiden. Dies kann ein Grund für den ausgeprägten Perfektionismus sein, den manche begabte Kinder entwickeln. Manchmal bewältigen sie diesen Konflikt, indem sie Tätigkeiten völlig verweigern, manchmal reagieren sie ihre Frustration in heftigen Wutausbrüchen ab. Beides führt – verständlicherweise – zu Spannungen sowohl in der Familie als auch mit Erzieherinnen und anderen Kindern in der KiTa. Der Konflikt zwischen eigenem Anspruch und eigenen Möglichkeiten ist nicht nur für begabte Kinder charakteristisch. Eltern wie pädagogische Fachkräfte tun sich allerdings bei begabten Kindern besonders schwer, diesen Perfektionsanspruch und die mit Frustration einhergehenden heftigen Gefühle von Wut und

Verzweiflung zu verstehen, weil sie die Leistungen der Kinder ja oft bereits beeindruckend finden.

In anderen Fällen besteht tatsächlich eine erhebliche Diskrepanz zwischen kognitiven und feinmotorischen Fähigkeiten. Dies fällt insbesondere da auf, wo diese Diskrepanz durch geschlechtstypische Tendenzen und Präferenzen verstärkt wird, z. B. die Tendenz vieler Jungen in der KiTa, feinmotorischen Tätigkeiten wie dem Malen und Basteln zunehmend aus dem Weg zu gehen. Werden solche Jungen dann auf Grund eines kognitiven Entwicklungsvorsprungs vorzeitig eingeschult, ist in der Grundschule nicht selten ein mangelhaftes Schriftbild festzustellen. Diese Jungen am Durchschnitt zu messen oder sie eventuell sogar nicht einzuschulen wäre unsinnig. Andererseits ist es auch keine Lösung, die Mängel einfach zu ignorieren in der Hoffnung, dass sich diese Fähigkeiten im Laufe der Zeit schon entwickeln werden. Da spezifische feinmotorische Fähigkeiten im Wesentlichen erlernt sind, werden sie sich ohne systematisches Training auch im weiteren Entwicklungsverlauf nicht von allein einstellen.

Maßnahmen der Akzeleration (vorzeitige Einschulung oder Überspringen) verschärfen die geschilderten Probleme auch deshalb, weil begabten Kindern und Jugendlichen dabei die gleichaltrige Bezugsgruppe verloren geht. Die sowieso vorhandene Diskrepanz zwischen der eigenen körperlichen und geistigen Entwicklung wird dann dadurch verschärft, dass die Klassenkameraden über die körperlichen Fähigkeiten verfügen, die die Hochbegabten an sich (manchmal schmerzlich) vermissen.

3.2.2 Verhaltensauffälligkeiten

Kinder mit Entwicklungsvorsprüngen und besonderen Begabungen zeigen im Durchschnitt nicht häufiger problematische Entwicklungen als andere Kinder. Dennoch gibt es natürlich begabte Kinder mit Verhaltensauffälligkeiten, die im Zusammenhang mit ihren besonderen Fähigkeiten stehen können. Mönks (2000) und Textor (2014) beschreiben, wie aus möglichen Verhaltensbesonderheiten von begabten Vorschulkindern Probleme entstehen können, wenn diese fehlgedeutet werden oder aber in ihrer Intensität für pädagogische Fachkräfte nicht immer leicht auszuhalten sind. Die Übersicht auf der folgenden Seite gibt dafür einige Beispiele.

Die methodisch am besten fundierte deutschsprachige Studie zu dieser Thematik legte Gauck (2007; vgl. auch Gauck & Reimann, 2015; Gauck & Trommsdorf, 2009) – allerdings für das Schulalter – vor. Darin wurden 30 als hochbegabt identifizierte Kinder (IQ ≥ 130) mit 24 durchschnittlich begabten Kindern, deren Eltern jeweils Beratung aufsuchten, verglichen. Zusätzlich bezog die Untersucherin eine Kontrollgruppe von 31 Kindern ein, deren Eltern weder eine Hochbegabung vermuteten noch Beratung wünschten. Auf diese Weise sollten differenzierte Aussagen über Art und Ausmaß der Auffälligkeiten erhoben werden. Zu welchen Ergebnissen gelangte die Autorin?

Tab. 1: Verhaltensmerkmale hochbegabter Kinder und mögliche damit korrespondierende Verhaltensprobleme (nach Mönks, 2000, S. 30 und Textor, 2014, S. 158)

Verhaltensmerkmale	Mögliche Verhaltensprobleme
schnelle Informationsaufnahme und -verarbeitung	Ungeduld, Ablehnung von Wiederholungen
Neugier, forschendes Verhalten	Dickköpfigkeit, widersetzt sich Forderungen, unzählige Interessen
Spaß an Problemlösung und an Intellektualität	übersieht Details, sieht Wiederholen nicht ein
Freude am Ordnen, Strukturieren, Systematisieren	dirigistisch, dominant, ungeduldig
großer Wortschatz, kann gut formulieren, großes Sachwissen in spezifischen Gebieten	‚redet sich gern heraus', Besserwisser, erfährt andere als Langweiler
kreativ, erfinderisch, tut Dinge gern *anders*	unangepasstes Verhalten, vermeidet Wiederholung, Ablehnung von Bekanntem
intensive Konzentration, große Aufmerksamkeitsspanne, zielgerichtetes Verhalten	duldet keine Unterbrechungen, vernachlässigt bei starker Konzentration andere Pflichten
sensibel und großes Einfühlungsvermögen, verlangt nach Akzeptanz	empfindlich gegenüber Kritik und Zurückweisung, Gefühl der ‚Andersartigkeit', verlangt Anerkennung
sehr energetisch und vital, aufmerksam, starker Aktivitätsdrang, Perioden hoher Anspannung	Inaktivität frustet, Aktivitätsdrang wird lästig, wirkt hyperaktiv und damit evtl. störend, Sensation-Seeking
sehr selbstständig, mag individuelles Arbeiten, großes Selbstvertrauen	weist fremde Anregungen ab, unkonventionelles Verhalten, wehrt sich gegen Beeinflussung, die als Bevormundung erlebt wird
viel Sinn für Humor	erkennt Absurditäten, Humor wird oft nicht erkannt, kann zum Clown werden

Beratung suchende Eltern hoch- und durchschnittlich begabter Kinder schätzten ihre Kinder in Art und Umfang ähnlich verhaltensauffällig ein. Eltern, die keine Beratung aufsuchten, hielten ihre Kinder für signifikant weniger auffällig. Auch wurden keine deutlichen Bewertungsunterschiede zwischen den Lehrpersonen und den Eltern in Bezug auf die Einschätzung der Verhaltensauffälligkeiten festgestellt.

Hoch- und durchschnittlich begabte Kinder und ihre Beratung suchenden Eltern „schätzten die Schuleinstellung, die soziale Integration und das Gefühl des

Angenommenseins durch die Lehrkräfte vergleichbar hoch ein. Nur die Lehrkräfte hielten die hochbegabten Kinder für sozial isolierter und für weniger motiviert, zur Schule zu gehen" (Gauck, 2007, S. 35). Bei den hochbegabten Kindern, deren Eltern Beratung aufsuchten, korrelierten problematische Schuleinstellungen und mangelnde soziale Integration stärker mit Verhaltensauffälligkeiten als bei den durchschnittlich begabten Kindern, deren Eltern ebenfalls Beratung aufsuchten.

Diese Ergebnisse belegen ein weiteres Mal die Feststellung, dass sich hochbegabte Kinder auch in Bezug auf die Entwicklung von Verhaltensauffälligkeiten nicht signifikant von durchschnittlich begabten Kindern unterscheiden. Allerdings haben Auffälligkeiten hochbegabter Kinder möglicherweise in stärkerem Maße mit der Schuleinstellung zu tun. „Je weniger gerne hochbegabte Kinder in die Schule gehen, desto mehr Verhaltensauffälligkeiten zeigen sie" (Gauck & Reimann, 2015, S. 300). Möglicherweise zeigen hochbegabte Kinder ihre negative Schuleinstellung und geringere soziale Integration demonstrativer, was durch die Lehrkräfte auch wahrgenommen wird.

Hohe Begabung an sich führt nicht zu Problemen in der Schule. Begabungsfaktoren können aber durchaus einen *moderierenden* Einfluss auf die Entwicklung von Verhaltensauffälligkeiten haben. Im Kontext der hier untersuchten Verhaltensauffälligkeiten besteht der Einfluss möglicherweise darin, dass sich bei vorliegender hoher Begabung negative Prozesse im Schulgeschehen *schneller* herausbilden, sich *rascher* verfestigen und zu *stärker* erlebtem Leid führen könnten. Dies verweist umgekehrt darauf, welch erhebliche Bedeutung die Schule gerade bei begabten Kindern zu spielen scheint.

Dies zeigt sich auch im Kontext von zwei oft miteinander verknüpften Problemen, die bereits bei Kindern im Vorschulalter zu beobachten sind und Eltern und pädagogische Fachkräfte sehr beschäftigen und belasten können: Perfektionismus und Anstrengungsvermeidung.

3.2.3 Perfektionismus

Es gibt Kinder, die eine Bastelarbeit sehr sorgfältig beginnen, sehr konzentriert dabei sind und auf bestem Wege zu sein scheinen, die Arbeit erfolgreich abzuschließen. Plötzlich aber werfen sie ihr Bastelobjekt auf den Boden, bekommen einen Wutausbruch und lassen sich kaum beruhigen. Sie behaupten, dass „alles scheiße aussehe" und sie das „sowieso niemals hinbekommen werden". Pädagogische Fachkräfte und Eltern werden davon oft überrascht. Wenn sie dann versuchen, dem Kind gut zuzureden und das erreichte Ergebnis loben, kann das die Reaktion noch verschlimmern.

Warum ein Kind sich so verhält, bleibt zunächst oft unverständlich. Möglich ist, dass das Kind nur allzu gut weiß, wie etwas aussehen müsste, damit es ‚ganz richtig' ist, angesichts seiner noch nicht ausreichend entwickelten Fähigkeiten aber jeden Tag wieder an den eigenen Ansprüchen scheitert. Es kann auch sein, dass Anerkennung in der Familie stark an Leistung und Erfolg gekoppelt sind. Ein solcher Zusammenhang ist in der Regel weder offensichtlich noch den Beteiligten bewusst.

Im Laufe ihrer Entwicklung gelingt es vielen begabten Kindern immer besser, den eigenen Ansprüchen gerecht zu werden. Manchmal – aber durchaus nicht immer – entwickeln sie sich zu Hochleistern, die an sich selbst wie auch an andere hohe Ansprüche stellen. Dies bringt ihnen ein hohes Maß an Anerkennung ein, die für ihr Selbstwertgefühl von großer Bedeutung ist. Auf der anderen Seite erhöht dies die Gefahr, dass Scheitern zur Katastrophe wird. Oft sind diese Kinder bzw. Jugendlichen extrem empfindlich gegenüber Kritik. Misserfolg muss daher entweder der Umwelt zugeschoben oder um jeden Preis vermieden werden.

Dass damit eine chronische Selbstüberforderung verbunden sein kann, ist kaum mehr bewusst. Es ist daher unwahrscheinlich, dass die Betroffenen selbst zur Sprache bringen, dass sie sich von Leistungsanforderungen in der Schule oder auch später im Studium überfordert fühlen. Allerdings bedeutet das subjektive Gefühl, keine Probleme mit Leistungsanforderungen zu haben, nicht, dass tatsächlich keine Schwierigkeiten bestehen. Möglicherweise wird dadurch die Entwicklung eines Selbstbildes unterstützt, das die Ursache von Leistungsproblemen eher in äußeren Bedingungen vermuten lässt als in eigenen Defiziten – unabhängig von der eigenen Leistungsfähigkeit.

Kinder und Jugendliche mit einer Tendenz zum Perfektionismus können sehr erfolgreich sein. Das Streben nach herausragenden Leistungen und das Verwirklichen anspruchsvoller Ziele kann zu Zufriedenheit und Erfolg führen, insbesondere wenn es gelingt, eigene Grenzen sowohl wahrzunehmen als auch zu überwinden. Dies wird auch als *adaptiver Perfektionismus* bezeichnet (vgl. Preckel & Vock, 2013, S. 90). Der Druck, *immer gut sein zu müssen*, kann aber auch zu einer erheblichen Belastung werden, zu geringerer Lebensfreude und innerer Orientierungslosigkeit führen – auch dann, wenn nach außen alles perfekt zu sein scheint. Gerade im Kontext pädagogischer Institutionen orientieren sich perfektionistische Kinder und Jugendliche manchmal sehr an von außen vorgegebenen Erwartungen. Was ihnen selbst so richtig Spaß macht, wissen sie manchmal nicht.

Offensichtlich zum Problem wird Perfektionismus, wenn es Kindern und Jugendlichen nicht gelingt, die eigenen Ansprüche zu erfüllen. Dies ist dann der Fall, wenn sie sich unrealistische Ziele setzen und Schwächen und Versagen bei sich selbst nicht akzeptieren können. Ein solcher, *maladaptiver Perfektionismus* kann zu hohem psychischen Druck führen und der Befürchtung, den (eigenen und fremden) hohen Anforderungen nicht gewachsen zu sein. In der Folge schieben Perfektionisten Anforderungen immer weiter auf oder vermeiden sie dauerhaft (▶ Kap. 3.2.4). Auch dies kann schon im Kindergarten beginnen, wird allerdings eher übersehen, weil Vermeidungsverhalten natürlich auch andere Ursachen haben kann. So kann es passieren, dass ein Widerstand, an Bastelangeboten teilzunehmen, eher als inhaltliches Desinteresse gedeutet wird denn als Vermeidungsverhalten – insbesondere wenn es sich um Jungen handelt.

3.2.4 Anstrengungsvermeidung

Der Gegenpol zu Perfektionismus ist Anstrengungsvermeidung. Kinder sind in der Regel erstaunlich anstrengungsbereit, wenn sie ihren eigenen Interessen nachgehen. Kinder, die laufen lernen, lassen sich durch Stolpern und Stürze nicht entmutigen; sie probieren es immer und immer wieder. KiTa-Kinder graben ausdauernd in der Sandkiste oder machen beim Kinderturnen eine Rolle nach der anderen.

Allerdings sind nicht alle Kinder so. Manche Kinder haben keine Lust, sich anzustrengen. Bei Herausforderungen geben sie schnell auf, und oft lassen sie sich lieber helfen, als etwas selbst zu tun.

Besonders deutlich werden solche Unterschiede, wenn es darum geht, Erwartungen anderer zu erfüllen. Hier sind Kinder sehr unterschiedlich. Während manche sehr kooperativ und hilfsbereit sind, weichen andere Anforderungen eher aus und geben unangenehme Dinge gern an andere ab.

Tendenzen zur Anstrengungsvermeidung lassen sich schon in den ersten Lebensjahren beobachten. Ein typisches Beispiel sind Kinder, die sich beim An- und Ausziehen ‚bedienen lassen'. Sie behaupten, ihre Schuhe nicht anziehen zu können oder ihre Jacke nicht zu finden. Oft ist es so, dass diese Probleme in erster Linie in der Interaktion mit den Eltern bzw. einem Elternteil auftreten. Wenn es darum geht, mit einem Freund in den Garten zu gehen, ist das Anziehen der Schuhe kein Problem. Auch die Fachkräfte in der KiTa haben meist weniger Probleme mit solchen Verhaltensweisen. In solchen Fällen kann davon ausgegangen werden, dass solche Vermeidungstendenzen viel mit der jeweiligen Eltern-Kind-Beziehung zu tun haben.

Nun ist die Tendenz, Anstrengungen zu vermeiden und zu versuchen, Anforderungen möglichst ohne großen Aufwand zu bewältigen, nicht immer ein Problem. Warum sollte man sich anstrengen, wenn sich ein Ziel auch ohne viel Mühe erreichen lässt? Problematisch wird es jedoch, wenn Kinder und Jugendliche generell

- „nicht gelernt haben, sich überhaupt einmal anzustrengen;
- Aufgaben und Anforderungen verweigern;
- nicht realistisch einschätzen können, wenn mangelnde Anstrengung zu Misserfolg führt;
- keine Herausforderungen mehr suchen und überhaupt keine Initiative mehr zeigen" (Rohrmann & Rohrmann, 2010, S. 227).

Anzeichen dafür lassen sich bereits in der KiTa beobachten. So gibt es Kinder, die sich wenig auf Unbekanntes einlassen mögen und Aktivitäten von vornherein nicht ausprobieren, weil sie glauben, sie nicht bewältigen zu können. Manchmal äußern Kinder direkt, dass sie etwas nicht können. Manchmal wirken sie auch desinteressiert oder bringen in ‚motzigem' Tonfall zum Ausdruck, dass sie auf etwas keine Lust haben. Auch dahinter kann sich allerdings die Furcht verbergen, einer Herausforderung nicht gewachsen zu sein.

Zu einem größeren Problem wird Anstrengungsvermeidung im Grundschulalter insbesondere im Zusammenhang mit schulischen Anforderungen. Hier kann

Vermeidungsverhalten unabhängig von der intellektuellen Begabung zu großen Schwierigkeiten führen. Für das Aufschieben oder das Verweigern von Leistungsanforderungen wie z. B. Hausaufgaben verwenden Kinder unterschiedlichste Ausreden. Überdurchschnittlich begabten Kindern und Jugendlichen gelingt dies besonders gut, da sie meist gut argumentieren können.

Noch häufiger fällt allerdings eine betont langsame Arbeitsweise auf, die meist mit großer Ungeduld auf Seiten der Erwachsenen einhergeht und insbesondere in der Familie zu erheblichen Auseinandersetzungen führen kann. Solche Kinder sitzen oft stundenlang über den Hausaufgaben. Im Schulunterricht fallen sie dagegen nicht auf, da sie keine Disziplinschwierigkeiten zeigen. Dies ist insbesondere bei begabten Kindern zu beobachten, von denen Lehrkräfte annehmen, ‚dass sie mehr könnten, wenn sie nur wollten'.

Tendenzen zum Aufschieben unangenehmer und schwieriger Anforderungen gibt es natürlich auch bei Erwachsenen. Im Alltag führt eine Vielzahl von Faktoren dazu, dass geplante Aktivitäten zugunsten anderer Tätigkeiten aufgeschoben werden. Meist werden Aktivitäten vorgezogen, die spontan dazu kommen, dringend und/oder rasch zu erledigen sind. Haben Menschen die Wahl, behalten sie ihr Ziel nicht immer im Auge, sondern entscheiden sich für die Aktivität, die ihnen dringlicher oder auch attraktiver vorkommt. Wenn die Tendenz, Entscheidungen oder Handlungen von einem früheren auf einen späteren Zeitpunkt zu verschieben, immer wieder auftritt und zu ernsthaften Beeinträchtigungen der Betroffenen führt, wird von *Prokrastination* (Aufschieben) gesprochen (Höcker, Engberding & Rist, 2013).

Viele Studierende kennen das vermutlich: Die Hausarbeit oder die wichtige Abschlussarbeit muss geschrieben werden, aber plötzlich ist ganz klar, dass die Blumen dringend gegossen werden müssen, das Fahrrad repariert oder die Großmutter angerufen werden muss. Das ist trivial und zunächst auch nicht dysfunktional oder pathologisch. Problematisch wird es dann, wenn immer weiter aufgeschoben wird, obwohl bereits gravierende negative Folgen eingetreten sind. Derartige Probleme haben oft eine lange Entwicklungsgeschichte. Eine übertriebene Tendenz zum Aufschieben und Vermeiden schwieriger Aufgaben kann mit Angst vor Versagen und vor negativen Bewertungen zusammenhängen. Problematische Attributionen und mangelnde Übung können schon im Kindesalter zu einer Negativspirale von Vermeiden und Versagen führen.

Ein achtsamer Umgang mit Tendenzen zur Anstrengungsvermeidung ist bei begabten Kindern insbesondere darum wichtig, weil diesen Kindern vieles leichtfällt und sie es daher gewohnt sind, zumindest bei kognitiven Anforderungen trotz geringer Anstrengung erfolgreich zu sein. Dies kann dazu führen, dass Vermeidungsverhalten unentdeckt bleibt – und dazu, dass diese Kinder zu wenig lernen, dass Erfolg nicht nur Begabung, sondern auch Ausdauer und systematisches Üben erfordert.

3.2.5 Underachievement

Das Phänomen der so genannten *Underachiever* ist eine entscheidende Quelle für das verbreitete Bild von Hochbegabten als problembeladenen Schulversagern. Oft führen auffällige Verhaltensweisen zur Vermutung, dass Schulkinder hochbegabt sein könnten: Kinder und Jugendliche, die den Unterricht stören, den Klassenclown spielen, sich disziplin- und respektlos verhalten und mit ihren Provokationen und Verweigerungen Mitschülerinnen und Mitschülern und Lehrkräften den letzten Nerv rauben. In der Regel haben diese Schüler/-innen auch schlechte Noten.

Der Begriff *Underachievement* geht auf das Konzept der so genannten „erwartungswidrigen Schulleistung" (Orthmann, 2008, S. 313) zurück, das Schulleistungen zu dem Leistungsniveau in Beziehung setzt, das mit einem Intelligenztest gemessen worden ist. Übersteigen die Schulleistungen das Leistungsniveau, spricht man von *Overachievement*, liegen die Leistungen weit unter dem Leistungsniveau, wird von *Underachievement* gesprochen. Allerdings ist zu bedenken, dass schulische Leistungsbewertungen nicht nur mit der kognitiven Leistungsfähigkeit zusammenhängen, sondern auch mit anderen Faktoren wie Vorwissen, Motivation und Ausdauer. Zudem sind Schulleistungen durch die subjektiven Bewertungen der Lehrkräfte gefärbt. Insofern ist vielleicht nicht überraschend, dass der statistische Zusammenhang zwischen Intelligenz und Schulleistung im Einzelfall nicht allzu hoch ist (vgl. Rohrmann & Rohrmann, 2010, S. 109).

Underachievement ist kein spezielles Problem von begabten Kindern und Jugendlichen. Vielmehr zeigen Underachiever generell ähnliche Symptome und Verhaltensweisen, die sie von anderen Schülern unterscheiden. Je mehr aber angenommen wird, dass ein Kind *eigentlich* hochbegabt sei, umso eher wird es als Problem wahrgenommen werden, wenn die Schulleistungen dieser (manchmal nur vermuteten) Hochbegabung nicht entsprechen.

Hanses und Rost (1998) stellen fest, dass Underachiever nicht nur Probleme im Arbeitsverhalten haben, sondern generell eine negative Einstellung gegenüber allem haben, was mit Schule zusammenhängt. Zudem sind sie „ängstlicher und emotional labiler, haben ein eher negativ getöntes Selbstkonzept und fallen durch höhere Impulsivität, geringere Selbstkontrolle und allgemeine emotionale und soziale Anpassungsprobleme auf" (S. 55).

Unterschiedliche Risikofaktoren können dazu führen, dass es Kindern und Jugendlichen nicht gelingt, ihre Fähigkeiten in Leistungen umzusetzen. Dazu gehören z. B. eine anregungsarme Umwelt und mangelnde Bildungsanregungen, gestörte Eltern-Kind-Beziehungen sowie Trennung und Scheidung, überdurchschnittliche Kreativität und unangepasstes Verhalten (,verhaltensoriginelle Kinder') sowie psychische und soziale Probleme (vgl. Freeman, 2001; Peters, Grager-Loidl & Supplee, 2000). In vielen Veröffentlichungen zum Thema Hochbegabung wird Underachievement dagegen in erster Linie auf Langeweile und schulische Unterforderung zurückgeführt, die zu einer „Spirale der Enttäuschung" führen würden (Feger & Prado, 1998, S. 85 ff.; vgl. Preckel & Vock, 2013, S. 86).

Zwar können solche Faktoren Ausgangspunkt von problematischen Entwicklungen sein, aber sie allein können Underachievement nicht erklären. Underachiever geraten im Laufe der Zeit in einen Teufelskreis (Rohrmann & Rohrmann, 2010, S. 114). Dieser beginnt oft damit, dass die Kinder sich Leistungsanforderungen verweigern. Wenn sie damit durchkommen, fehlen ihnen Lern- und Übungserfahrung, was schließlich dazu führt, dass ihnen bestimmte Fertigkeiten tatsächlich fehlen. Da sie dies wiederum nicht zugeben können, verweigern sie sich weiter. Insbesondere, wenn Kinder bzw. Jugendliche sich für hochbegabt halten oder dafür gehalten werden, fällt es ihnen schwer zuzugeben, dass sie etwas tatsächlich nicht können. Im Resultat führt diese Entwicklung dazu, dass viele Underachiever nicht nur nicht leisten *wollen*, sondern tatsächlich auch nicht oder nicht mehr leisten *können*.

Underachievement ist in erster Linie ein Problem des Umgangs mit schulischen Leistungsanforderungen. Für die Arbeit mit Kindern im Hort oder der Ganztagsbetreuung in der Schule ist es in zweifacher Weise relevant: Zum einen ganz konkret in der Hausaufgabenbetreuung, zum anderen, weil Kinder die mit Underachievement verbundene Frustration und Aggression aus der Schule in den Hortnachmittag bzw. die Ganztagsbetreuung mitbringen und häufig dort ausagieren. Eine Veränderung der Dynamiken, die mit Underachievement verbunden sind, erfordert daher eine Zusammenarbeit von Schule, Hort und Familie.

3.2.6 Hochsensible Kinder

In den letzten Jahren ist im Zusammenhang von Hochbegabung zunehmend auch von *hochsensiblen* oder *hoch sensitiven* Kindern und Jugendlichen die Rede (z. B. Brackmann, 2005). Auf Webseiten wird behauptet, dass 15 bis 20 Prozent aller Kinder hochsensibel seien, und Checklisten fordern dazu auf, das eigene Kind daraufhin zu überprüfen.

Theoretischer Ursprung der Annahme einer *Hochsensibilität* ist das Konzept der *Overexcitability*, worunter generell eine besondere Empfindlichkeit und Sensibilität gegenüber inneren und äußeren Reizen verstanden wird. Dieses Konzept ist ein zentrales Element in der *Theorie der positiven Desintegration* von Dabrowski (1964, vgl. Mendaglio, 2010), einer Theorie der allgemeinen Persönlichkeitsentwicklung. Nach Dabrowski ist *Overexcitability* ein ererbtes psychophysiologisches Merkmal, das die Intensität, Häufigkeit und Dauer von Reaktionen auf externale und internale Reize beeinflusst. Angenommen wird, dass die Erregbarkeit des zentralen Nervensystems bei Menschen mit *Overexcitability* deutlich erhöht ist. Es werden fünf Bereiche von *Overexcitability* postuliert: Psychomotorik, Sensorik, Intellekt, Vorstellung und Emotion.

Diese Theorie wird nicht nur im Kontext von Hochbegabtenförderung diskutiert, sondern zuweilen sogar zur Erfassung von Hochbegabung angewendet. Erwartet wird, dass hochbegabte Personen in *allen* Bereichen höhere *Overexcitability*-Werte erzielen als durchschnittlich Begabte. Dies ist allerdings nicht empirisch belegt und entspricht auch nicht einem Verständnis von Hochbegabung als hoher intellektueller Leistungsfähigkeit.

Dessen ungeachtet fühlen sich manche Eltern vom Konzept der Hochsensibilität sehr angesprochen. Zum einen ist offensichtlich, dass kleine Kinder generell sehr sensibel, aber auch herausfordernd sind. Dies kann gerade Eltern, die sich sehr um eine gute Förderung ihrer Kinder bemühen, erheblich verunsichern. Zum anderen sind für viele Eltern ihr Kind bzw. ihre Kinder heute etwas ganz Besonderes. Sie als *hochsensibel* anzusehen, kann eine Entlastung sein, die zwar nicht unbedingt Probleme löst, aber eine Erklärung für die manchmal schwer erträglichen emotionalen Turbulenzen im Erziehungsalltag anbietet.

Auf der anderen Seite wird hier über den Weg vermeintlich ‚besonderer' Persönlichkeitseigenschaften wiederum ein grundlegendes ‚Anders-Sein' von Hochbegabten (oder eben Hochsensiblen) konstruiert. Dies führt zur Annahme, dass diese Kinder und Jugendlichen einer besonderen Behandlung bedürfen. Das verstellt den Blick darauf, dass sich die Erfahrungen und Probleme dieser Menschen in vieler Hinsicht nicht grundlegend von denen ‚normaler' Menschen unterscheiden.

3.2.7 Entwicklungsauffälligkeiten als Etikettierungsproblem

Sind Hochbegabte *schwierig*?

Was meinen Sie? Sind Hochbegabte tendenziell sonderbar und irgendwie problematisch? Ist ein hochbegabtes Kind in der Familie eine besondere Herausforderung oder gar ein Stressfaktor, der das gesamte Familiensystem ins Wanken bringen kann? Brauchen hochbegabte Kinder daher eine andere Erziehung als normal begabte Kinder?

Sind hochbegabte Kinder besonders *schwierig*?

Betrachtet man Ratgeberliteratur zum Thema Hochbegabung (z. B. Billhardt, 1997; Cropley, McLeod & Dehn, 1988; Mähler & Hofmann, 1998; Spahn, 1997), so erscheinen Hochbegabte entweder als ideale Wunschkinder, denen alles gelingt und die weder selbst Probleme haben noch anderen Probleme machen. Oder sie sind, ganz im Gegenteil, Problemkinder, die mit absonderlichem und egozentrischem Verhalten, sozialer Unreife und mangelhaften (Schul-)Leistungen sich und anderen das Leben schwer machen.

Während das Bild vom ‚Wunderkind' durch eine übermäßige Wertschätzung der intellektuellen Leistungsfähigkeit gekennzeichnet ist, ist die Darstellung von Hochbegabten als gestörten Problemkindern oft das Ergebnis einer Verallgemeinerung schwieriger Entwicklungsverläufe einzelner Kinder. Solche Sichtweisen sind nach wie vor verbreitet und insbesondere in Internetportalen und auf Webseiten von privaten Beratungsangeboten zu finden.

Dort wird oft beschrieben, dass die Erziehung und Förderung von hochbegabten Kindern hohe Anforderungen an Eltern und pädagogische Fachkräfte stelle und besondere Schwierigkeiten erwarten ließe. Hochbegabte seien, so wird betont, fundamental anders in ihrem Denken, Fühlen und Verhalten, würden aber von ihrer Umgebung leider oft zu Anpassung gezwungen, was sie unglücklich mache. Die Erziehung von hochbegabten Kindern wird in vielen Schilderungen als große Schwierigkeit und Herausforderung dargestellt, die nur mit großem Engagement der Eltern und individuellen Angeboten der Umgebung zu bewältigen sei. Es stellt sich daher die Frage, inwieweit empirische Untersuchungen solche Behauptungen stützen oder widerlegen.

Tatsächlich belegen die vorliegenden Studien *nicht*, dass die Erziehung von hochbegabten Kindern schwieriger ist als die von durchschnittlichen Kindern. So untersuchte Gauck (2007) in einer Beratungsstelle das Stresserleben von Eltern mit hochbegabten Kindern mit dem von durchschnittlich begabten Kindern. Sie fand keine Belege für höheren Stress in den Familien mit hochbegabten Kindern. Auch Studien von Tettenborn (1996) und Schilling, Sparfeldt und Rost (2006) fanden diesbezüglich keine bedeutsamen Unterschiede.

> **Verhaltensauffälligkeiten *erkannter* und *nicht erkannter* hochbegabter Kinder**
>
> Freeman (1979, 2001) verglich 70 Kinder, deren Eltern Mitglied in einer nationalen Organisation zur Förderung Hochbegabter waren, mit Kindern aus zwei Vergleichsgruppen. Die Stichproben wurden in Bezug auf Alter, Geschlecht und sozioökonomischen Status parallelisiert. Auf der Grundlage der Ergebnisse eines Intelligenztests (SPM) wurden jeweils Dreiergruppen gebildet: Jedem Kind der Zielgruppe wurde jeweils ein Kind von etwa gleicher Intelligenz zugeordnet sowie ein zufällig ausgewähltes Kind. In der Annahme, dass die Kinder der Zielgruppe zur Spitzengruppe der Begabten gehörten und es daher schwierig sein würde, Kinder mit gleicher Intelligenz zu finden, hatte die Autorin ein kompliziertes schulübergreifendes Untersuchungsdesign entwickelt. Dies stellte sich als unnötig heraus: Zu ihrer Überraschung gelang es Freeman, für alle Kinder der als hochbegabt angesehenen Zielgruppe Vergleichskinder mit annähernd gleicher Intelligenz in ihren eigenen Schulklassen zu finden (!) („I was able to match the target children for ability perfectly within their own school class", Freeman, 2001, S. 14). Dieses Design ermöglichte ihr, den Effekt familiärer Einflüsse genauer zu untersuchen.
>
> Mit verschiedenen z. T. standardisierten Fragebögen wurden die Eltern, die Kinder und auch die Lehrer befragt. Deutlich wurde, dass die Eltern der Zielgruppe herausragende Fähigkeiten an ihren Kindern beobachteten und mit den Schulen unzufrieden waren. Sie beschrieben ihre Kinder als sehr schwierig und anders als andere und meinten, dass auch die Kinder diese Andersartigkeit fühlen würden. Sie berichteten weiter über deutliche Verhaltensauffälligkeiten ihrer Kinder, was von den Lehrern der Kinder bestätigt wurde. Die Eltern der Kinder aus den Vergleichsgruppen, insbesondere der Vergleichsgruppe der ähnlich intelligenten Kinder, berichteten dagegen nicht von besonderen Auffälligkeiten und Schwierigkeiten.

Dies schließt nicht aus, dass in Einzelfällen die Hochbegabung eines Kindes einen Stressor für seine Familie darstellen kann. Das wird insbesondere dann der Fall sein, wenn Eltern sich überfordert fühlen und unsicher sind, wie sie mit der hohen Intelligenz ihres Kindes umgehen sollen, oder wenn es zu Konflikten mit KiTa oder Schule kommt.

Dass das Thema in der Ratgeberliteratur hoch im Kurs steht, hat verständliche Gründe. Viele Eltern sind durch hohe Ansprüche und widersprüchliche Aufforderungen verunsichert und fragen sich, wie sie ihr Kind richtig erziehen können. Sie möchten vor allem nichts falsch machen und ihren Kindern möglichst viele Optionen bieten, gleichzeitig aber ihre Kinder zu nichts zwingen. Viele Kinder scheinen dies ihren Eltern nicht zu danken. Sie treten fordernd und nicht selten respektlos auf.

> **Was ist heute ‚richtige' Erziehung?**
> Die Ziele von Erziehung verändern sich fortlaufend. In unserer Zeit stehen Selbstbewusstsein und Selbstständigkeit von Kindern sehr im Vordergrund. Was gehört für Sie zu einer ‚richtigen' Erziehung? Was müssen Ihrer Meinung nach Kinder heute lernen, um in der Welt bestehen zu können? Tauschen Sie sich in Kleingruppen darüber aus. Folgende Fragen (vgl. Götting, 2006) können Ihre Überlegungen ergänzen:
> - Wie lautete das unausgesprochene Motto der Erziehung Ihrer eigenen Eltern?
> - Gab es Unterschiede zwischen Ihrem Vater und Ihrer Mutter?
> - Welche erzieherischen Regeln aus Ihrer Kindheit finden Sie heute immer noch richtig und passend?
> - Und welche Erziehungsmaximen Ihrer Eltern möchten Sie auf keinen Fall übernehmen?

Folgen einer Etikettierung von Kindern als hochbegabt

Schwierig kann es sein, wenn die Zuschreibung von Hochbegabung zu überhöhten Erwartungen von Eltern an ihre Kinder führt. In manchen Fällen projizieren Eltern eigene unerfüllte Wünsche nach Erfolg auf ihre Kinder. Anstelle sich für die tatsächlichen Fähigkeiten und Bedürfnisse ihrer Kinder zu interessieren, zählt für sie nur Leistung und Erfolg. Dies ist besonders problematisch, wenn die Kinder zu Perfektionismus und Selbstüberforderung neigen (vgl. Freeman, 2001; Mönks & Ypenburg, 1998; Peters et al., 2000).

Eine falsche Einstufung eines Kindes als hochbegabt kann z. B. dann eintreten, wenn Eltern keine konkreten Vergleichsmöglichkeiten haben oder aber von vornherein entschlossen sind, aus ihrem Kind etwas ‚Besonderes' zu machen. Eine solche Fehlinterpretation kann aber auch pädagogischen Fachkräften unterlaufen, die kindliche Neugier, hohe Konzentrationsfähigkeit oder erstaunliches Wissen in Spezialgebieten mit hoher Begabung verwechseln. Eine fehlerhafte Einschätzung der Begabung eines Kindes kann schließlich auch Folge einer psychologischen Diagnostik sein. Nach wie vor werden in der Begabungsdiagnostik gelegentlich Verfahren eingesetzt, die veraltet sind und/oder im oberen Begabungsbereich nicht genügend differenzieren.

Folge einer falschen Zuschreibung von hoher Begabung kann sein, dass sowohl das betreffende Kind wie auch die Erwachsenen in der sozialen Umgebung des Kindes grundsätzlich und ausschließlich hohe Leistungen von ihm erwarten. Freeman (2001) verweist am Beispiel des häufig erlebten *Labeling* auf zum Teil gravierende Folgen für das Kind, wenn dieses von Eltern, Lehrern und anderen formulierte Erwartungen nicht erfüllt und dann in eine psychische Krise geraten kann. So berichtete eine Jugendliche in der Studie von Steinheider (2014): „Meine Eltern waren am Boden zerstört. Ich fühlte mich schrecklich schuldig und erging mich darin, wie alte Schulfreunde reagieren würden. Jeder, den ich kannte, hatte große Dinge von mir erwartet und ich hatte sie alle enttäuscht" (S. 36).

> **Etikettierung: Ergebnisse empirischer Studien**
>
> Umfangreiche Studien über die Auswirkungen einer Etikettierung als *hochbegabt* stammen von Cornell und Mitarbeitern (Cornell, 1984; Cornell & Grossberg, 1989). Die Forschungsgruppe untersuchte Familien, in denen mindestens ein Kind an einem Sonderprogramm für Hochbegabte teilnahm, und verglich diese zunächst mit einer nach Sozialstatus der Familien, Geschlecht, Geburtsposition und Alter der Kinder parallelisierten Vergleichsgruppe sowie mit den Normwerten der verwendeten Fragebögen. Neben den Fragebögen führte Cornell Interviews mit den Eltern, den Kindern und den Lehrkräften.
> Deutlich wurde, dass Eltern, die ihr Kind für hochbegabt hielten, mehr Stolz auf ihr Kind zum Ausdruck brachten und nach eigenen Angaben eine engere Beziehung zum Kind hatten. Diese Eltern, die explizit den Begriff *hochbegabt* für ihre Kinder verwendeten, waren selbst durch eine höhere Leistungsorientierung und eine geringere Offenheit für die Gefühle der anderen Familienmitglieder gekennzeichnet. Sie bezeichneten die allgemeine Anpassung der Kinder als weniger gut als Eltern, die den Begriff *hochbegabt* nicht für ihr Kind verwenden wollten.
> Allerdings bezeichneten nur 37 Prozent der Eltern ihre Kinder übereinstimmend als tatsächlich hochbegabt. Bei Beurteilungsdifferenzen war es immer die Mutter, die das Kind als hochbegabt bezeichnete, während der Vater dies trotz der Teilnahme an einem besonderen Programm bezweifelte. In diesem Fall konnten negative Auswirkungen des Etiketts besonders für das nicht hochbegabte Geschwisterkind beobachtet werden. Nicht hochbegabte jüngere Geschwisterkinder zeigten sich insgesamt weniger gut angepasst (schüchterner, ängstlicher, leichter aus der Ruhe zu bringen und weniger aus sich herausgehend) als die Zweitgeborenen aus der Vergleichsgruppe. Cornell untersuchte weiter, wie Eltern und Lehrer die psychosoziale Anpassung der hochbegabten Kinder beurteilten. Vergleicht man die als hochbegabt identifizierten Kinder mit denen, die zusätzlich von ihren Eltern explizit als hochbegabt bezeichnet wurden, ergaben sich diesbezüglich deutliche Differenzen. Ähnlich wie in der Untersuchung von Freeman (1979) nahmen Eltern, die ihre Kinder explizit als hochbegabt bezeichneten, diese eher als problematisch und schwierig wahr. Die Kinder selbst schrieben sich im Vergleich zur Normgruppe ein höheres Selbstwertgefühl und weniger Ängste zu. Die befragten Lehrkräfte berichteten in einer Untersuchung von einem hohen akademischen Selbstbild der Kinder. Im weiteren Entwicklungsverlauf waren diese Unterschiede jedoch nicht mehr festzustellen.

Die Diagnose eines Kindes als ‚hochbegabt' ist für Familien zunächst oft entlastend, weil Schwierigkeiten und Auffälligkeiten erklärt werden können, ohne dass den Eltern und anderen Bezugspersonen eine Beteiligung oder Verantwortung an der Entstehung dieser Schwierigkeiten zugesprochen wird. Eltern und auch die Betroffenen selbst sind zunächst froh, eine solche ‚Ursache' gefunden zu haben. Andere Ursachen schwieriger Lebenssituationen werden dadurch allerdings oft übersehen und sind daher einer Lösung auch weniger zugänglich.

Gleichzeitig führt die Etikettierung als ‚hochbegabt' zu neuen Schwierigkeiten, die sich insbesondere dann als kaum lösbar erweisen, wenn das betroffene Kind gar nicht hochbegabt ist. Eine zu frühe oder gar falsche Diagnose als ‚hochbegabt' kann daher für Kinder und Jugendliche langfristig sehr problematisch sein.

3.2.8 Hochbegabung und psychische Störungen

Kinder mit Entwicklungsvorsprüngen und besonderen Begabungen zeigen zwar im Durchschnitt nicht mehr Verhaltensauffälligkeiten und psychische Probleme als durchschnittlich begabte Kinder. Dennoch können psychische Probleme bei diesen Kindern in besonderer Weise mit Begabungsfaktoren zusammenhängen. Ein gemeinsames Auftreten von hoher Begabung mit expliziten psychischen Störungen, zu denen auch Teilleistungsstörungen wie LRS zählen, wird als *doppelte Auffälligkeit (twice exceptionalities)* thematisiert (z. B. Fischer & Fischer-Ontrup, 2016; Freeman, 1979; Gauck & Reimann, 2015; Hoyningen-Süess & Gyseler, 2006).

Empirische Belege für ein gehäuftes Auftreten psychischer Probleme wie ADHS, Autismus oder Depression bei Hochbegabten gibt es nicht. Dies bedeutet nicht, dass es keine Zusammenhänge und Wechselwirkungen zwischen Begabung und klinischen Störungen gibt. In Beratungsstellen sowie in Einrichtungen, die sich der Förderung begabter Kinder und Jugendlicher besonders angenommen haben, können Hochbegabte mit klinischen Auffälligkeiten einen erheblichen Teil des Klientels ausmachen (Rohrmann & Rohrmann, 2010, S. 127).

Gauck und Reimann (2015) stellen fest, dass es bei einer *doppelten Auffälligkeit* schwierig sein kann, beides zu erkennen, also sowohl die hohe Begabung als auch die psychische Störung. Das gilt insbesondere bei Teilleistungsstörungen, wie z. B. Lese-Rechtschreibstörungen. Eine späte Diagnose einer solchen Störung kann massive sozial-emotionale Probleme nach sich ziehen. Da die Störung gleichzeitig dafür sorgt, dass das betreffende Kind sein Potenzial nicht gänzlich zeigen kann, wird oft auch die hohe Begabung nicht erkannt.

Aufgrund ihrer großen Schwierigkeiten in einem spezifischen Leistungsbereich entsprechen diese Kinder im Gesamteindruck nicht dem Bild des leistungsstarken, erfolgreichen Hochbegabten. In solchen Fällen ist eine sorgfältige differenzialdiagnostische Untersuchung erforderlich. Damit ist gemeint, verschiedene Störungsbilder abzuklären und nicht zutreffende auszuschließen. Für eine diagnostische Untersuchung bedeutet dies, dass neben der sorgfältigen Erhebung von Intelligenz und nichtkognitiven Persönlichkeitsfaktoren auch geprüft werden muss, ob unabhängig von der Begabung spezifische psychische Störungen vorliegen.

Begabung, Bindung und emotionale Regulation

Gelungene Bindungsbeziehungen werden heute als entscheidende Voraussetzung für eine gesunde Entwicklung sowie insbesondere für das Gelingen von Bildungsprozessen im Kindesalter angesehen. So ist eine sichere Bindung Grundlage für kindliches Erkundungsverhalten. Grossmann und Grossmann (2008,

S. 67) fassen zusammen, dass „bei Angst das Bindungsverhaltenssystem aktiviert und die Nähe zur Bindungsperson aufgesucht wird, wobei Erkundungsverhalten aufhört. ... Andererseits hört bei Wohlbefinden die Aktivität des Bindungsverhaltens auf und Erkundungen sowie Spiel setzen wieder ein".

Über die Zusammenhänge von Bindung und Intelligenz ist bislang kaum etwas bekannt. Gaertner (2004) untersuchte bei Vorschulkindern, ob und inwieweit es Zusammenhänge zwischen Bindungsverhalten und kognitiver Hochbegabung gibt. Insgesamt fand sie

- keinen signifikanten Zusammenhang zwischen Bindungstyp und Aufgabenengagement,
- keinen signifikanten Zusammenhang zwischen Bindungstyp und Kreativität,
- keinen signifikanten Zusammenhang zwischen Bindungstyp und Intelligenzniveau.

Es zeigte sich aber, dass die beiden unsicheren Bindungstypen sowohl bei den hochbegabten, als auch bei den normalbegabten Kindern negativ, wenn auch nicht signifikant, mit sozialen Kompetenzen korreliert waren. Dies entspricht anderen Ergebnissen aus der Bindungsforschung und ist daher nicht überraschend.

Auf der Grundlage dieser Studie kann vermutet werden, dass es insgesamt zwischen normal intelligenten und hochbegabten Kindern hinsichtlich der Zusammenhänge zwischen Bindung einerseits und der Entwicklung von Intelligenz und sozialen Kompetenzen andererseits keine Unterschiede gibt.

Auch auf zuweilen in Internetforen und auf Webseiten von privaten Beratungspraxen vermutete Zusammenhänge zwischen hoher Begabung und Regulationsstörungen gibt es keine empirischen Hinweise. Mögliche Zusammenhänge zu Regulationsstörungen liegen aber nahe, wenn es um das bereits diskutierte Konstrukt der *Hochsensibilität* geht.

Teilleistungsstörungen

Teilleistungsstörungen werden zu den Entwicklungsstörungen gerechnet. Konkret geht es dabei um die Lese-Rechtsschreib-Schwäche (LRS) sowie um Dyskalkulie. Während Letztere kaum einmal im Zusammenhang mit hoher Begabung erwähnt wird, wird LRS gelegentlich, wenn auch eher selten, bei besonders begabten Kindern und Jugendlichen festgestellt. Fischer und Fischer-Ontrup (2016) weisen darauf hin, dass die Lernprozesse dieser Kinder sowohl von ausgeprägten Lernpotenzialen als auch von unzureichenden Lernkompetenzen geprägt sind. Da Vorläuferfähigkeiten für das Lesen und Schreiben bereits vor der Schule erworben werden und z. T. durch gezielte Programme bereits in KiTas gefördert werden, ist ein achtsamer Blick auf derartige Zusammenhänge schon in der KiTa sinnvoll.

In der Regel sind KiTa-Kinder mit Entwicklungsvorsprüngen auch und gerade in der sprachlichen Entwicklung weit fortgeschritten. Dass sich ein Kind bereits früh sprachlich sehr differenziert äußern kann oder sich selbst das Lesen beibringt, ist zwar nicht unbedingt ein Beleg für Hochbegabung, wird aber nicht selten als ein Indiz dafür gesehen, dass ein Kind über besondere intellektuelle Begabung verfügt.

Bei einem Kind, das sich mit Buchstaben, Reimen und Abzählversen eher schwertut, wird dies dagegen eher nicht vermutet werden. Umso wichtiger ist es, dass solche Defizite nicht den Blick auf andere Fähigkeiten und Potenziale dieser Kinder verstellen.

Die Diagnose einer Teilleistungsstörung erfolgt ab dem Schulalter. Nach dem psychiatrischen Diagnosesystem ICD-10 muss die gefundene Minderleistung dazu in einem Teilbereich bedeutsam unterhalb dessen liegen, was auf Grund der Intelligenz und des Alters zu erwarten wäre. Das entscheidende diagnostische Kriterium ist die Differenz zwischen den Leistungen im Intelligenztest und in einem Rechtschreib- und Lesetest (vgl. Schulte-Körne, 2010; Steinbrink & Lachmann, 2014).

Eine durchschnittliche Leistung in Rechtschreibtests kommt bei Hochbegabten häufiger vor und stellt kein klinisch relevantes Problem dar. Liegt allerdings tatsächlich eine Lese-Rechtschreib-Schwäche vor, ist neben therapeutischen Maßnahmen für den Betroffenen, die sich an den bei LRS üblichen Verfahren orientieren kann, Aufklärung und Beratung der zuständigen Lehrkräfte notwendig. Diesen muss vor allem vermittelt werden, dass die schwachen Rechtschreibleistungen und das oft katastrophale Schriftbild in keiner Weise einen Schluss auf die allgemeine kognitive Leistungsfähigkeit zulassen.

Zu Zusammenhängen von Hochbegabung und Dyskalkulie liegen bislang keine wissenschaftlichen Untersuchungen vor. Kipman (2011) weist in diesem Zusammenhang darauf hin, dass gängige Definitionen von Intelligenz grundlegende mathematische Fähigkeiten beinhalten. Man könne daher davon ausgehen, dass ein gleichzeitiges Auftreten von Dyskalkulie und Hochintelligenz schon aus methodischen Gründen kaum messbar sei.

Aufmerksamkeitsdefizit-/Hyperaktivitätsstörung

Unaufmerksame und unruhige Kinder beschäftigen Eltern und pädagogische Fachkräfte schon lange. Manchmal entsteht der Eindruck, dass heute die Mehrheit der Kinder von diesen Problemen betroffen sei. Mit der Einführung der Diagnose AD(H)S erhielt diese Problematik Eingang in die Kinder- und Jugendpsychiatrie. Allerdings wird ein inflationärer Gebrauch dieser Diagnose zunehmend kritisiert, insbesondere im Zusammenhang mit der explosiven Zunahme der Verschreibung von Psychopharmaka (Deutsche Gesellschaft für soziale Psychiatrie, 2013).

Werden die vorliegenden klaren diagnostischen Richtlinien eingehalten (zentrales adhs-netz, 2012), dann sinkt der Anteil der betroffenen Kinder beträchtlich. Die Angaben für die Häufigkeit des Auftretens von AD(H)S sind dennoch sehr unterschiedlich und reichen von ein bis zwei Prozent bis hin zu acht Prozent, wobei Jungen zwei- bis viermal häufiger betroffen sind (vgl. Döpfner, Frölich & Lehmkuhl, 2013; Schlack et al., 2014). Für das Vorschulalter geben neuere Studien Prävalenzraten zwischen sechs Prozent und zehn Prozent an; das

Geschlechterverhältnis beträgt dabei ca. 2:1 (Fröhlich-Gildhoff & Petermann, 2013, S. 56).

Hochbegabung steht vorliegenden Studien zufolge nicht in ursächlichem Zusammenhang zu ADHS. Zunächst ist ADHS sehr häufig mit Leistungsproblemen verbunden, wogegen nur ein kleinerer Teil der hochbegabten Kinder und Jugendlichen *underachiever* sind. Es gibt keine Belege dafür, dass beide Phänomene signifikant häufiger gemeinsam auftreten als andere Phänomene im Zusammenhang mit ADHS (vgl. Gyseler, 2014; Müller, 2010; Stapf, 2010b, S. 309). Der *unaufmerksame Typus* des ADHS sei bei Hochbegabten sogar auszuschließen, betont Stapf (2010b), weil für herausragende Leistungen immer auch die Aufmerksamkeit in hohem Grade fokussiert werden müsse. Allerdings verwischt Stapf bei dieser Behauptung den Unterschied zwischen Hochleistung und Hochbegabung. Hyperaktivität und Impulsivität dagegen seien denkbar im Zusammenhang mit Hochbegabung. Jedoch sollten vor einer abschließenden Diagnose alle anderen Ursachen für das auffällige Verhalten, insbesondere Unterforderung, körperliche Defizite wie z. B. eine sensorische Dysfunktion oder Stoffwechselprobleme sowie Motivationsdefizite oder Anstrengungsvermeidung ausgeschlossen werden.

Im Erscheinungsbild kann es allerdings Ähnlichkeiten z. B. hinsichtlich der Neugier von hochbegabten Kindern und der Reizsuche von Kindern mit diagnostiziertem ADHS geben. Ferner wird bzgl. der Kreativität eine Gemeinsamkeit diskutiert, weil die kognitive Sprunghaftigkeit der ADHS-Kinder auch Kreativität freisetzen könne. Und schließlich würden Hochbegabte manchmal Unaufmerksamkeit zeigen, wobei diese Kinder „bei Nachfragen das Gesagte gehört und verstanden haben" (Stapf, 2010b, S. 312). Gyseler (2014, S. 408) nennt dies – das eigentliche Problem eher vernebelnd – „Hochbegabung mit ADS-ähnlichem Verhalten". Tatsächlich geht es hier eher um problematische Interaktionen zwischen Kindern und Erwachsenen als um psychiatrische Krankheitsbilder.

Kommen ADHS und Hochbegabung gemeinsam vor, dann sind Leistungsprobleme zu befürchten – verbunden mit erheblichen Selbstwertproblemen, weil Anspruch und Vermögen stark auseinanderzufallen drohen. Speziell das Unvermögen, vorgenommene Ziele erreichen zu können und die aufgrund der Hochbegabung besonders wache Reflexion dieser Realisierungsschwäche lassen das Kind mit diesen beiden Besonderheiten leicht verzweifeln und entsprechendes Abwehrverhalten aufbauen. Kindern, die solche Probleme nicht in den Griff bekommen, fällt es schwer, Selbstwirksamkeitsüberzeugungen aufzubauen.

Problematischer als die Frage nach dem unwahrscheinlichen Zusammentreffen von kognitiver Hochbegabung und AD(H)S ist allerdings die Frage nach möglichen *Fehldiagnosen*. Stapf (2010b, S. 311) beschreibt eine in den Jahren 2005 bis 2006 durchgeführte Untersuchung zu diesem Thema, wobei lediglich Fallbeispiele herangezogen wurden. Diagnostisch werden Fehlbeurteilungen offensichtlich aus den tatsächlich nicht immer leicht zu differenzierenden Kategorien des „oppositionellen Verhaltens" sowie des Faktors „schwieriges bzw. irritierbares Temperament" gespeist. In der Untersuchungssituation sei die Unterscheidung am Verhalten relativ eindeutig identifizierbar: Hochbegabte Kinder zeigen, wenn sie denn zur motorischen Unruhe neigen, diese eher bei leichteren Aufgaben, würden jedoch bei schwierigeren Aufgaben zunehmend ruhiger und konzentrierter. Kinder mit ADHS hingegen würden bei zunehmender Schwierigkeit immer unruhiger und seien meistens auch nach einer Unterbrechung nur schwer an die Aufgabe wieder heranzuführen (Stapf, 2010b; Webb et al., 2015).

Mit Bezug auf Webb et al. (2015) nennen Gauck und Reimann (2015) Merkmale, mit denen sich Aufmerksamkeitsstörung und Hochbegabung differenzieren lassen. Gegen eine AD(H)S-Diagnose bei Kindern mit hoher Begabung sprechen folgende Beobachtungen:

- „Die Probleme treten nur in der Schule auf.
- Das hyperaktive Verhalten ist nicht ziellos.
- Das Kind verfolgt zahlreiche Aktivitäten, bei denen es sich länger als 45 Minuten konzentrieren kann (ausgenommen (…) Fernsehen und Computerspielen).
- Zwischenrufe sind meistens richtig.
- Das Kind kann eine Aufgabe schnell wieder aufnehmen nach Ablenkung" (Gauck & Reimann, 2015, S. 300).

Die Folgen von Fehldiagnosen sind für die weitere Entwicklung eines Kindes gravierend, denn die Überschätzung eines problematischen, andere meist störenden Verhaltens kann zu einer Unterschätzung oder gar Nichterkennung des anderen Phänomens, der Hochbegabung, führen. Diese doppelte Verkennung des Kindes und die damit möglicherweise verbundene Fehlintervention bis hin zur Verschreibung von Psychopharmaka können in der Folge zu großen Problemen führen und letztlich dazu, dass tatsächlich eine psychische Störung ausgebildet wird.

Autismus-Spektrum-Störungen

Seit einigen Jahren werden zunehmend Autismus und Hochbegabung in Zusammenhang gebracht. Insbesondere die Betonung des ‚Andersseins' von Hochbegabten kann eine Assoziation von Hochbegabung und Autismus nahelegen. Im Vordergrund steht dabei das Asperger-Syndrom, eine Variante des Autismus, die im Gegensatz zu anderen Formen nicht mit einer Intelligenzminderung einhergeht, sondern mit durchschnittlicher oder auch überdurchschnittlicher Intelligenz.

Heute wird davon ausgegangen, dass es sich bei den autistischen Formen wie dem frühkindlichen Autismus, atypischen Autismus und dem Asperger-Syndrom um ein Spektrum von sehr milden bis schweren Verlaufsformen einer Entwicklungsstörung handelt, die bereits in der frühen Kindheit beginnt. Im aktuellen Diagnostikmanual DSM-5 werden diese als „Autismus-Spektrum-Störungen" zusammengefasst (American Psychiatric Association, 2014). Besonderes Augenmerk liegt bei der Einstufung in ‚milde', ‚mittlere' oder ‚schwere' Formen des Autismus auf den Diagnosekriterien soziale Interaktion, Kommunikation, repetitive Verhaltensweisen und fixierte Interessen.

Während Autismus lange Zeit als seltene psychische Störung galt, wird das Asperger-Syndrom seit einigen Jahren häufiger bereits bei Grundschulkindern diagnostiziert. Dies ist insofern für Grundschulen und KiTas relevant, weil sich mit einer solchen Diagnose besonderer Förderbedarf begründen lässt, was z. B. die Bereitstellung einer Schulbegleitung ermöglicht. Für Hochbegabung gilt dies natürlich nicht. Dies kann es für Eltern oder Schulen attraktiv machen, bei problematischen Verhaltensweisen von intelligenten Kindern einem Verdacht auf Autismus nachzugehen. Gleichzeitig kann die damit verbundene Kränkung dadurch kompensiert werden, dass dem Kind eine besonders hohe intellektuelle Begabung zugesprochen wird.

Wissenschaftliche Belege für einen Zusammenhang von Hochbegabung und Asperger-Syndrom gibt es bislang nicht. Es gibt jedoch typische Auffälligkeiten von Kindern, bei denen ein Zusammentreffen beider Merkmale vermutet werden könnte:

- In der KiTa oder in der Schule sind sie oft nicht bei der Sache.
- Sie beschäftigen sich mit Dingen in einer Art, die für ihr Alter ungewöhnlich ist (‚Wie ein kleiner Erwachsener').
- Sie haben Schwierigkeiten mit Sozialkontakten zu Gleichaltrigen (Außenseiterrolle).

Es sind also Kinder, die gleichzeitig *zu wenig* und *zu viel* können. Sie brauchen auf den ersten Blick zwei gegensätzliche Dinge: Förderung und Schutz (vgl. auch Webb et al., 2015).

Baudson (2010) weist darauf hin, dass eine hohe Begabung Kindern mit Asperger-Syndrom helfen kann, soziale Schwierigkeiten zu kompensieren. Aufgrund ihres Mangels an Empathie fällt es Kindern mit autistischen Tendenzen schwerer, soziale Zusammenhänge zu begreifen. Stattdessen versuchen sie, sich die soziale Welt kognitiv zu erklären – und das gelingt sehr intelligenten Kindern schneller. Sie können daher Handicaps in der sozialen Interaktion rascher kompensieren als andere vom Asperger-Syndrom betroffene Kinder.

Treten die geschilderten Probleme im Kreise vergleichbar intelligenter Kinder nicht mehr auf, ist nach Ansicht von Baudson (2010, S. 240) zu vermuten, dass es sich weniger um eine autistische Störung als vielmehr um einen Mangel an Geduld bzw. „Langsamkeitstoleranz" handeln könnte. Verwechslungen fänden manchmal auch deshalb statt, weil die Intensität in der Beschäftigung mit einem Thema ähnlich stark sein kann. Geschlechtsstereotype bzw. nicht erwartete Abweichungen davon, wie z. B. starkes technisches Interesse bei Mädchen und gleichzeitig weniger Interesse an sozialen Kontakten, führten dann nicht selten zu vorschnellen Zuschreibungen von Störungen.

Webb et al. (2015) haben Merkmale zusammengestellt, die eine Differenzialdiagnose von Hochbegabung und Asperger-Autismus ermöglichen. Gegen eine autistische Störung aus dem autistischen Formenkreis spricht bei hochbegabten Kindern unter anderem, wenn sie

- mit Veränderungen umgehen können,
- im Sozialkontakt mit anderen Begabten unauffällig sind,
- Empathie und angemessene, situationsangepasste Emotionen zeigen,
- kreativ mit spezifischen Interessen umgehen (vgl. Gauck & Reimann, 2015, S. 302).

3.3 Dimensionen von Heterogenität

Der Umgang mit Heterogenität ist eine der großen Herausforderungen für unser Bildungssystem. Individualisierungsprozesse, gesellschaftliche Umbrüche, Migrationsbewegungen und andere Entwicklungen haben dazu geführt, dass Kindergruppen in Bildungseinrichtungen oft heterogener sind als früher. Im Kontext individueller Förderung wird diese Zunahme an Vielfalt positiv gesehen. Gleichzeitig stellt sie die pädagogischen Fachkräfte vor große Herausforderungen, da dies nicht nur bedeutet, Vielfalt generell gutzuheißen, sondern auch erfordert, verschiedenen Dimensionen von Heterogenität im Einzelfall differenziert gerecht zu werden.

Hohe Begabung kann in diesem Zusammenhang als eine Dimension von Heterogenität verstanden werden. Dies wird nicht zuletzt von Eltern (vermeintlich) hochbegabter Kinder eingefordert, wenn sie darauf verweisen, dass auch andere Gruppen von Kindern spezifische Förderangebote erhalten – insbesondere Kinder mit Beeinträchtigungen.

Kinder lassen sich allerdings nicht eindeutig (nur) einem bestimmten Merkmal zuordnen – vielmehr überlagern sich die verschiedenen Dimensionen von Heterogenität in unterschiedlichster Weise. Dies kann zu Wahrnehmungslücken und -verzerrungen führen. So werden Kinder mit Migrationshintergrund oder Beeinträchtigungen seltener als hochbegabt entdeckt. Umgekehrt können Verhaltensweisen einer hohen Begabung zugeschrieben werden, die sich vielleicht auch anders erklären ließen, z. B. durch geschlechtstypische Muster. Der folgende Abschnitt geht daher den Zusammenhängen zwischen hoher Begabung und einigen Aspekten von Heterogenität im Kindesalter nach – ohne Anspruch auf Vollständigkeit.

3.3.1 Geschlecht

Fallbeispiel
Luca ist fünf und kann im Morgenkreis immer ganz lang erzählen, sprachlich ausgefeilt und ausdrucksstark – nur ein Ende zu finden ist schwer. Das *Lauschertraining* langweilt Luca dagegen sehr. Da ist es viel lustiger, sich Quatschwörter auszudenken. Luca übernimmt auch gern Verantwortung für Gruppenaktivitäten und hilft beim Aufräumen meist mit, ohne dazu aufgefordert werden zu müssen.

Mit Petra, der Gruppenerzieherin, führt Luca oft interessante Privatgespräche. Das ist manchmal leichter als mit anderen Kindern zu spielen, weil die nicht immer mitmachen wollen, was Luca sich so prima ausgedacht hat. Die Eltern machen sich manchmal Sorgen, weil Luca so wenig mit anderen Kindern spielt.

Nachmittags hat Luca ein umfangreiches Programm. Am besten findet Luca gerade Fechten, obwohl auch die Ballettlehrerin sehr nett ist.

Übung: Was hat die Wahrnehmung von Begabung mit dem Geschlecht zu tun?

Ist Luca ein Mädchen oder ein Junge? Was würde es bedeuten, wenn Luca ein Mädchen bzw. ein Junge wäre – welche Bedeutung hätte dies für die Einschätzung von Lucas Verhalten, Gruppensituation und Begabung?

> Wird diese Übung in einer Seminargruppe durchgeführt, kann diese in zwei Gruppen geteilt werden. In der einen Gruppe wird Luca als Junge vorgestellt, in der anderen als Mädchen. Die Teilgruppen sammeln Eigenschaften, die zu Luca passen, und notieren sie auf Karteikarten. Außerdem verständigen sie sich über eine Einschätzung von Lucas Begabung. Anschließend werden im Plenum die Ergebnisse verglichen.

Lucas Verhalten und Interessen werden oft unterschiedlich bewertet, je nachdem, ob er/sie für ein Mädchen oder ein Junge gehalten wird. Geschlechterstereotype wirken sich auf die Wahrnehmung und Bewertung des Verhaltens begabter Mädchen und Jungen durch Erwachsene aus. Dies gilt auch und gerade für die Wahrnehmung von Begabungen.

Bemerkenswert ist, dass Jungen häufiger für hochbegabt gehalten werden als Mädchen. Sie werden zwei- bis dreimal so häufig wie Mädchen in Beratungsstellen für eine diagnostische Überprüfung auf Hochbegabung vorstellt und sind in Förderangeboten für Hochbegabte meist deutlich überrepräsentiert (Rohrmann & Rohrmann, 2010, S. 62). Dabei sind Unterschiede in der allgemeinen Intelligenz zwischen den Geschlechtern, wenn es sie denn überhaupt gibt, nur sehr gering ausgeprägt (ebd.).

Andererseits sind bei begabten Mädchen und Jungen dieselben Unterschiede zu finden, die auch sonst geschlechtstypisches Verhalten von Mädchen und Jungen charakterisieren. So berichtet Stapf (2003) aus ihrer langjährigen Beratungspraxis, dass begabte Jungen im Vorschulalter häufig von eigenwilligen Hobbys, Sammelleidenschaften oder Beschäftigungen erzählen, mit denen sie sich lange und intensiv befassen, bis sie darin zu Experten geworden sind: „Straßenpläne ausarbeiten, Maschinen erfinden, Beschäftigung mit Zahlen und Rechenaufgaben" (S. 79). Bei Mädchen wurde „eine derartige Verbissenheit" nie beobachtet. „Die Interessen der Mädchen erscheinen dagegen als eher farblos und unauffällig" (ebd.). Zwar stellte Stapf fest, dass Eltern hochbegabter Mädchen etwas häufiger als Eltern durchschnittlich begabter Mädchen berichteten, dass sich ihre Töchter für ‚typisch männliche' Themen wie Planeten, Politik oder Denksportaufgaben interessierten. Deutlich häufiger aber nannten sie „ein starkes Interesse an Lesen und Schreiben, Musik und Tieren" (ebd.).

Für das Grundschulalter stellten Hoberg und Rost im Rahmen der Marburger Hochbegabungsstudie fest, dass die Unterschiede zwischen hochbegabten Mädchen und Jungen wesentlich größer sind als die zwischen hochbegabten und durchschnittlichen Kindern (Hoberg & Rost, 2000; Rost & Hoberg, 1998).

Natürlich gibt es immer wieder begabte Mädchen und Jungen, die auffallen, weil sie sich anders verhalten und für andere Dinge interessieren als ihre gleichgeschlechtlichen Altersgenossen. Dies bringt sie jedoch in Konflikt mit der Jungen- bzw. Mädchengruppe, die ab dem Ende des KiTa-Alters eine zunehmend wichtige Rolle für das soziale Miteinander von Kindern spielt (vgl. Rohrmann, 2008; Rohrmann & Wanzeck-Sielert, 2014, S. 51 ff.). Insbesondere gilt dies für intellektuell und/oder musisch begabte Jungen, die gern lesen und/oder ein Instrument spielen, sich aber nicht für Fußball interessieren. Solche Interessen gelten insbesondere in Jungengruppen ab dem späten Grundschulalter als ‚uncool'.

Geschlechterstereotypes Verhalten führt bereits in der KiTa dazu, dass bei Mädchen seltener vermutet wird, dass sie besonders begabt sind. Dies liegt nicht zuletzt daran, dass Mädchen tendenziell selbstständiger, angepasster und kooperationsbereiter sind – und mit diesen Kindern beschäftigen sich Erzieherinnen wie auch Lehrkräfte weniger: Sie kommen ja zurecht. ‚Schwierige' Kinder – mehrheitlich Jungen – gehen ihnen dagegen nicht aus dem Kopf. Wenn ein auffälliger Junge dabei sympathisch und pfiffig wirkt, wird vielleicht irgendwann vermutet, dass sein nerviges Verhalten mit einer besonderen Begabung zusammenhängen könne.

Von besonderer Bedeutung sind geschlechtsstereotype Bilder und Erwartungen der Erwachsenen, wenn es um die Einschätzung von Erfolg und Leistung in der Schule geht. Im Durchschnitt haben Mädchen beim Schulerfolg die Jungen überholt (vgl. Autorengruppe Bildungsberichterstattung, 2016, S. 215; Rohrmann & Wanzeck-Sielert, 2014, S. 124 ff.). Dies liegt zumindest teilweise daran, dass die stereotypen Vorstellungen von einem ‚guten Schüler' eher zum Bild des ‚richtigen Mädchens' passen als zu dem des ‚richtigen Jungen'.

Trotz ihrer im Durchschnitt besseren Schulleistungen werden Mädchen nicht häufiger als Jungen für hochbegabt gehalten, denn Erfolg von Mädchen wird oft in erster Linie auf ihren Fleiß zurückgeführt. Daher führen noch so gute Leistungen nicht unbedingt dazu, dass ihnen eine hohe Begabung zugeschrieben wird. Manche Jungen können sich dagegen eine Menge erlauben und werden trotzdem für besonders begabt gehalten. Schlechte Leistungen werden bei ihnen eher damit erklärt, dass sie faul seien: „Wenn er nur wollte, könnte er viel mehr!"

Geschlechtsbezogene Aspekte sind also in vielfältiger Weise für die Auseinandersetzung mit Begabung im Kindesalter bedeutsam. Geschlechterstereotype beeinflussen, ob und wie begabte Jungen und Mädchen wahrgenommen werden, aber auch, wofür sie sich interessieren und wie sie sich verhalten.

3.3.2 Migration und Sprache

Fallbeispiel
Die kleine Fatma besucht eine KiTa. Sie ist ein unauffälliges, stilles Kind und gut in die Gruppe der gleichaltrigen Mädchen integriert. Besonders gern spielt sie wie ihre Freundin Susanne in der Puppenecke und denkt sich komplexe Rollenspiele aus. Im Erzählkreis ist sie zurückhaltend. Sie kennt „nicht so viele Wörter", sagt sie. Zu Hause wird türkisch gesprochen.

Eines Tages bemerkt die Mutter, dass Fatma begonnen hat, lesen zu lernen. Sie kennt bereits viele Buchstaben und beginnt, sich Wörter in Werbeblättern zu erschließen. Auch die Erzieherinnen und Erzieher registrieren Fatmas Interesse an Geschichten. Da die Schuluntersuchung in der zuständigen Grundschule ansteht, erzählt die Mutter diese Beobachtungen der Rektorin. Diese fängt an zu schmunzeln und meint: „Machen sie sich keine Sorgen. Sie sind Türkin – Sie haben kein hochbegabtes Kind".

> Fatmas Mutter hatte sich bis zu diesem Zeitpunkt noch gar keine Sorgen gemacht – aber die Reaktion der Rektorin verstört und irritiert sie sehr. Sie lässt Fatma testdiagnostisch untersuchen. Die Untersuchung zeigte sehr deutlich einen immensen Vorsprung Fatmas insbesondere im logischen Denken sowie in ihrer Gedächtnisfähigkeit.

Dass Fatma oder auch Sergej und eben nicht Charlotte und Philipp die intellektuell begabtesten Kinder in ihrer Gruppe sind, kommt vielen pädagogischen Fachkräften nicht in den Sinn. Besonders begabte Kinder mit Migrationshintergrund werden deshalb oft nicht erkannt. Berichte über Sprach- und Schulschwierigkeiten von Kindern mit Migrationshintergrund erzeugen den Gesamteindruck, dass bei diesen Kindern eher mit Leistungsschwierigkeiten zu rechnen ist als mit herausragenden Begabungen. Tatsächlich haben Kinder mit Migrationshintergrund im Durchschnitt nach wie vor schlechtere Chancen im deutschen Bildungssystem. Dies lässt jedoch nicht auf mangelnde Begabung schließen, sondern liegt zumindest zum Teil daran, dass ihre Familien sie nicht so gut unterstützen können (vgl. Autorengruppe Bildungsberichterstattung, 2016).

Zudem lässt es sich wesentlich auf strukturelle Faktoren deutscher Bildungseinrichtungen zurückführen (vgl. Gomolla & Radtke, 2009). Dabei kommen Sprachkompetenzen eine zentrale Rolle zu. Kompetenzunterschiede zwischen einheimischen Jugendlichen und in Deutschland geborenen Jugendlichen mit Migrationshintergrund gehen auch in Bereichen wie Mathematik und Naturwissenschaften zu einem erheblichen Teil auf sprachliche Fähigkeiten zurück.

Die Mehrsprachigkeit von Kindern stellt eine Herausforderung für die Fachkräfte in Bildungseinrichtungen dar. Während bildungsorientierte deutsche Eltern zuweilen fordern, dass ihre Kinder bereits in der KiTa Englisch lernen, wird der Mehrsprachigkeit von Kindern, die mit Türkisch, Russisch oder Arabisch als Muttersprache aufwachsen, weit weniger Wertschätzung entgegengebracht (vgl. de Houwer, 2015). Die Sprachbarriere kann dem Erkennen von besonderen Stärken und Fähigkeiten eines Kindes in der KiTa entgegenstehen, weil die Fachkräfte das Kind nicht verstehen bzw. das Kind gar nicht versucht, sich verständlich zu machen. Sprachdefizite erschweren auch die psychologische Diagnostik hoher Begabungen von Migrantenkindern, da diese sich auch bei Intelligenztests nachteilig auswirken können, insbesondere bei bildungs- bzw. kulturabhängigen Testverfahren.

Dabei kann die Sprachkompetenz von mehrsprachig aufwachsenden Kindern auch als Vorteil und besondere Ressource begriffen werden, denn diese ist kein Ergebnis besonderer Förderung, sondern ganz selbstverständlicher Alltag (Gogolin & Krüger-Potratz, 2012). Wenn Kinder aus Migrationsfamilien dagegen eher defizitär wahrgenommen werden, wirkt sich dies auch auf die Kinder selbst aus: Sie haben geringere Erwartungen an sich selbst, weniger Selbstvertrauen und nicht selten auch eine geringere Lernmotivation. Dies führt wiederum zu geringerem Bildungserfolg.

Für eine bessere Wahrnehmung der Begabungen von Kindern mit Migrationshintergrund ist ein besseres Verständnis von kulturellen Unterschieden wichtig. Relevant wird dies insbesondere bei unterschiedlichen Haltungen zu Bildung und Bildungserfolg. Das zeigt sich schon darin, ob die KiTa überhaupt von Familien als Bildungsort gesehen wird – was ja auch für deutsche Eltern noch keineswegs selbstverständlich ist (vgl. Borke & Keller, 2014).

Die Berücksichtigung kultureller Besonderheiten ist ein Balanceakt. Einerseits erfordert sie Wissen über die jeweiligen kulturellen Hintergründe der Familien, andererseits muss sie Stereotypenbildung vermeiden. So mag es tendenziell so sein, dass die Bildungsaspirationen von vietnamesischen oder indischen Familien höher sind als die von kurdischen oder arabischen. Viele Familien mit nicht-europäischem Hintergrund sehen zudem die in Deutschland stark ausgeprägte Tendenz zur Individualisierung kritisch und möchten keinesfalls, dass ihr Kind besonders hervorgehoben wird (vgl. Heimken, 2015). Dies kann auch für Migrantenkinder der dritten und vierten Generation gelten, die in Deutschland aufgewachsen sind und die deutsche Sprache gut beherrschen.

Dies muss aber in Einzelfall überhaupt nicht zutreffen. Wissen über solche Zusammenhänge ist dennoch wichtig, um zu verstehen, wie Familien im konkreten Fall mit besonderen Begabungen ihres Kindes umgehen – ob sie ihre Kinder fördern oder sogar mit viel Druck Hochleistungen fordern, oder aber besondere Fähigkeiten und Leistungen eher herunterspielen.

3.3.3 Soziale Lage

Fallbeispiel
Nadja ist sechs Jahre alt und gerade eingeschult worden. Sie hat sich sehr auf die Schule gefreut, weil sie endlich richtige Bücher lesen will. Sie spricht sehr schnell, hat einen großen Wortschatz und lernt in rasantem Tempo lesen. Die Eltern arbeiten als Lagerist und als Krankenschwester beide im Schichtdienst. Sie haben wenig Zeit für Nadjas viele Fragen und Interessen; oft sind sie davon genervt und weisen sie zurecht.

Die Lehrerin mag das aufgeweckte und neugierige Mädchen, stört sich aber an ihrer etwas ungenauen und nachlässigen Sprache (die exakt der Mundart der Mutter entspricht). An eine Hochbegabung hat bisher noch niemand gedacht. Erst als Nadja zunehmend verhaltensauffällig ist – sie redet in der Schule oft dazwischen, lenkt andere Kinder ab und reagiert zunehmend widerspenstig auf Kritik – wird sie einer Kinder- und Jugendlichenpsychotherapeutin vorgestellt. Diese stellt bei der Intelligenzdiagnostik im Rahmen des Therapieantrages einen Prozentrang von über 99 fest.

Begabte Kinder, die aus sozial schwachen Familien kommen oder aus Familien, in denen die Eltern keinen höheren Bildungsabschluss erreicht haben und für die höhere Bildung eventuell auch keinen großen Stellenwert hat, sind in besonderer Weise benachteiligt, wenn es darum geht, höhere Bildungsabschlüsse zu erreichen. Seit der ersten PISA-Studie (Deutsches PISA-Konsortium, 2001) stellen Studien immer wieder heraus, wie sehr der Bildungserfolg von Kindern mit ihrer sozialen Herkunft zusammenhängt (Allmendinger & Nikolai, 2006; Autorengruppe Bildungsberichterstattung, 2014, 2016; Baumert & Schümer, 2001).

Schon bei Fünfjährigen wirken sich Unterschiede in der sozialen Herkunft auf den Erwerb sprachlicher Kompetenzen aus. Je höher der Bildungsgrad und die berufliche Stellung der Eltern ist und je mehr Kulturgüter (z. B. Bücher) die Familie zu Hause besitzt, desto besser sind im Durchschnitt die schulischen Leistungen der Kinder. In Deutschland ist dieser Zusammenhang nach wie vor stärker ausgeprägt als in anderen Ländern (Autorengruppe Bildungsberichterstattung, 2014, S. 8; vgl. OECD, 2014).

In den 1960er Jahren war es das ‚katholische Arbeitermädchen vom Lande', das als Inbegriff der Bildungsbenachteiligung galt. In diesem Bild wurden vier damals typische, leistungsunabhängige Einflussfaktoren auf den Bildungserfolg vereint: die Konfession, das Geschlecht, die regionale Herkunft und der soziale Hintergrund. Bis heute hat sich der Zusammenhang zwischen diesen vier Merkmalen und dem Bildungsniveau unterschiedlich entwickelt. Die geschlechtsspezifischen Benachteiligungen konnten im Laufe der Jahre beseitigt werden, zumindest was die Schulabschlüsse an allgemeinbildenden Schulen angeht. Am Zusammenhang zwischen sozialem Hintergrund und Bildungsniveau hat sich dagegen bis heute nichts geändert. Immer noch ist mangelnde Bildung vor allem ein Problem von sozial benachteiligten Gruppen. So stammen hochbegabte Underachiever relativ häufiger aus nicht privilegierten Schichten. Hochbegabte Kinder und Jugendliche aus sozial schwachen Familien sind auch in speziellen Förderprogrammen unterrepräsentiert (Stamm, 2014a).

Doch welche konkreten sozialpsychologischen Faktoren bewirken – trotz scheinbarer Chancengleichheit – die *Vererbung der Ungleichheit*? Weshalb werden nicht alle Kinder, die rein statistisch als hochbegabt auffallen müssten, auch als solche erkannt?

Zunächst werden begabte Kinder aus sozial schwachen Familien von Pädagogen und Pädagoginnen und anderen Fachleuten oft nicht als solche bemerkt. Dies liegt zum einen daran, dass begabte Kinder aus sozial schwachen Familien oft nicht die Anzeichen kognitiver (Hoch-)Begabung zeigen, die für begabte Kinder aus bildungsorientierten Familien typisch sind. Zum anderen kommen viele professionell Erziehende und Lehrende gar nicht auf die Idee, dass solche Kinder begabt sein können, insbesondere dann, wenn diese in Bildungseinrichtungen mit ihrem milieutypischen Habitus ‚anecken'.

Ein Beispiel für eine Unterschätzung von kindlicher Kompetenz im Zusammenhang mit sozialer Herkunft sind die Ergebnisse der IGLU-Studien (Bos et al., 2007, 2012). Die Analyse der Bildungsempfehlungen für die weiterführenden Schulen ergab deutliche Hinweise auf eine Benachteiligung von Kindern aus sozial schwächeren Familien. Dies stellt die Umkehrung des oben beschriebenen Pygmalion-Effektes dar.

Allerdings liegt es nicht nur an den pädagogischen Fachkräften in Bildungseinrichtungen, dass (nicht nur) begabte Kinder aus sozial schwachen und bildungsfernen Familien ihre Potenziale oft weniger entfalten können. Auch die Wertvorstellungen und Alltagsgewohnheiten in diesen Familien müssen in den Blick genommen werden. El-Mafaalani (2014, S. 20) skizziert in diesem Zusammenhang in Anlehnung an Pierre Bourdieu den sogenannten „Habitus der Notwendigkeit", der den Alltag in Armutsfamilien bestimmt. Dieser sei von einem „Management" bzw. einer „Kultur der Knappheit" gekennzeichnet, deren wichtigste Merkmale Nützlichkeits- und Zweckbezogenheit, Kurzfristigkeit und Konkretheit seien. Dieser Habitus beeinflusse nicht nur frühzeitig Bildungswegentscheidungen, sondern generell die bildungsrelevanten Haltungen der Eltern, z. B. die Frage, ob ein Kind zur Teilnahme an einer Mathematikolympiade motiviert oder bei Auffälligkeiten im Leistungsverhalten eine Intelligenzdiagnostik durchgeführt werden sollte.

El-Mafaalani hebt in seinem Buch zu türkisch- und vietnamesischstämmigen ‚Bildungsaufsteigern' aus sozial schwachen Milieus noch eine weitere wichtige Komponente hervor. Alle diese später erfolgreichen Menschen berichteten nämlich darüber, während ihres meist schwierigen und konfliktreichen Weges mindestens einen nicht aus der Familie stammenden Paten oder Mentor in ihrer Ausbildungszeit an ihrer Seite gehabt zu haben.

Aus diesen Überlegungen ergeben sich folgende Schlussfolgerungen:

- Erziehende und Lehrende müssen eigene Haltungen, Erwartungen und Vorurteile gegenüber Kindern mit anderem sozialen bzw. Bildungshintergrund reflektieren, um einem ‚umgekehrten Pygmalioneffekt' entgegenzuwirken.
- Eltern aus sozial schwächer gestellten Familien benötigen eine spezifische Ansprache auf Augenhöhe, die sie auf die Bedeutung frühzeitiger Bildungswegentscheidungen hinweist und ihnen die langfristige Bedeutung solcher Entscheidungen verständlich vermittelt.
- Schließlich ist es sinnvoll, begabten Kindern Lern- und Entwicklungspaten zur Seite zu stellen, die diese auf ihrem Bildungsweg begleiten und sie z. B. dann unterstützen, wenn sie in familiäre Konflikte geraten, weil sich ihre Bildungsinteressen von denen ihrer Eltern unterscheiden.

3.4 Weiterführende Literatur

Gauck, L. & Reimann, G. (2015). Diagnostik von Hochbegabungen. Wie sie erfasst und von psychischen Auffälligkeiten unterschieden werden können. *Report Psychologie, 40 (7–8)*, 294–304.
   Im zweiten Teil des empfehlenswerten Beitrages wird übersichtlich zusammengefasst, wie zwischen Begabungsaspekten und psychischen Auffälligkeiten differenziert werden kann.
Preckel, F., Schneider, W. & Holling, H. (Hrsg.). (2010). *Diagnostik von Hochbegabung*. Göttingen: Hogrefe.
   Das Buch gibt nicht nur einen Überblick über Grundlagen der Diagnostik, sondern geht ausführlich auf verschiedene Entwicklungsbesonderheiten und psychische Probleme im Zusammenhang mit Hochbegabung ein.
Stapf, A. (2010). *Hochbegabte Kinder. Persönlichkeit, Entwicklung, Förderung* (5., aktual. Aufl.). München: Beck.
   Ein Klassiker der Begabtenförderung, der auf langjähriger Beratungspraxis aufbaut. Das Buch gibt einen Überblick über viele Aspekte der Entwicklung Hochbegabter, wobei einige Positionen der Autorin im Fachdiskurs umstritten sind. Achtung: aktualisierte Auflage verwenden!

4 Zwischenruf: Warum Begabtenförderung?

Begabtenförderung als Elitenbildung?

Bis hierhin wurde ausführlich dargestellt, was Begabung ist und wie sie mit Intelligenz zusammenhängt, wie sich hohe und besondere Begabungen erkennen lassen und welche Besonderheiten in der Entwicklung intellektuell begabter Kinder auftreten können.

Warum sollten Begabte nun besonders gefördert werden? Dazu gibt es ganz verschiedene Ansichten. Eine der umstrittensten ist die Forderung, dass Begabtenförderung der Bildung von Eliten dienen soll. So sieht die Konrad-Adenauer-Stiftung Elite als „Schlüsselbegriff unserer Wissenschafts- und Bildungsdebatte" (Rüther, 2008, o. S.) und bekennt sich dazu, „dass Begabtenförderung zugleich Elitenförderung ist" (ebd.). Dies wird nicht betont, um Begabte besonders hervorzuheben, „sondern vielmehr, um ihre besondere Verantwortung für Staat und Gesellschaft zu betonen" (ebd.). Die Konrad-Adenauer-Stiftung fördert allerdings Studierende, keine Kinder. Ist ein solches Verständnis von Begabtenförderung dennoch auch für den Bereich der Schule, vielleicht sogar schon für die KiTa relevant?

In einer aktuellen Initiative von Bund und Ländern wird gefordert: „Die Potenziale aller Kinder und Jugendlichen müssen möglichst frühzeitig erkannt werden" (KMK, 2016, S. 2). Bemerkenswert ist, dass der Begriff *Begabung* im Titel des Vorhabens gar nicht auftaucht. Stattdessen ist das Ziel der Initiative, die sich an Primar- und Sekundarschulen richtet, eine „Förderung leistungsstarker und potenziell besonders leistungsfähiger Schülerinnen und Schüler" (ebd., S. 1). Dazu wird eine „Optimierung der Entwicklungsmöglichkeiten" (S. 2) dieser Kinder gefordert. Die Betonung des Leistungsaspekts schon im Titel der Initiative zeigt, dass es hier – trotz einer Rhetorik, die individuelle Beratung und Förderung in den Vordergrund stellt – keineswegs nur um individuelle Entwicklungsbedürfnisse von Kindern geht, sondern vielmehr um den gesellschaftlichen Nutzen, den die derart Geförderten irgendwann erbringen sollen.

Auch im Bereich der frühen Kindheit gibt es Positionen, die eine Notwendigkeit von Hochbegabtenförderung nicht nur mit dem Anspruch auf individuelle Förderung begründen, sondern auch als gesellschaftliche Notwendigkeit sehen. So wird im Bayerischen Bildungs- und Erziehungsplan für KiTas formuliert: „Aber auch die Gesellschaft kann es sich in Zeiten der Globalisierung und des zunehmenden Wettbewerbs nicht erlauben, auf herausragende Leistungsträger in Wirtschaft, Kultur oder Politik zu verzichten" (Bayerisches Staatsministerium für Arbeit und Sozialordnung, Familie und Frauen & Staatsinstitut für Frühpädagogik, 2012, S. 156). Obwohl betont wird, dass Hochbegabung „sehr selten" auftritt, wird weiter die Notwendigkeit formuliert, dass Fachkräfte Grundkenntnisse zum Thema erwerben, „um solche Kinder möglichst früh erkennen und sie angemessen unterstützen zu können" (ebd.).

Die Betonung der Besonderheit von Hochbegabten und der Bedeutung ihrer frühen Erkennung und Förderung kann durchaus als Ausdruck elitären Denkens betrachtet werden. Zudem ist nicht von der Hand zu weisen, dass es vornehmlich Eltern der gebildeten Mittel- und Oberschicht sind, die auf die Idee kommen, dass ihr Kind hochbegabt sein könnte, und die bereit sind, viel Geld und Zeit in die Diagnostik und Förderung ihrer Kinder zu investieren. Dient die frühe Identifikation und Förderung Hochbegabter daher dem Ziel, eine Elite zu bilden?

Die kurze Antwort lautet: In der Regel wird beim Begriff der ‚Elite' mehr oder weniger stillschweigend angenommen, dass es sich um Bildungsprivilegierte handelt und dass diese Schicht sich gegenüber anderen abschottet. Gleichzeitig ist darin die implizite Annahme enthalten, dass es sich hierbei tatsächlich um die ‚Besten' im Sinne der intellektuell herausragenden ‚Köpfe' einer Generation handelt. Wenn dies so der Fall wäre, dann könnte Begabtenförderung tatsächlich dabei behilflich sein, beide Aspekte zu bedienen. Denn sie böte das Ticket der *Auslese* an, um den Zug Richtung *Elite* besteigen zu können.

Allerdings verweist das Thema der Elite zunächst auf gesellschaftliche Normen, soziale Strukturen und Prozesse, also auf den gesellschaftlichen Rahmen (vgl. Jacob, 2016, S. 90). Dieser wird definiert durch die Fragen, inwiefern Eliten formell oder informell gewünscht, geduldet oder vermieden werden. Soziologisch wird hinterfragt, nach welchen Maßstäben und Kriterien sich Eliten in der Gesellschaft bilden. Begabtenförderung wird demzufolge dann zur Elitenförderung, wenn die gesellschaftlichen Rahmenbedingungen nach Eliten verlangen.

Wer also gegen Eliten, und speziell gegen sich selbst bestätigende und zugleich abschottende Privilegierte, argumentiert, sollte dies auf einer gesellschaftlich-politischen Ebene tun und nicht zuerst die Ansätze der Begabtenförderung kritisieren. Denn genau diese können auch zu bildungsgerechteren, durchlässigeren Identifikations- und Förderstrukturen führen. Voraussetzung dafür ist jedoch, dass es gelingt, Begabtenförderung chancengerecht, also auch für bisher nicht identifizierte Begabte zu organisieren und für jedes Kind wirksam anzubieten und durchzusetzen. Die oben genannte Bund-Länder-Initiative zielt zumindest in diese Richtung, denn es soll „besonderes Augenmerk auf die Potenziale von Kindern und Jugendlichen aus weniger bildungsnahen Elternhäusern, insbesondere mit Migrationshintergrund, sowie auf die Ausgewogenheit der Geschlechter, insbesondere der Mädchen im MINT-Bereich, gerichtet werden" (KMK, 2016, S. 3). Inwieweit das gelingt ist fraglich, solange nicht grundlegende Strukturen unseres Bildungssystems geändert werden, die derartige Benachteiligungen aufrechterhalten.

Die Begriffe der Hochbegabung, der Begabtenförderung und schließlich auch das Verständnis dessen, was Elite bedeutet, sind dabei vielschichtig und nicht voraussetzungslos zu bestimmen. In den vorangegangenen Kapiteln ist deutlich geworden, dass das Verständnis von Begabung Veränderungen unterworfen war und ist und dass Begabung und damit auch Begabtenförderung unterschiedlich definiert werden können. Dies gilt in besonderem Maße für die frühe Kindheit: Es kann und muss darüber gestritten werden, ob die Begriffe Begabung und Hochbegabung überhaupt geeignet sind, als Ausgangspunkt für pädagogische Förderung verwendet zu werden. Zumindest muss geklärt sein, von was für einem Verständnis von Begabung ausgegangen wird, wenn daraus Konsequenzen für pädagogisches Handeln abgeleitet werden sollen.

Wir verstehen unter Begabung(en) zunächst ein mehr oder weniger bestimmbares Potenzial einer Person, das im Laufe ihres Lebens mehr oder weniger realisiert werden kann. Begabungen können damit als persönliche Entwicklungsaufgaben verstanden werden. Zur Verwirklichung dieses Potenzials, also zur Bewältigung dieser Entwicklungsaufgaben, tritt ein Kind mit seinen Eltern und anderen Erwachsenen sowie mit anderen Kindern in Beziehung und damit in einen wechselseitigen Austausch, der seine Entwicklung und sein Lernen fördern kann.

Dieser Prozess hat jedoch – wenn er gelingt – nicht nur die Förderung der begabten Person und damit deren Entwicklung zum Ergebnis. Er führt auch dazu, dass sich die an diesem Prozess Beteiligten miteinander austauschen und ein gemeinsames Verständnis von Begabung, Lernen und Förderung entwickeln. So werden sowohl grundlegende Einstellungen und Orientierungen als auch konkrete Lernstrategien von einer Generation zur nächsten weitergegeben (dies gilt im Übrigen auch für weniger bildungs- und begabungsförderliche Einstellungen). In Zuge dieser Entwicklung wird für alle Beteiligten – Kinder, Eltern und pädagogische Fachkräfte – offensichtlich, dass es unterschiedlich begabte Menschen gibt, die auch quantitativ und qualitativ unterschiedliche Förderung erhalten.

> *Das eröffnet die Frage, ob jede Person tatsächlich die ihrer Begabung gemäße Förderung erhält. Ist dies der Fall, spricht man von Bildungsgerechtigkeit. Bildungsgerechtigkeit bedeutet somit, jedem zu Bildenden die ihm – seinen Begabungen gemäße – maximal mögliche Bildung anzubieten und ihn dabei zu unterstützen, diese auch annehmen zu können. (Jacob, 2016, S. 89)*

Was hat dies nun mit der Frage zu tun, ob Begabtenförderung zu Elitenbildung führt? Die Förderung besonders begabter Kinder und Jugendlicher ist – so lange weniger (oder anders) Begabte eine gleichermaßen personenorientierte Förderung erhalten – eine bildungsgerechte Angelegenheit. „Oder umgekehrt: Bildungsgerechte Förderung darf Begabtenförderung nicht ausschließen" (Jacob, 2016, S. 89). Begabtenförderung, so verstanden, dient nicht der Elitenbildung, sondern könnte sogar Vorreiter sein bei der Durchsetzung einer sich immer inklusiver definierenden Bildungslandschaft.

Was brauchen begabte Kinder?

> **Vorbemerkung: Zum Begriff *begabte Kinder***
>
> In der bisherigen Darstellung sind die Schwierigkeiten des Begriffs *Begabung* deutlich geworden. Insbesondere im Elementarbereich ist es oft sinnvoller, von Kindern mit Entwicklungsvorsprüngen als von *Hochbegabten* zu sprechen, auch wenn in einem Intelligenztest ein sehr hoher Wert erreicht wurde. Andererseits fallen Kinder in diesem Alter nicht nur aufgrund eines kognitiven Entwicklungsvorsprungs ins Auge, sondern wegen spezifischer Stärken oder Eigenheiten, die sie ‚besonders' erscheinen lassen. Ob diese Besonderheiten mit hoher kognitiver Begabung zusammenhängen, lässt sich in diesem Alter nicht sicher bestimmen. Aber auch der stattdessen häufiger verwendete Begriff *Kinder mit besonderen Begabungen* wird begabten Kindern nicht gerecht, denn etliche entwicklungsschnelle Kinder zeigen keine ‚besonderen' Begabungen, sondern sind einfach nur *besonders schnell* in ihrer kognitiven Entwicklung – dies aber ganz allgemein. Alternative Begriffe wie *Talente* oder *multiple Intelligenzen* sind kaum geeignet, dieses Problem zu lösen, da sie noch vieldeutiger und z. T. beliebig interpretierbarer sind als das mit Tests zumindest halbwegs messbare Konzept der allgemeinen Intelligenz.
>
> Den richtigen Begriff für die sehr heterogene Gruppe von Kindern, um die es in diesem Buch vorwiegend geht, gibt es daher nicht. Wenn wir im weiteren Text dennoch von *begabten* Kindern sprechen, sind wir uns dieser Problematik bewusst. Gemeint sind damit sowohl Kinder mit kognitiven Entwicklungsvorsprüngen als auch Kinder mit in irgendeiner Weise ‚besonderen' Fähigkeiten oder Interessen insbesondere im kognitiven Bereich. Nicht gemeint ist dagegen die Annahme einer stabilen kognitiven Hochbegabung, die sich in diesem Alter noch nicht sicher bestimmen lässt (es gibt Ausnahmen) und zudem den jeweiligen Kindern meist auch überhaupt nichts nützt.

Was brauchen Mädchen und Jungen, um ihre Potenziale zu entfalten? Wie können Bildungseinrichtungen sich weiterentwickeln, um den Bedürfnissen begabter Kinder und Jugendlicher besser gerecht zu werden? Bis vor einigen Jahrzehnten wurde so eine Frage überhaupt nicht gestellt. Wenn über besondere Fördermaßnahmen nachgedacht wurde, ging es um die Förderung von Kindern mit Schwächen oder Lernproblemen. Erst in den 1970er Jahren wurde auf breiterer Ebene darüber diskutiert, dass auch begabte Kinder besondere Bedürfnisse haben und gezielte Förderung benötigen.

In der Folge kam es zu teils erbitterten Kontroversen. Auf der einen Seite stand die Position, dass begabte Kinder sowieso schon im Vorteil gegenüber anderen Kindern und daher in der Regel erfolgreicher seien. Daher gäbe es keinen Grund, sie noch zusätzlich zu fördern – ‚Cream always rises to the top!'. Auf der anderen Seite wurde es von Seiten der Hochbegabtenforschung, aber auch von Eltern Hochbegabter als ungerecht kritisiert, dass im Fokus des Systems staatlicher Förderung vornehmlich Kinder im unteren Leistungsbereich stehen. Zuweilen wurden sogar hochbegabte Kindern mit Intelligenzminderung gegenübergestellt und gefordert, Fördermaßnahmen auf beide Gruppen gerecht zu verteilen.

Unterstützung erfuhr die Forderung nach einer Förderung Hochbegabter zu Beginn des neuen Jahrhunderts auch durch Ergebnisse internationaler Schulleistungsstudien. Diese belegten nicht nur einen hohen Anteil leistungsschwacher Schülerinnen und Schüler in Deutschland, sondern zeigten auch auf, „dass die andere ‚Extremgruppe' – diejenigen also, die das höchste Leistungsniveau erreichen – im Vergleich zu wichtigen Referenz- und Nachbarstaaten schwach besetzt ist" (van Ackeren, 2008, S. 37). Der Anteil von Kindern, die Spitzenleistungen erbringen, ist in Deutschland vergleichsweise gering. In der Folge wurde daraus die Notwendigkeit abgeleitet, Begabungspotenziale besser zu erkennen und Spitzenbegabungen gezielter zu fördern.

Im letzten Jahrzehnt hat sich auf breiter Ebene die Ansicht durchgesetzt, dass auch begabte Kinder und Jugendliche einen Anspruch auf Förderung haben. Ausgehend von vereinzelten Angeboten und Spezialeinrichtungen für Hochbegabte wurden vielfältige Ansätze der Begabtenförderung entwickelt und im schulischen und außerschulischen Bereich verankert. Zahlreiche Veröffentlichungen dokumentieren Forschung und Praxisansätze, und verschiedene Qualifizierungsmaßnahmen für pädagogische Fachkräfte wurden etabliert. Auch in vielen Bildungsplänen für den Elementarbereich wird das Thema aufgegriffen.

Was brauchen begabte Kinder aber tatsächlich? Sind besondere Angebote und spezifische Methoden erforderlich, damit sie ihre Begabungen entfalten und gute Leistungen erzielen können? Tatsächlich kommen viele begabte Kinder auch ohne spezielle Förderung gut zurecht. Als *autonom Lernende* (▶ Kap. 1.4.6) sind sie gut darin, Lernmöglichkeiten und pädagogische Angebote zu nutzen. Dies setzt natürlich voraus, dass es entsprechende Lernmöglichkeiten gibt. Nicht nur hochbegabte, sondern alle interessierten und lernbegeisterten Kinder profitieren von einer Lernumgebung, die Anregungen und Herausforderungen für sie bereithält.

Diesbezüglich haben sich die gesellschaftlichen Einstellungen zur Bedeutung vorschulischer Einrichtungen im letzten Jahrzehnt erheblich gewandelt. Zu Beginn der Diskussion um Hochbegabung wurde als typisches Problem berichtet, dass Kindergärten das Interesse von Kindern am Lesen lernen bremsten, damit sie sich später in der Schule nicht langweilen. Heute ist es nichts Besonderes mehr, dass Kinder bereits bei Schuleintritt lesen können. Stattdessen schlägt das Pendel eher in die andere Richtung aus. So erwarten Eltern, dass Kinder bereits vor der Schule Englisch lernen. Sie fürchten, dass ihr Kind etwas verpasst, wenn es nicht rechtzeitig anspruchsvolle Förderung erhält.

In den USA gibt es seit längerem einen großen Markt für Förderprogramme, die sich an begabte Vorschulkinder oder noch kleinere Kinder wenden. So gibt es ‚Baby-Einstein'-Videos, die bereits Babys und Kleinkindern wertvolle Lernfortschritte ermöglichen sollen. Vor diesem Hintergrund befürchten US-amerikanische Fachleute inzwischen, dass beim Versuch, „eine Generation von Einsteins zu schaffen (…) die Bedeutung des Spiels für die kindliche Entwicklung vergessen wird" (Golinkoff, Hirsh-Pasek & Singer, 2006, Klappentext, übers. T.R.). Und Ahnert (2010, S. 234) spricht vom „Wahn der Frühförderung", der zu „reichlich skurrile(n) Versuchen von Eltern (führt), ihrem Nachwuchs in kürzester Zeit möglichst viel beizubringen".

Die Diskussion über Hochbegabung trifft heute damit auf veränderte Sichtweisen auf frühkindliche Bildung. Dies kann erklären, warum der vorschulische Bereich in Veröffentlichungen zur Begabtenförderung heute oft deutlich mehr

Raum einnimmt als noch vor einem Jahrzehnt. Dabei überschneiden sich zwei Themenbereiche: das Bild, dass begabte Kinder ‚anders' sind als andere Kinder und daher besonderer Förderung bedürfen, und die Einstellung, dass Kinder möglichst früh spezifisch gefördert werden müssen, damit keine Lernchancen ‚verpasst' werden. Beiden Sichtweisen gemeinsam ist die Annahme, dass Kinder nicht ‚von selbst' lernen, sondern es besonderer Fördermaßnahmen von Erwachsenen bedarf, damit Kinder sich entwickeln können. Im Kontrast dazu stehen Erkenntnisse aus Forschungen zu Bildungsprozessen im Kindesalter, die die Eigenaktivität kindlichen Lernens betonen.

Nicht zuletzt vor dem Hintergrund, dass eine eindeutige Identifikation Hochbegabter im Vor- und Grundschulalter schwierig ist, wird der Begriff der Begabtenförderung seit längerer Zeit in Frage gestellt. Stattdessen wird von *Begabungsförderung* oder noch allgemeiner von einer sogenannten *begabungsförderlichen Haltung* gesprochen. Damit soll verdeutlicht werden, dass jedes Kind mit seinen individuellen Begabungen wahrzunehmen und zu fördern ist. „Begabungsförderung meint daher die Förderung aller Kinder, weshalb auch alle Kinder von individueller Förderung profitieren" (Solzbacher & Behrensen, 2010, S. 47). Dies ermöglicht, spezifische Fördermaßnahmen in einen breiteren Kontext zu stellen und grundlegend darüber nachzudenken, wie sich pädagogische Institutionen entwickeln müssen, um den individuellen Bedürfnissen von Kindern besser gerecht zu werden.

Nicht selten handelt es sich dabei jedoch eher um eine begriffliche Unschärfe, da in ein und derselben Veröffentlichung sowohl von einer „begabungsförderlichen Haltung" als auch von „hochbegabten Kindern" gesprochen wird. Im Ergebnis bleibt unklar, inwieweit sich die geschilderten Konzeptionen tatsächlich an alle Kinder (mit ihren unterschiedlichen Begabungen) oder eben doch auf die spezielle Gruppe der besonders oder hochbegabten Kinder beziehen.

Franz J. Mönks, einer der Nestoren der Begabtenförderung, hat in diesem Zusammenhang immer wieder darauf hingewiesen, dass es bei der Begabtenförderung um *Menschen* geht, also um Individuen. „Schließlich geht es bei Begabungen nicht um Rohstoffe, die durch pädagogische Maßnahmen ‚ans Tageslicht gehoben' werden müssen, sondern um Menschen mit eigenen Interessen und Zielvorstellungen" (Rohrmann & Rohrmann, 2010, S. 148). Es kann daher nicht darum gehen, bei Vorschulkindern spezifische Begabungen zu ‚entdecken' und gezielt zu fördern: Insbesondere in der pädagogischen Arbeit mit Kindern muss Förderung immer den ganzen Menschen im Blick haben. Ob diese Kinder dann als *Begabte* bezeichnet oder von ihren *Begabungen* gesprochen wird, ist dann zweitrangig.

Auf der anderen Seite sollten sich Menschen, die begabte Kinder fördern möchten, über ihre eigenen Haltungen und Motive im Klaren sein. Der Boom des Themas und der daraus manchmal resultierende Handlungsdruck haben dazu geführt, dass solche grundlegenden Fragen oft unbeantwortet bleiben. Bevor wir unseren Ansatz der Begabtenförderung vorstellen, möchten wir Sie daher dazu anregen, sich einen Moment Zeit zu nehmen und zu überlegen, worum es Ihrer Ansicht nach bei der Förderung von Kindern und Jugendlichen mit besonderen Begabungen in erster Linie gehen sollte.

> **Übung: Warum sollte es Begabtenförderung geben?**
>
> Begabtenfördung ist notwendig, damit
>
> - begabte Kinder und Jugendliche sich in KiTa und Schule nicht langweilen.
> - Begabung zu Erfolg führt und begabte Kinder und Jugendliche herausragende Leistungen erzielen.
> - besonders Begabte und durchschnittlich Begabte voneinander profitieren können und auf diesem Weg alle bessere Leistungen erzielen.
> - begabte Kinder und Jugendliche sich möglichst vielseitig entwickeln können.
> - begabte Kinder und Jugendliche sich in KiTa und Schule wohl fühlen.
> - Warum sonst noch?
>
> Keine dieser Antworten ist an sich ‚richtig' oder ‚falsch'. Mehrere Antworten können bejaht werden, und es gibt hier keine ‚Wahrheit'. Nicht alles kann aber im Vordergrund stehen, wenn es um die Planung pädagogischen Handelns in der alltäglichen Praxis geht. Dies wird deutlich, wenn zu entscheiden ist, welche Ziele im Vordergrund konkreter Fördermaßnahmen stehen sollen (nach Rohrmann & Rohrmann, 2010, S. 148 f.).

Fachkräften in KiTas geht es meist nicht darum, dass begabte Kinder besondere Leistungen erzielen. Sie haben eher eine vielseitige Förderung im Blick, die von individuellen Interessen und Bedürfnissen der Kinder ausgeht. Für eine solche individuelle Förderung legt ein aktuelles Verständnis kindlicher Bildungsprozesse in den ersten Lebensjahren, wie es in den letzten zwei Jahrzehnten entwickelt worden ist, hervorragende Grundlagen. Bevor wir uns daher im Detail mit Ansätzen zur Förderung von begabten Kindern befassen, sind einige grundlegende Überlegungen zu Entwicklung und Bildung im Kindesalter erforderlich.

5 Kindliche Bildung als aktiver Konstruktionsprozess

Definitionen und Kontroversen: Bildung und Lernen

Diskussionen über frühkindliche Bildung werden zuweilen dadurch kompliziert, dass die Begriffe *Bildung* und *Lernen* sehr unterschiedlich verstanden werden. Das Alltagsverständnis dieser Begriffe unterscheidet sich dabei erheblich vom wissenschaftlichen Verständnis.

Der spezifisch deutsche Begriff *Bildung* hat eine lange Tradition im humanistischen Bildungsverständnis. Als erziehungswissenschaftlicher Fachbegriff wird er heute manchmal sehr umfassend verwendet und bezeichnet nicht nur Inhalte (wie z. B. ein *Bildungskanon*, eine Auflistung spezifischer Wissensinhalte, die Schülerinnen und Schüler erwerben müssen), sondern schließt auch Prozesse von Lernen und Entwicklung mit ein.

Der Begriff *Lernen* bezeichnet zunächst die Aufnahme von Wissen als kognitiven Vorgang. *Wie* dies geschieht, erklären psychologische und pädagogische Theorien des Lernens z. T. sehr unterschiedlich.

In Bezug auf kindliche Bildung wird zunächst zwischen *formaler* und *informeller* Bildung unterschieden. Formale Bildung findet in erster Linie in der Schule statt. Sie ist u. a. durch festgelegte Bildungsziele, Unterricht nach festem Lehrplan, autorisierte (z. B. staatlich anerkannte) Lehrkräfte und standardisierte Unterrichtsmethoden charakterisiert. Voraussetzung dafür ist die Fähigkeit zu *intentionalem* Lernen, das bewusst und zielgerichtet erfolgt. *Informelle Bildung* findet *nebenbei* und außerhalb der Schule statt. Auch im Bereich der informellen Bildung gibt es intentionales Lernen (z. B. wenn Kinder Fahrrad fahren üben), aber ein großer Teil des Lernens geschieht mehr oder weniger unbewusst, zufällig oder *nebenbei*. Oerter (2012, S. 390 f.) differenziert dabei *inzidentelles Lernen* als „Nebenprodukt" bei Aktivitäten, die auf andere Ziele gerichtet sind, und *implizites Lernen* als Lernen, bei dem auch das Ergebnis unbewusst bleibt (wie z. B. der Erwerb der grammatikalischen Strukturen der Muttersprache), wobei es zwischen diesen beiden Formen Überlappungen gibt.

KiTas nehmen in diesem Kontext eine Zwischenstellung ein, da sie heute als Bildungsinstitutionen durchaus ein Ort formaler Bildung sind, gleichzeitig aber in erster Linie Räume für informelles Lernen darstellen. Das Überwiegen inzidentellen und impliziten Lernens in den ersten Lebensjahren begründet die Bedeutung des Spiels für kindliches Lernen (▶ Kap. 5.5).

Darüber hinaus spiegeln sich in Begriffen und ihrer unterschiedlichen Verwendung auch grundsätzliche pädagogische Orientierungen sowie nicht zuletzt Kontroversen über die Rolle der Lehrenden wider. Gerade im Kontext der Begabtenförderung sind dabei Perspektiven interessant, die Kindern Raum geben, ihr Lernen selbst zu gestalten. Paradigmatisch hat dies der Reformpädagoge Ivan Illich zum Ausdruck gebracht: „Das meiste Lernen ist nicht das Ergebnis von Unterweisung. Es ist vielmehr das Ergebnis ungehinderter Teilnahme in sinnvoller Umgebung" (Illich 1973, o. S., zit. nach Hille & Hoffmann, 2012, S. 385).

Bildung in den ersten Lebensjahren lässt sich als ein aktiver, sozialer und lustvoller Prozess der Aneignung von Welt verstehen. Dabei besteht heute Einigkeit darüber, dass KiTas ein wichtiger Ort für die Unterstützung kindlicher Entwicklung und Bildung sind. Das aktuelle Bildungsverständnis im Elementarbereich unterscheidet sich dabei sowohl vom Alltagsverständnis von Bildung, das nach wie vor die Sichtweisen vieler Eltern prägt – im Sinne von *etwas lernen/wissen* –, aber auch vom Bildungsverständnis der Schule, das wesentlich durch Lehrpläne und vor allem im Bereich der weiterführenden Schulen von Fachdidaktiken geprägt ist. Bildung wird in diesem Verständnis als Ergebnis *formalen* Lernens gesehen und in erster Linie mit Bildungs*inhalten* gleichgesetzt, die von Erwachsenen festgelegt und dann Kindern vermittelt werden müssen.

In vielen Ansätzen frühkindlicher Bildung wird Bildung nicht als ein bestehender, vom Kind zu erwerbender Wissenskanon verstanden, sondern als Ergebnis der Eigenaktivität des Kindes. Zwar gehen die Bildungspläne für den Elementarbereich auch auf verschiedene Bildungsbereiche ein, formulieren konkrete Bildungsziele und geben Anregungen für die praktische Umsetzung. Grundlegend ist aber eine konstruktivistische Orientierung, die von den Interessen und Bedürfnissen der Kinder ausgeht und eher die *Prozesse* als die *Inhalte* des Lernens in den Blick nimmt.

Neuere lernpsychologische Modelle verbinden konstruktivistische Ansätze mit Erkenntnissen aus der Kognitions- und Motivationspsychologie. So schreiben Hasselhorn und Gold (2009, S. 233): „Lernen ist Wissenskonstruktion und setzt Eigentätigkeit des Lernenden voraus. Lehren ist möglich und hilfreich, muss aber stets vom vorhandenen Wissen ausgehen". Als zentral für das Vor- und frühe Grundschulalter (4–8 Jahre) sehen sie die große Bereitschaft von Kindern an, Zeit und Anstrengung in Lernprozesse zu investieren. Dies hängt einerseits mit den kognitiven Fähigkeiten zusammen, die Kinder in diesem Alter bereits erworben haben, andererseits mit dem *frühkindlichen Überoptimismus*, der viele Kinder in diesem Alter auszeichnet.

In den ersten sechs Lebensjahren stehen dabei zunächst implizites und inzidentelles Lernen im Vordergrund: Lernen, das nicht an Lernzielen ausgerichtet ist, sich aus konkreten Situationen ergibt und bei dem Lerninhalte oft ‚beiläufig' erworben werden. Konzepte, die auf explizitem und intentionalem Lernen aufbauen, sind im Vorschulalter dagegen nur begrenzt einsetzbar. Dies liegt unter anderem an noch nicht hinreichend entwickelten kognitiven Funktionen, u.a. der noch nicht ausreichend entwickelten Effizienz des phonologischen Arbeitsgedächtnisses (Hasselhorn & Gold, 2013).

Zwar gibt es inzwischen zahlreiche Trainings- und Förderprogramme im Elementarbereich, z.B. im Bereich der Sprachförderung oder der Prävention, oder auch eine gezielte Förderung des logischen Denkens (Klauer, 1989; Lenhard, Lenhard & Klauer, 2011). Solche Programme stellen allerdings weder den Mainstream frühpädagogischer Konzeptionen dar, noch prägen sie den Alltag von KiTas. Zwar ist die Wirkung spezifischer Programme empirisch besser überprüfbar als die einer alltagsintegrierten Förderung von Kindern. Trotz positiver Evaluationen einzelner Trainings wird eine schematische Programmorientierung in der Kindheitspädagogik aber kontrovers diskutiert und zumeist abgelehnt. Tatsächlich zeigen US-amerikanische Studien, dass kognitiv-akademisch ausgerichtete Vorschulprogramme nicht nur geringere Effekte haben als erwartet, sondern sich sogar negativ auf die sozial-emotionale Entwicklung von Kindern auswirken können (vgl. Golinkoff et al., 2006; Bodrova, 2008).

Im Gegensatz zu derartigen Programmen gehen die meisten Ansätze frühkindlicher Bildung von den Bedürfnissen und Interessen der Kinder sowie ihrer „in der Tat bemerkenswerte(n) Fähigkeit aus, Umwelterfahrungen zum Aufbau der eigenen Person aktiv nutzen zu können" (Grell, 2010, S. 162). Erhebliche Kontroversen gibt es dabei allerdings insbesondere zur Frage, welche Bedeutung pädagogische Fachkräfte bei der Gestaltung und Begleitung kindlicher Bildungsprozesse spielen (sollten) (vgl. Fthenakis, 2003; Grell, 2010; Schäfer, 2011; Schäfer & Staege, 2010; Schelle, 2011). Dabei arten theoretische Kontroversen zuweilen zu ideologischen Grabenkämpfen aus. Zudem stoßen erziehungswissenschaftliche und kognitionspsychologische Theorien und Konzeptionen von Bildung und Lernen aufeinander, die zuweilen wenig kompatibel sind. Diesen Auseinandersetzungen soll hier jedoch nicht weiter nachgegangen werden. Stattdessen sollen in der Praxis von KiTas relevante Ansätze daraufhin überprüft werden, inwieweit sie für das Verständnis und die Förderung von begabten Kindern nutzbar gemacht werden können.

Weite Verbreitung hat das Konzept von *Bildung als Selbstbildung* gefunden (Laewen & Andres, 2002a; Schäfer, 2003a), das das eigenaktive Lernen von Kindern in den Vordergrund stellt. Wegweisend ist auch das bereits in den 1930er Jahren des vorigen Jahrhunderts von Wygotski entwickelte Konzept der *Zone der nächsten Entwicklung*, das die sozialen Aspekte kindlicher Entwicklung betont (Wygotski, 1987). Es wird heute vermehrt aufgegriffen, nicht zuletzt, da es die Rolle der Erwachsenen bei der Begleitung kindlicher Bildungsprozesse stärker fokussiert (vgl. Bodrova, 2008; Brandes, 2005). Die Rolle der Erwachsenen wird dabei heute insbesondere in der Gestaltung des Dialogs mit Kindern gesehen. Ansätze wie *Sustained Shared Thinking* (Sylva, 2004; vgl. Schelle, 2011, S. 23 f.) oder *dialogisch-entwickelnde Kommunikation* (König, 2013) setzen an kommunikativen Kompetenzen an – von Kindern wie von Fachkräften. Zu nennen ist schließlich das Konzept des *Scaffolding*, das die Notwendigkeit einer inhaltlichen Rahmung kindlicher Lernprozesse hervorhebt.

Ein Anknüpfen an ein aktuelles Verständnis frühkindlicher Bildung ist für Begabtenförderung unerlässlich, da sonst die Gefahr besteht, Ansätze der schulischen Begabtenförderung auf den Elementarbereich zu übertragen, was den Bildungsprozessen jüngerer Kinder nicht gerecht wird. Dies gilt insbesondere für programmorientierte Angebote der Begabtenförderung.

Wir sind darüber hinaus der Ansicht, dass die von Forschungen zu frühkindlichen Bildungsprozessen ausgehenden Impulse auch für Bildung und Lernen im Schul- und sogar Erwachsenenalter sehr fruchtbar sein können. Die Orientierung an kindlicher Eigenaktivität kann für pädagogische Fachkräfte „eine radikale Umorientierung bedeuten. Sie müssen den Anspruch aufgeben, zu wissen, was Kinder brauchen und welche Wissensinhalte Kinder erwerben müssen. Stattdessen müssen sie sich auf den manchmal mühsamen, immer aber spannenden Weg machen, Bildung ‚auf den Spuren der Kinder' zu entdecken" (Rohrmann & Rohrmann, 2010, S. 152).

5.1 Bildung als Selbst-Bildung

Das Konzept von *Bildung als Selbst-Bildung* geht auf Forschungen zur Entwicklung kindlicher Bildungsprozesse zurück, die die Eigenaktivität von Kindern bereits ab der Geburt betonen (Laewen & Andres, 2002a; Schäfer, 2003a). Ausgehend vom Humboldtschen Erziehungsideal einer ganzheitlichen Bildung versteht die Autorengruppe um Laewen und Andres (2002a) Bildung als einen Prozess der Individualisierung, durch den der Mensch seine Persönlichkeit ausbilden kann. Kinder werden nicht als passive Objekte pädagogischen Handelns gesehen, sondern als Akteure ihrer eigenen Entwicklung, die selbst entscheiden, inwieweit sie sich auf von Erwachsenen gesetzte Anregungen und Bildungsziele einlassen. Ein solcher Ansatz steht im Gegensatz zu einem Verständnis frühkindlicher Bildung, das Kinder schon im Kindergarten ‚voranbringen' will und Lernprogramme bereitstellt, mit denen sie möglichst früh zielgerichtet gefördert werden sollen.

Laewen (2002a, 2002b) differenziert in diesem Zusammenhang zwischen *Bildung* als Tätigkeit des individuellen Kindes und *Erziehung* als Aufgabe der Erwachsenen. Die Aufgabe der Erwachsenen besteht in erster Linie darin, Bedingungen zu schaffen, die Bildungsprozesse von Kindern ermöglichen und fördern. Konkret meint dies

- die *Gestaltung der Umwelt* des Kindes, insbesondere der räumlichen Umwelt
- die *Gestaltung der Interaktionen* zwischen Erwachsenen und Kindern; dazu gehört wiederum zweierlei: die *Zumutung von Themen* sowie die *Beantwortung der Themen der Kinder* (Laewen, 2002b, 43).

> *Kinder können durch Erziehung nicht ‚programmiert' werden, wenn sie selbst und ihre Bildungsprozesse als unverfügbar gedacht werden. Der Grundsatz der Nicht-Verfügbarkeit des Kindes schließt auch die Möglichkeiten eines ‚Entgleisens' seiner Bildungsprozesse im Sinne einer Nicht-Kompatibilität mit den Erziehungszielen ein. (Laewen, 2002c, S. 218)*

Ein Verständnis kindlicher Bildung, das die Eigenaktivität und die Konstruktionsleistungen von Kindern betont, passt gut zu einer Sichtweise, die Begabung als Entwicklungsaufgabe versteht und dabei die Fähigkeiten von begabten Kindern hervorhebt, eigene Lernumwelten aktiv mitzugestalten.

Das Konzept von Bildung als Selbstbildung ist heute weit verbreitet und hat Eingang in die Bildungsprogramme mehrerer Bundesländer gefunden. Es wird aber auch scharf kritisiert. Dabei wird nicht nur die theoretische Fundierung des Ansatzes in Frage gestellt (vgl. Grell, 2010), sondern vor allem eine davon abgeleitete Praxis kritisiert – insbesondere dann, wenn das Konzept dahingehend (miss)verstanden wird, dass Kinder beim Spielen sich selbst überlassen werden. Inwieweit Kinder in einem solchen ‚Freispiel' ihre Potenziale entfalten können ist eher zufällig und hängt nicht zuletzt davon ab, welche Rahmenbedingungen sie vorfinden und wer ihnen als Interaktionspartner zur Verfügung steht.

Die erwachsenen Bezugspersonen werden deswegen jedoch keineswegs unbedeutend. Schäfer weist darauf hin, wie wichtig es sei, dass das, was Kinder erleben und erfahren, wichtig genommen und ihm Bedeutung zugeschrieben werde. Diese Bedeutungen werden im Prozess des sozialen Austauschs hergestellt, weshalb „Selbstbildung immer nur als Selbstbildung innerhalb sozialer Bezüge denkbar" ist (Schäfer, 2003b, S. 31).

Die Erwachsenen sind zudem für eine vielfältige Gestaltung der *materiellen Umwelt* zuständig – von Räumen, Rahmenbedingungen, Materialien und Angeboten – die auch gerade für eine Förderung begabter Kinder unerlässlich ist. Der Bereich der *Interaktionen* verweist zum einen auf die Notwendigkeit zur Selbstreflexion der erwachsenen Fachkräfte, zum anderen auf ihre Rolle im Dialog mit Kindern. Dies ist auf jeden Fall dann gefragt, wenn begabte Kinder aufgrund besonderer Eigenheiten oder Interessen in eine Außenseiterposition geraten.

Wenn Kinder unter sich sind, reproduzieren sie nicht selten das, was sie kennen. Ungewöhnliche Interessen und Spielideen stoßen daher nicht immer auf Gegenliebe bei anderen Kindern. Alle Kinder benötigen daher nicht nur „Zumutungen", wie Laewen es formuliert (s. o.); Fachkräfte sind zudem aufgefordert, auch ungewöhnliche Interessen von Kindern aufzugreifen und Kindergruppen dabei zu unterstützen, diese zu gemeinsamen Spielthemen weiterzuentwickeln. ‚Freispiel' ohne Erwachsenenintervention garantiert dies nicht, kann sogar dazu führen, dass Kinder mit abweichenden Interessen oder Fähigkeiten ausgegrenzt und alleingelassen werden. Entscheidend ist daher, dass pädagogische Fachkräfte die *Verantwortung für den Dialog* übernehmen: mit Kindern ins Gespräch kommen und sie herausfordern.

Zuweilen wird der Ansatz der *Selbst-Bildung* dahingehend missverstanden, dass Kinder nur das tun sollten, was sie gerade interessiert, und dabei von Erwachsenen möglichst wenig gestört werden sollten. Die Betonung der notwendigen *Zumutung von Themen* macht deutlich, dass dies nicht gemeint ist. Kinder – und dies gilt für begabte Kinder gleichermaßen – benötigen Anstöße und Herausforderungen, auf die sie nicht von selbst kommen würden oder denen sie sich von sich aus sogar entziehen. Bildungsprozesse können daraus aber nur entstehen, wenn Kinder bereit sind, sich auf solche Anregungen und Zumutungen einzulassen: „Erziehungsziele können nur in dem Maß Bildungsziele werden, wie sie vom Kind als eigene Ziele akzeptiert oder aus eigener Initiative als Ziele seiner Konstruktionsleistungen gesetzt werden" (Laewen, 2002a, S. 100).

So verstanden, kann das Konzept von *Bildung als Selbstbildung* wichtige Impulse für die pädagogische Arbeit mit begabten Kindern geben. Es ermöglicht, auf individuelle Lerninteressen und Bedürfnisse von begabten Kindern einzugehen, ohne diese als ‚besonders' oder ‚andersartig' herausheben zu müssen. Dies ist nicht zuletzt hilfreich, weil begabte Kinder oft schon in sehr jungem Alter darauf bestehen, ihren eigenen Weg zu gehen. Nicht selten fordern sie Eltern und Fachkräfte heraus und konfrontieren sie mit Fragen, Themen und Wünschen, die aus dem Rahmen fallen oder Vorstellungen von ‚normaler' altersgemäßer Entwicklung widersprechen.

5.2 Die Zone der nächsten Entwicklung

Bereits 1930 beschrieb der russische Psychologe Wygotski in seiner Arbeit *Mind in society* das Konzept einer *Zone proximaler (nächster) Entwicklung*. Wygotski verstand die kognitive Entwicklung von Kindern als gemeinsame *Konstruktion* des Kindes und anderer Menschen. Sprache, Denkweisen, Problemlösestrategien, (Rollen-)Spiele u. a. werden vom Kind nicht von selbst gelernt, sondern in der Interaktion mit Erwachsenen oder mit kompetenteren Kindern. Bei Lernprozessen kann zwischen dem aktuellen Entwicklungsstand und dem potenziellen Entwicklungsstand unterschieden werden. Wygotski definierte: „Das Gebiet der noch nicht ausgereiften, jedoch reifenden Prozesse ist die Zone der nächsten Entwicklung des Kindes" (1987, S. 83).

Wygotski war der Ansicht, dass die Aufgabe pädagogischer Fachkräfte darin besteht, Kinder gezielt dahingehend zu fördern, dass sie die *Zone nächster Entwicklung* erreichen. Er weist darauf hin, dass nur durch Beobachtung allein viele Gelegenheiten, Kinder individuell zu fördern, nicht genutzt werden können. Wenn pädagogische Fachkräfte ein Kind beobachten oder befragen, beurteilen sie damit seinen derzeitigen Entwicklungsstand, nämlich das, was es bereits allein kann, welche Kenntnisse und Fähigkeiten es zu diesem Zeitpunkt besitzt. Die Frage nach der *Zone der nächsten Entwicklung* nimmt dagegen in den Blick, mit welcher Unterstützung ein weiterer Entwicklungsschritt oder Kompetenzerwerb für das Kind möglich ist. Wenn Kinder solche Unterstützung erhalten, agieren sie oft sehr selbstverständlich mit Herausforderungen, die sie alleine nicht angegangen wären.

Dies bedeutet: Werden die Kinder in ihrer *Zone der nächsten Entwicklung* gezielt gefördert, schreitet ihre Entwicklung schneller voran. Wygotski (1987) schreibt:

> *Was das Kind heute in Zusammenarbeit und unter Anleitung vollbringt, wird es morgen selbständig ausführen können. Und das bedeutet: Indem wir die Möglichkeiten eines Kindes in der Zusammenarbeit ermitteln, bestimmen wir das Gebiet der reifenden geistigen Funktionen, die im allernächsten Entwicklungsstadium sicherlich Früchte tragen und folglich zum realen geistigen Entwicklungsniveau des Kindes werden. Wenn wir also untersuchen, wozu das Kind selbständig fähig ist, untersuchen wir den gestrigen Tag. Erkunden wir jedoch, was das Kind in Zusammenarbeit zu leisten vermag, dann ermitteln wir damit seine morgige Entwicklung.* (S. 83)

Eine solche Förderung setzt voraus, dass Anregungen und Anforderungen auf dem *optimalen Anforderungsniveau* erfolgen, d. h. nicht zu schwer/herausfordernd, aber auch nicht zu leicht/langweilig sind. Dabei weist bereits Wygotski darauf hin, dass die Unterstützungsangebote, die notwendig sind, um in die nächste Zone zu gelangen, auch von *kompetenteren Kindern* ausgehen können.

Einen zentralen Stellenwert hat in diesem Kontext das Spiel. Für Wygotski entspricht die Bedeutung des Spiels von kleinen Kindern der des Unterrichts im weiteren Entwicklungsverlauf. Insbesondere das Fiktions- bzw. *Als-ob-Spiel* ist von entscheidender Bedeutung für die kindliche Entwicklung.

> *Im Spiel ist das Kind gleichsam einen Kopf größer als in Wirklichkeit. Das Spiel enthält in kondensierter Form, wie im Brennpunkt eines Vergrößerungsglases, alle Entwicklungstendenzen. Im Spiel bemüht sich das Kind gleichsam, eine Stufe höher zu klettern, verglichen mit seinem sonstigen Verhalten. (...) Das Spiel ist Quelle der Entwicklung und schafft die Zone der nächsten Entwicklung. (Wygotski, 2010, S. 462)*

Dieser Ansatz wird seit einiger Zeit in der internationalen elementarpädagogischen Diskussion verstärkt aufgegriffen (vgl. Bodrova, 2008). Dabei zeigt aktuelle Forschung, welche Herausforderungen ein solcher Ansatz an das pädagogische Handeln von Fachkräften stellt. Sie müssen nicht nur in der Lage sein, den aktuellen Entwicklungsstand sowie die gerade sichtbar werdenden Entwicklungstendenzen einzuschätzen. Eine Förderung von Kindern *im Spiel* setzt zudem voraus, dass Fachkräfte sich so an kindlichem Spiel beteiligen, dass dieses nicht gestört, sondern gefördert wird (vgl. Hakkarainen et al., 2013). Die aus Sicht des Selbstbildungs-Ansatzes geäußerte Skepsis an pädagogischen Interventionen von Erwachsenen in das Spiel von Kindern wird hier verständlich, denn diese stellen einen Balanceakt zwischen teilnehmender Beobachtung und gezielter Intervention dar.

Für die pädagogische Arbeit mit Kindern mit Entwicklungsvorsprüngen stellt das Konzept der *Zone nächster Entwicklung* nochmals eine Herausforderung dar. Dazu gehört, dass pädagogische Fachkräfte im Elementarbereich ihr Wissen über kindliche Entwicklung über das Vorschulalter hinaus ausdehnen. Vor dem Hintergrund der Asynchronität von Entwicklung ist zudem zu berücksichtigen, dass begabte Kinder in manchen Entwicklungs- und Kompetenzbereichen deutlich weiterentwickelt sein können als in anderen. Eine Förderung von begabten Kindern setzt daher eine differenzierte pädagogische Diagnostik voraus. Diese erfordert, sich von einer verbreiteten Vorstellung von ‚ganzheitlichem Lernen' zu lösen, die die Aufgabe der KiTa vor allem darin sieht, Entwicklungsdefizite zu kompensieren. Zwar ist es wichtig, einseitige Entwicklungen zu erkennen und ihnen entgegenzuwirken – z.B. wenn ein fünfjähriges Kind zwar schon fließend lesen kann, motorisch aber sehr ungeschickt und unsicher ist und sich bewegungsorientiertem Spiel daher verweigert. Dies bedeutet aber nicht, diese Kinder in ihren Stärken nicht mehr zu fördern, ‚weil sie das ja schon können'. Vielmehr geht es in *allen* Bereichen darum, die Entwicklungschancen zu erkennen, die sich im aktuellen Verhalten und im Spiel der Kinder andeuten, um ihnen die nächsten Schritte zu ermöglichen – auch dann, wenn sie sich damit in manchen Bereichen noch weiter aus der Altersgruppe herausheben.

5.3 ‚Gemeinsam denken' – Kommunikation als Schlüssel

Untersuchungen zur Qualität von Kindertagesbetreuung betonen immer wieder die Bedeutung der Interaktionen zwischen Fachkräften und Kindern für die Förderung kindlicher Bildungsprozesse. So stellten die britischen Langzeitstudien *Effektive Provision of Pre-School Education (EPPE)* und *Research in Effective Pedagogy in the Early Years (REPEY)* heraus, dass sich insbesondere „lang andauerndes gemeinsames Nachdenken *(sustained shared thinking)* von Kindern und pädagogischen Fachkräften" (Schelle, 2011, S. 23) förderlich auf die Entwicklung von Kindern auswirkt. Entscheidend für *sustained shared thinking* ist es, dass Kinder und Fachkräfte gemeinsame Denkprozesse entwickeln.

Andere Autoren heben die Bedeutung von metakognitiven Kompetenzen für das kindliche Lernen hervor. Metakognition bezeichnet das Nachdenken darüber, *wie* man denkt oder etwas macht, setzt also eine Bewusstheit über das eigene Denken und Wissen voraus (vgl. Hasselhorn & Gold, 2013). Viele metakognitive Kompetenzen entwickeln sich im späten Grundschulalter, z. B. das Nachdenken darüber, welches Schulfach man besser kann als ein anderes oder woran es wohl gelegen hat, dass man in der Mathematikarbeit nicht zurechtgekommen ist. Seit einem Jahrzehnt wird jedoch auch die Bedeutung des Vorschulalters für die Entwicklung metakognitiver Fertigkeiten hervorgehoben. Dabei wird nicht nur angenommen, dass bereits Kinder in der Lage sind, über ihr eigenes Lernen nachzudenken, sondern darüber hinaus gefordert, dass Fachkräfte diese Kompetenzen fördern und dazu metakognitive Dialoge mit Kindern anregen (Schelle, 2011, S. 24). So schlagen Samuelsson und Carlsson (2007) die folgenden Fragen vor, um Kinder zum Nachdenken über ihre eigenen Lernprozesse anzuregen:

- „Wie habt ihr das herausgefunden?"
- „Kannst Du bis morgen noch mehr in Erfahrung bringen?"
- „Wie würdet ihr das anderen Kindern beibringen?"
- „Was habt ihr erfahren, was ihr vorher noch nicht gewusst habt?" (Samuelsson & Carlsson, 2007, S. 85, zit. nach Schelle, 2011, S. 25).

König (2007, 2009, 2013) spricht vor dem Hintergrund von Forschungen zu Erzieherinnen-Kind-Interaktionen in KiTas von *dialogisch-entwickelnder Kommunikation* und sieht diese als Ausgangspunkt für die Bildungsarbeit mit Kindern.

Gemeinsam ist diesen Ansätzen, dass sie hohe Anforderungen an die Dialogfähigkeit sowie an die intellektuellen Fähigkeiten von Kindern wie von Fachkräften stellen. Es ist daher nicht überraschend, dass viele (insbesondere sprachlich) begabte Kinder über derartige Fähigkeiten verfügen und solche Kommunikationsformen mit begabten Kindern gut gelingen und Spaß machen. Noch mehr gilt das für Kinder, die in bildungsnahen Elternhäusern gut gefördert werden (z. B. bei der oben genannten Frage „Kannst du bis morgen noch mehr in Erfahrungen bringen?"). Die Betonung von Dialog, Kognition und Metakognition ist daher ein guter Ausgangspunkt für die Förderung von intellektuell begabten Kindern. Gleichzeitig kann problematisiert werden, dass diese Betonung zu einem einseitigen Bild von Kindern und kindlichen Bildungsprozessen führt, die unmittelbares Erleben und Handeln von und mit Kindern auch einschränken kann.

5.4 Scaffolding – Beschleunigung von Entwicklung?

Mit dem aus der Lernpsychologie stammenden Konzept des *Scaffolding* (von englisch *scaffold* = *Gerüst*) wird eine zielgerichtete Förderung bezeichnet, die am jeweiligen Entwicklungs- und Kenntnisstand von Lernenden ansetzt und ein ‚Gerüst' bzw. einen förderlichen Rahmen für ihre weitere Entwicklung bereitstellt. Konkret wird damit eine vorübergehende Hilfestellung bezeichnet, die Lernenden die Weiterentwicklung von einem Kompetenzniveau zum nächsten ermöglicht mit dem Ziel, dass sie das höhere Kompetenzniveau schließlich unabhängig und ohne Hilfestellung meistern. Dies kann in Form von Anleitungen, Materialien, Denkanstößen und konkreten Anregungen geschehen.

Studie: Welche Art von Scaffolding benötigen Kinder?

Van Kuyk (2011) hat in mehreren Studien untersucht, welche Art und welches Ausmaß von Scaffolding Kinder abhängig von ihrem individuellen Entwicklungsstand benötigen. Ausgehend von einer Theorie dynamischer Systeme entwickelte er die *Pyramidenmethode*, ein Curriculum für die Arbeit mit drei- bis sechsjährigen Kindern. Dabei wird sowohl das Spiel der Kinder als auch ihr eigeninitiatives Lernen gezielt gefördert. Wie sich herausstellte, hing das Ausmaß der erforderlichen Unterstützung vom Entwicklungsstand der Kinder, ihrer Selbständigkeit (im Sinne der Fähigkeit, eigene Ziele und Vorhaben ohne erwachsene Begleitung umzusetzen) sowie ihrer (intrinsischen) Motivation ab (van Kuyk, 2011, S. 138). Zusammengefasst ergab sich:

- Hoch motivierte, selbständige und gut entwickelte Kinder benötigen nur wenig *strategische* Unterstützung, die ihre Eigenaktivität herausfordert.
- Geringer motivierte und weniger selbständige Kinder benötigen nicht nur strategische, sondern auch inhaltliche Unterstützung.
- Kinder mit sehr geringer Motivation und Selbständigkeit benötigen konkrete Unterstützung in kleinen Schritten – aber auch bei ihnen muss grundsätzlich die Eigenaktivität gefördert werden.

Der Begriff Scaffolding wurde zuerst von Wood, Bruner und Ross (1976) verwendet, als sie untersuchten, wie Erwachsene Kleinkinder beim Bauen mit Bauklötzen unterstützen. Später stellte der Entwicklungspsychologe Bruner, der wie Wygotski die soziale Natur des Lernens betonte, Parallelen zum Konzept der Zone der nächsten Entwicklung heraus (Bruner, 1985). Das Konzept des Scaffolding findet zunehmend auch in der Frühpädagogik Anwendung, um die Aufgaben pädagogischer Fachkräfte im Kontext eines konstruktivistischen Verständnisses von Bildung zu klären (vgl. König, 2009, S. 89; Schelle, 2011, S. 24). Es ist dazu geeignet, eine individuumszentrierte Perspektive mit einer curricularen Herangehensweise zu verbinden, und ist daher ein hilfreicher Ansatz zur Umsetzung des Bildungsauftrages von KiTas.

Dabei unterstützen pädagogische Fachkräfte Kinder darin, über das, was sie bereits wissen oder können, hinauszugehen, und passen sich sensibel und fortlaufend an die wachsenden Fähigkeiten der Kinder an. Fragen, Ermutigung, Anerkennung und schließlich allmählicher Rückzug der Fachkräfte ermöglichen es Kindern, zunehmend die Verantwortung für die Lösung von Problemen selbst zu übernehmen. Eine entsprechende Förderung kann sich sowohl auf Prozesse im kindlichen Spiel beziehen (z. B. Hakkarainen et al., 2013) als auch auf eine inhaltliche Rahmung intentionalen Lernens (z. B. van Kuyk, 2011). Die Möglichkeiten des Scaffolding hängen vom Entwicklungsstand, von der Selbstständigkeit und von der Motivation eines Kindes ab. Hier gewinnt die Frage nach Entwicklungsvorsprüngen und besonderen Begabungen eines Kindes an Bedeutung.

Übertragen auf die Förderung begabter Kinder – hier insbesondere im Sinne von Entwicklungsvorsprüngen – wird deutlich, dass gerade diese Kinder wenig angebotsorientierte Maßnahmen benötigen. Sie benötigen stattdessen *strategische* Unterstützung dabei, ihren eigenen Lerninteressen nachzugehen. Dies setzt voraus, dass ihr Lernumfeld (also die KiTa) sowohl zeitliche Freiräume als auch hinreichend anspruchsvolles Material bereitstellt, damit sie eigeninitiativ tätig werden und auch komplexere Herausforderungen entwickeln und bearbeiten können.

Hohe Anforderungen stellt eine solche Sichtweise auch an die pädagogischen Fachkräfte, da sie fachlich auf einem höheren Niveau beobachten und reagieren müssen, als es üblicherweise für diese Altersgruppe erforderlich ist. Schließlich reicht es nicht aus, nur *schwierigere Aufgaben* bereitzustellen – vielmehr ändert sich mit zunehmendem (Entwicklungs-)Alter auch die *Art* der Aufgaben und Erfahrungen, die für Kinder zu herausfordernden Bildungsanlässen werden können.

5.5 Zur Bedeutung des Spiels

„Im Streben danach, eine Generation von Einsteins hervorzubringen, hat unsere Kultur vergessen, welche Bedeutung das Spiel für die Entwicklung von Kindern hat": Mit dieser programmatischen Aussage leiten Golinkoff et al. (2006, Klappentext) einen Band mit Forschungsbeiträgen ein, der auf vielfache Weise belegt, dass das kindliche Spiel nicht nur für die sozial-emotionale Entwicklung, sondern auch für die Entwicklung intellektueller Fähigkeiten zentral ist.

Die entscheidende Bedeutung des Spiels für die Entwicklung und das Lernen von Kindern im Elementarbereich ist heute allgemein anerkannt (Hauser, 2016). Spiel wird als das Medium angesehen, durch das Kinder am kulturellen Leben teilhaben, mit dem sie lernen zusammenzuleben, sich mit Autoritäten, Konflikten und Macht auseinanderzusetzen, und über das sie sich grundlegende Werte, Fähigkeiten und Wissen aneignen (Hännikainen, Singer & van Oers, 2013, S. 166).

Da die kognitiven Fähigkeiten von begabten Kindern oft bereits weiter entwickelt sind, können sie möglicherweise eher von Trainings- und Lernprogrammen profitieren als andere Kinder. Daraus sollte jedoch nicht geschlossen werden, dass Spiel für sie weniger wichtig sei. Für Kinder mit Entwicklungsvorsprüngen im kognitiven Bereich, ist Spiel genauso wichtig wie für alle anderen. Die ausgeprägten Fähigkeiten und auch das Interesse vieler begabter Kinder können jedoch dazu verleiten, auf Kosten von Spielzeit nach anspruchsvollen Programmen und spezifischen Förderangeboten zu suchen, die diese Fähigkeiten aufgreifen und weiter vorantreiben. Dies ist aus zwei Gründen problematisch.

Zum einen sind auch und gerade für begabte Kinder Spielsituationen wesentlich für das sozial-emotionale Lernen. „Auch hochbegabte Kinder brauchen den kontinuierlichen Kontakt und das Gefühl, in einer Spielgruppe verortet zu sein, um grundlegende soziale Verhaltensweisen erwerben zu können" (Schenker, 2010b, S. 298) – und dafür braucht es in erster Linie Zeit zum Spielen. Zum anderen benötigen gerade begabte Kinder eher *weniger* strukturierte Vorgaben und Programme, wenn ihr Lernen angeregt werden soll. Im Kontext von Spiel ist wichtig, dass begabte Kinder ihre Interessen und Kompetenzen in Spielsituationen mit anderen Kindern einbringen und dort weiter entfalten können. Kognitive und soziale Entwicklung sind dabei untrennbar miteinander verbunden. Für Bodrova (2008) ist dabei im Anschluss an Wygotski das *Als-ob-Spiel* entscheidend, das in vielfacher Weise grundlegend für die Entwicklung des kindlichen Denkens ist. Differenziertere Formen des Als-ob-Spiels entwickeln Kinder insbesondere in altersgemischten Spielgruppen, in denen die spielerfahrenen älteren Kinder als Vorbild dienen können.

Dies gelingt allerdings nicht immer von selbst. Daher kommt den Erwachsenen hier eine entscheidende Rolle zu insbesondere dann, wenn es begabten Kindern schwerfällt, ihre Interessen und Themen in Spielkontakte zu anderen Kindern einzubringen. Eine Haltung, die das freie Spiel als ‚Sache der Kinder' ansieht, in die sich Erwachsene möglichst nicht einmischen sollten, stößt hier an ihre Grenzen.

Pädagogische Fachkräfte stehen hier vor einem Dilemma. Einerseits sollen sie Kinder durch gezielte Angebote fördern – andererseits sollen sie Kindern Raum für freie Entwicklung geben und daher das Spiel der Kinder möglichst nicht stören. Dies führt in der Praxis zu einem unverbundenen Nebeneinander von angeleiteten (und damit erwachsenenorientierten) Aktivitäten einerseits, unbegleiteten Spielphasen der Kinder andererseits. Einen Ausweg aus diesem Dilemma bieten neuere Ansätze, die danach fragen, wie das Spiel von Kindern durch gezielte und behutsame Interventionen von Erwachsenen gefördert werden kann.

Bodrova (2008, S. 366 f.) schlägt vor, in diesem Zusammenhang vier Kompetenzen gezielt zu fördern:

- symbolische Verwendung von Spielzeugen und Gegenständen (z. B. ein Stock als Pferd);
- die Entwicklung in sich konsistenter und ausgedehnter Spielszenarios;
- die Fähigkeit, Rollen in längeren Spielsequenzen oder auch über mehrere Spielsequenzen hinweg beizubehalten;

- die Fähigkeit, die ‚Regeln' einzuhalten, die für eine bestimmte Figur gelten (z. B. wenn jemand ‚krank' ist, darf er nicht aufstehen).

Insbesondere der zweite und dritte Punkt setzen voraus, dass die Rahmenbedingungen ein solches Spiel überhaupt ermöglichen: Es braucht zum einen stabile Spielgruppen, zum anderen genügend Zeit und Raum, damit sich überhaupt ein solches Spiel entwickeln kann. Darüber hinaus ist es keineswegs selbstverständlich, dass Kinder die Anregungen von Erwachsenen aufgreifen und in ihr Spiel integrieren. Belehrende Bemerkungen oder ‚aufgesetztes' Verhalten von Erwachsenen hat eher einen Abbruch des Spiels zur Folge. Wie eine Studie von Hakkarainen et al. (2013, S. 222) zeigte, waren Interventionen von angehenden Fachkräften in das Kinderspiel dann erfolgreich, wenn diese

- aktiv am Spiel teilnahmen und emotional involviert waren,
- Dialoge *im Spiel* entwickelten,
- dazu beitrugen, ein stimmiges, faszinierendes und spannendes *Drehbuch* zu entwickeln,
- in kritischen Momenten in der Lage waren, dem Spiel eine neue Richtung zu geben, z. B. durch Einführung einer neuen Spielfigur oder einer überraschenden Wendung.

Was hier allgemein für kindliches Spiel formuliert wird, gilt auch und gerade für begabte Kinder. Die Integration bzw. Inklusion von begabten Kindern mit ‚besonderen' Interessen kann sowohl für diese selbst als auch für die begleitenden Fachkräfte eine Herausforderung darstellen. Wie können die besonderen Stärken dieser Kinder für die Gruppe interessant werden, und wie können die begabten Kinder ihre Fähigkeiten im Gruppenprozess weiterentwickeln? Wenn das gelingt, wird auch für begabte Kinder das Spiel in der Kindergruppe zur entscheidenden Quelle des Lernens.

5.6 Fazit: Auf den Spuren der Kinder

Es lässt sich zusammenfassen, dass aktuelle Ansätze früher Bildung zunächst eine gute Grundlage für die Förderung begabter Kinder bereitstellen. Auch wenn es im Detail große Kontroversen zwischen verschiedenen Ansätzen und Konzepten früher Bildung geben mag, stellen sie mehrheitlich nicht curriculare Vorgaben, sondern das Kind in den Mittelpunkt. Lernen und Bildung muss daher an den individuellen Entwicklungsvoraussetzungen und Bedürfnissen der Kinder ansetzen. Die differenzierte Wahrnehmung und der respektvolle Umgang mit Stärken, Interessen und Bedürfnissen von Kindern sowie die Bereitschaft, sich auf die Perspektive von Kindern einzulassen, sind damit Ausgangspunkt für Bildung und Begleitung von Kindern in KiTas.

Eine solche Herangehensweise entspricht Ansätzen der Begabtenförderung, die das eigeninitiative Lernen begabter Kinder und Jugendlichen in den Mittelpunkt stellen. Gleichzeitig konkretisieren neuere Konzepte frühkindlicher Bildung die aktive Rolle der Erwachsenen für gelingende Bildungsprozesse. Diese sind weder reine Wissensvermittlerinnen, noch lässt sich ihre Rolle auf Betreuung und die Bereitstellung guter Rahmenbedingungen reduzieren. Pädagogische Fachkräfte werden vielmehr zu Lern- und Bildungsbegleitern und -begleiterinnen, die die Bedürfnisse und Interessen von Kindern mit Respekt und Empathie aufgreifen, ihr Wissen und ihre Kompetenzen *ko-konstruktiv* weiter entwickeln – und damit immer auch selbst Lernende bleiben. An die Stelle eines ‚Erkennens' und ‚Identifizierens' von Begabten tritt damit gemeinsames niveauvolles Lernen als alltägliche und vielfältige Herausforderung in allen Bildungsbereichen.

Voraussetzung für die Umsetzung einer solchen Herangehensweise ist allerdings, dass pädagogischen Fachkräften die fachlichen, personellen und zeitlichen Ressourcen zur Verfügung stehen, die für eine solche individuelle Förderung erforderlich sind. Dass es daran vielfach mangelt, ist bekannt. Für die Umsetzung eines aktuellen Bildungsverständnisses „fehlt es zum einen übergreifend an Rahmenbedingungen, zum Teil aber auch an der notwendigen professionellen Kompetenz und Haltung" (Viernickel et al., 2013, S. 146). Mit immer gleichem, wenig herausforderndem Material und der geringen Zeit, die Fachkräften für die direkte Interaktion mit Kindern zur Verfügung steht, ist eine individuelle Förderung begabter Kinder kaum zu realisieren. Pointiert lässt sich damit formulieren: Eine Förderung von Kindern mit ‚besonderen' Begabungen erfordert nicht unbedingt ‚besondere' Herangehensweisen – sondern in erster Linie die Bereitstellung von Ressourcen, mit denen sich im Sinne des Umgangs mit Heterogenität eine individuelle Förderung *aller* Kinder realisieren lässt.

5.7 Weiterführende Literatur

Hauser, B. (2016). *Spielen. Frühes Lernen in Familie, Krippe und Kindergarten* (2. Aufl). Stuttgart: Kohlhammer.
Das aktuelle Standardwerk zum Thema Spiel in der frühen Kindheit.
König, A. (2013). Die Bedeutung soziokultureller Theorien für die Elementarpädagogik. Von Wygotski bis zur dialogisch-entwickelnden Kommunikation. In C. Wustmann (Hrsg.), *Kindheit aus sozialwissenschaftlicher Perspektive* (S. 57–68). Graz: Leykam.
Ein wichtiger theoretischer Grundlagenbeitrag zu ko-konstruktivistischen Bildungstheorien.
Schäfer, G. E. (Hrsg.). (2011). *Bildungsprozesse im Kindesalter: Selbstbildung, Erfahrung und Lernen in der frühen Kindheit* (4. Aufl.). Weinheim: Beltz.
Ein Grundlagenwerk zum konstruktivistischen Verständnis frühkindlicher Bildung.
Schelle, R. (2011). *Die Bedeutung der Fachkraft im frühkindlichen Bildungsprozess. Didaktik im Elementarbereich* (WiFF-Expertise, Bd. 18). München: Deutsches Jugendinstitut.
Die Expertise gibt einen guten Überblick über aktuelle Ansätze zum Verständnis frühkindlicher Bildungsprozesse. Schwerpunkt ist dabei die Gestaltung der Interaktionen zwischen Fachkräften und Kindern.

6 Begabtenförderung in der KiTa

In diesem Kapitel steht zunächst die Situation begabter Kinder im Alltag der KiTa im Vordergrund. Davon ausgehend wird danach gefragt, wie das Thema Begabung und Begabtenförderung Eingang in die Bildungsprogramme für KiTas gefunden hat. Im Anschluss werden traditionelle und aktuelle Strategien der (Hoch-)Begabtenförderung dargestellt. Diese wurden zunächst im schulischen und außerschulischen Bereich für ältere Kinder und Jugendliche entwickelt, in verschiedenen Ansätzen aber auch auf KiTas übertragen. Abschließend wird ein kritischer Blick auf spezielle Programme und Maßnahmen für begabte Kinder in KiTas geworfen.

6.1 Begabte Kinder im KiTa-Alltag

Wie treten begabte Kinder im Alltag von KiTas in Erscheinung? Betrachten wir dazu die folgenden Fallbeispiele.

> *Fallbeispiele*
> Jamey ist ein charmanter viereinhalbjähriger Junge. Er baut komplizierte Legolandschaften und spielt mit Jungen wie mit Mädchen ausgedehnte Rollenspiele. Beim Vorlesen krabbelt er am liebsten der Erzieherin auf den Schoß und hört ganz aufmerksam zu. Im Gesprächskreis ist er sehr lebendig dabei. Noch lieber spricht er mit den Erzieherinnen und verwickelt sie in Diskussionen. Schon seit einiger Zeit fragen diese sich, ob Jamey nicht hochbegabt ist.
> Vincent ist fünf und im ganzen Kindergarten bekannt. Er ist laut, dominant und nicht selten respektlos auch gegenüber Erwachsenen. Er ist Anführer der Jungenbande aus der Koboldgruppe; die Mädchen mögen ihn gar nicht. Es gab schon öfter Elterngespräche wegen seines problematischen Verhaltens. Die Eltern berichten, dass Vincent schon rechnen kann und sich sehr für Technik interessiert. Sie führen sein Verhalten auf Langeweile zurück und meinen, er wäre im Kindergarten unterfordert.
> Anwen ist ein freundliches und hilfsbereites achtjähriges Mädchen. In der Schule zeigt sie durchweg gute Leistungen, und ihre Hausarbeiten bearbeitet sie selbstständig und in der Regel fehlerfrei. Die Eltern sind beide berufstätig und haben wenig Zeit, achten aber darauf, dass Anwen auch zu Hause ihre Aufgaben und Pflichten ordentlich erledigt. Im Hort ist sie im Spiel der Mädchen oft Ideengeberin, ohne durch Machtkämpfe oder ‚Zickenkriege' aufzufallen. An eine Hochbegabung hat noch nie jemand gedacht.

Die Fallbeispiele zeigen, dass Begabungen von Kindern in der KiTa ganz unterschiedlich in Erscheinung treten können. Dies liegt zum einen daran, dass Kinder – und damit auch begabte Kinder – so unterschiedlich sind, zum anderen aber auch daran, dass KiTas mehr oder weniger darauf ausgerichtet sein können, Entwicklungsvorsprünge und besondere Begabungen von Kindern wahrzunehmen und davon ausgehend Kinder gezielt zu fördern. Am einen Ende des Spektrums liegt die Einstellung, dass es in der KiTa in erster Linie um das soziale Miteinander geht und nicht um kognitive Herausforderungen. Verbunden damit ist vielleicht die Ansicht, dass das Spiel der Kinder in diesem Alter möglichst frei von Anforderungen sein soll. Ein Kind mit besonderer kognitiver Leistungsfähigkeit fällt hier vielleicht gar nicht auf, es wird möglicherweise in seiner Neugier gebremst, oder es werden in erster Linie seine sozialen oder motorischen Defizite wahrgenommen.

Am anderen Ende des Spektrums ist die Tendenz zu finden, in jeder ungewöhnlichen Leistung eines Kindes eine besondere Begabung zu vermuten, so dass eine Fachkraft es für dringend erforderlich hält, die Eltern anzusprechen und eine psychologische Diagnostik des Kindes anzuregen. Umgekehrt können es auch Eltern sein, die von bemerkenswerten Fähigkeiten ihres Kleinkindes so beeindruckt sind, dass sie es für hochbegabt halten und von der KiTa eine besondere Förderung ihres Wunderkindes erwarten.

> **Übung: Begabte Kinder im KiTa-Alltag**
>
> Denken Sie einmal an die Kinder einer Gruppe in Ihrer Praxiseinrichtung:
>
> - Welche Stärken und Kompetenzen zeichnen die einzelnen Kinder aus?
> - Welche Kinder sind in ihrer kognitiven Entwicklung besonders weit vorangeschritten? Gibt es Kinder, bei denen eine besondere Begabung vermutet werden könnte?
> - Wie hängen bei einzelnen Kindern kognitive Fähigkeiten und Interessen mit sozial-emotionalen Kompetenzen und ihrer sozialen Situation in der Gruppe zusammen?
> - Wie gehen Kolleginnen und Kollegen mit diesen Kindern um?
>
> **Übung für Kleingruppen:** Tauschen Sie Ihre Eindrücke in Kleingruppen aus. Formulieren Sie abschließend jeweils einen Satz, der die Einstellungen der Kolleginnen und Kollegen in Ihrer Praxiseinrichtung zum Thema *hochbegabte Kinder* pointiert zusammenfasst, und bringen Sie diese Sätze anschließend ins Plenum ein.

Einschätzungen von Kindern als möglicherweise begabt lassen sich in verschiedene Kategorien einordnen:

- Kinder, die in der KiTa durch besondere Fähigkeiten und bemerkenswerte Interessen und Verhaltensweisen auffallen, z. B. frühes Sprechen, frühes Lesen und Schreiben, herausragendes Interesse an Zahlen, Spezialwissen zu spezifischen Themen;
- Kinder, die nach Ansicht ihrer Eltern bemerkenswerte Leistungen erbringen oder auch hochbegabt sind (z. T. werden sogar Ergebnisse psychologischer Tests berichtet); die Einschätzung der KiTa-Fachkräfte kann dabei von der Elternsicht erheblich abweichen;
- Kinder, die tatsächlich überdurchschnittlich begabt sind bzw. besondere Entwicklungsvorsprünge aufweisen, aber damit kaum wahrgenommen werden, weil sie gut angepasst und unauffällig oder auch zurückgezogen und schüchtern sind.

Die Vielfalt und Unterschiedlichkeit dieser Kinder macht es unmöglich, von *den* begabten Kindern in der KiTa zu sprechen. Je nach den Vorerfahrungen und Einstellungen der Fachkräfte sowie der Eltern können unterschiedliche Begabungen oder Fähigkeiten in den Blick geraten und damit Kinder als *begabt* wahrgenommen werden oder nicht. Sicherlich gibt es Kinder, deren kognitive Fähigkeiten so außergewöhnlich sind, dass eine besondere Begabung unübersehbar ist. Oft ist es aber eher eine Frage der Perspektive, wie Verhaltensweisen von Kindern wahrgenommen und eingeschätzt werden.

Für die meisten Kinder stellen besondere Begabungen und Entwicklungsvorsprünge Ressourcen dar, die sie in der KiTa in vielfältiger Weise nutzen können. Sie suchen aktiv Lerngelegenheiten, sie gestalten das Miteinander in der Kindergruppe wesentlich mit und nutzen ihre Fähigkeit zum Dialog mit Erwachsenen, um sich weiter zu entwickeln. Manche begabten Kinder langweilen sich aber auch, es fällt ihnen schwer, Freundinnen oder Freunde mit ähnlichen Interessen zu finden oder sie nutzen ihre Fähigkeiten, um Erwachsene zu provozieren anstatt mit ihnen kluge Gespräche zu führen. Das *kann* mit ihrer Begabung zu tun haben, aber auch ganz andere Ursachen haben – begabte Kinder haben persönliche Stärken, Schwächen und Probleme wie andere Kinder auch. Schließlich gibt es Kinder, die so gut ‚funktionieren', dass niemandem auffällt, wie bemerkenswert manche ihrer Fähigkeiten eigentlich sind.

Die Förderung begabter Kinder in der KiTa stellt damit eine Gratwanderung zwischen einem Übersehen und einem Überbetonen möglicher Begabungen dar. Werden herausragende Fähigkeiten von Kindern zu wenig wahrgenommen oder heruntergespielt, dann können diese ihre Potenziale möglicherweise nicht gut entwickeln. Manche dieser Kinder werden Problemfälle, weil sie sich nicht in die Abläufe des KiTa-Alltags einfügen wollen; andere werden übersehen, weil sie nicht auf sich aufmerksam machen.

Wenn dagegen der Blick zu sehr auf besondere Fähigkeiten von Kindern gerichtet wird, wenn Kinder als (hoch)begabt eingeschätzt und gezielt gefördert werden, dann ist damit die Gefahr einer ‚Besonderung' verbunden, die sich nicht nur nachteilig auf die soziale Situation in der Gruppe auswirken, sondern langfristig auch zu problematischen Etikettierungsprozessen führen kann (▶ Kap. 3.2.7). Gut gemeintes Lob und gezielte Fördermaßnahmen können ins Leere führen, weil Kinder einfach ‚normal' sein und dazugehören wollen.

Vor diesem Hintergrund sollte Begabtenförderung in der KiTa nicht *begabte Kinder* fördern, sondern in erster Linie ein *begabungsfreundliches Umfeld* schaffen, in dem Kinder vielfältige Begabungen entwickeln können, ohne als begabt (oder nicht begabt) etikettiert zu werden. Dies stellt insofern eine große Herausforderung dar, als es bedeutet, die Möglichkeit einer solchen Förderung für *alle* Kinder, im *gesamten* Alltag und *in allen Bildungsbereichen* zu realisieren. Pointiert formuliert dies der von der Karg-Stiftung herausgegebene Band zur Begabungsförderung in der KiTa in seinem Titel *Begabung wagen!* (Koop et al., 2010).

6.2 Begabung in Bildungsplänen und -programmen

Im Laufe der letzten fünfzehn Jahre haben die Bundesländer dem Bildungsauftrag von KiTas mit Bildungsprogrammen, Leitlinien oder Orientierungsplänen einen formalen Rahmen gegeben. Neben den übergreifenden Bildungsthemen werden dabei spezifische Bildungsbereiche beschrieben und konkretisiert. Die Themen Begabung und Hochbegabung werden in diesem Kontext ganz unterschiedlich aufgegriffen (Rohrmann, 2016a).

> **Übung: Begabung und Hochbegabung in Bildungsplänen und -programmen der Bundesländer**
>
> Untersuchen Sie das gesamte Bildungsprogramm bzw. den Bildungsplan Ihres Bundeslandes auf Hinweise zur Begabungsthematik. Wird von Begabungen und von der Förderung begabter Kinder gesprochen, gibt es einen eigenen Abschnitt zu diesem Thema?
>
> Werten Sie die Ergebnisse in Kleingruppen unter folgenden Fragestellungen aus:
> - Wie wird das Thema Begabung im Bildungsplan berücksichtigt?
> - Welche Begriffe werden in diesem Zusammenhang verwendet?
> - Was bedeuten die allgemeinen Formulierungen für die Praxis?
> - Wird in den einzelnen Bildungsbereichen auf Fördermöglichkeiten für Kinder mit besonderen Begabungen eingegangen?
>
> **Alternative Aufgabe:** Vergleichen Sie Bildungsprogramme und Bildungspläne mehrerer Bundesländer miteinander.
>
> Eine Zusammenstellung der Aussagen der Bildungspläne und -programme aller Bundesländer zur Begabungsthematik steht als PDF zum Download zur Verfügung (Rohrmann, 2016b).

Eine Analyse der Bildungspläne und -programme zeigt zunächst, dass diese fast alle auf die Stichworte *begabt* und *Begabung* im Kontext der Notwendigkeit einer individuellen Förderung eingehen. Dabei werden diese Begriffe jedoch sehr unterschiedlich verwendet. In manchen Bildungsplänen wird der Begriff *Begabungen von Kindern* zunächst in einem allgemeinen Sinn verwendet. So heißt es im Bildungsprogramm von Sachsen-Anhalt: „Jedes Kind gleich welcher Herkunft, Religion, welchen Geschlechts, welcher gesundheitlichen Belastungen oder körperlichen, geistigen oder seelischen Besonderheiten und Begabungen, hat das Recht darauf, in die Tageseinrichtung aufgenommen zu werden und entsprechend seiner Individualität und seiner Bedürfnisse bei seinen Bildungsprozessen begleitet und in spezifischer Weise gefördert zu werden" (Ministerium für Arbeit und Soziales des Landes Sachsen-Anhalt, 2014, S. 87).

In anderen Bildungsplänen taucht der Begriff Begabung dagegen *nur* im Kontext hoher/besonderer Begabung auf. Der Bayerische und der Hessische Bildungs- und Erziehungsplan sowie der Thüringer Bildungsplan sprechen ausdrücklich von hochbegabten Kindern und enthalten dazu ein eigenes Unterkapitel bzw. einen ausführlicheren Abschnitt. Auch der Orientierungsplan für Bildung und Erziehung in Baden-Württemberg spricht ausdrücklich von hochbegabten Kindern und geht an mehreren Stellen auf die Thematik ein. Die meisten anderen Bildungspläne und -programme sprechen von *besonderen Begabungen* und geben diesem Thema weniger Raum.

Eher selten wird ausformuliert, inwieweit es sich bei hoher bzw. besonderer Begabung um hohe *kognitive* Begabung handelt. Zwischen hoher Begabung im Sinne allgemeiner Intelligenz und spezifischen Begabungen im Sinne von Sonderbegabungen wird nicht differenziert. So wird im Bayerischen Bildungs- und Erziehungsplan Hochbegabung ausdrücklich *nicht* mit kognitiver Hochbegabung gleichgesetzt: „(…) sie kann sich z. B. auch im sportlich-motorischen, im künstlerischen oder im musischen Bereich zeigen" (Bayerisches Staatsministerium für Arbeit und Sozialordnung, Familie und Frauen & Staatsinstitut für Frühpädagogik, 2012, S. 156). Gleichzeitig geht aus manchen Texten implizit hervor, dass kognitive Begabung gemeint ist, wenn z. B. psychologische Diagnostik empfohlen oder an Elternvereine verwiesen wird. In den Brandenburger *Grundsätzen elementarer Bildung* wiederum, die ansonsten auf das Thema überhaupt nicht eingehen, wird der Begriff Begabung *nur* im Bildungsbereich Musik verwendet: „die Begabung zum Musizieren, zum Komponieren und Sinn für die musikalischen Prinzipien" (Ministerium für Bildung, Jugend und Sport des Landes Brandenburg, 2004, S. 10). Insgesamt wird im Vergleich der Bildungspläne erneut die Unschärfe des Begriffs *Begabung* deutlich, der je nach Ausgangspunkt und Kontext unterschiedlich verwendet und interpretiert werden kann.

Bemerkenswert ist, dass in mehreren Bildungsplänen besondere Begabung nur im Kontext von *Kinder mit besonderen Begabungen oder Beeinträchtigungen* verwendet wird. So formuliert das Berliner Bildungsprogramm als ein Ziel von Beobachtung und Dokumentation, dass „evt. besondere Begabungen oder Beeinträchtigungen frühzeitig erkannt und entsprechende Unterstützungen für einzelne Kinder geplant werden können" (2014, S. 10). Ähnliche Formulierungen finden sich auch in den Bildungsplänen und -programmen anderer Bundesländer. Damit erscheint eine besondere Begabung als Gegenpol von Behinderung und/oder Beeinträchtigung. Implizit ist damit ein polares Verständnis von Begabung verbunden (*hohe* vs. *geminderte* Begabung), obwohl dies nicht so gesagt wird und vermutlich auch nicht gemeint ist. Die begriffliche Gegenüberstellung kann aber den Blick darauf verstellen, dass besondere Begabungen und Beeinträchtigungen ganz unabhängig voneinander auftreten können (also auch gleichzeitig bei ein und derselben Person).

Insgesamt stimmen die Konzeptionen der Bundesländer darin überein, dass begabte Kinder nicht als Sondergruppe behandelt werden sollen. Deutlich formuliert dies der Bayerische Bildungs- und Erziehungsplan:

> *Für hochbegabte Kinder gelten somit die gleichen Bildungs- und Erziehungsziele wie für andere Kinder auch. In einem stärkeren Maße als bei anderen Kindern gleichen Alters sind sie jedoch in ihrer Entwicklung durch anspruchsvollere Aufgaben zu stimulieren und herauszufordern, wobei sich die pädagogischen Fachkräfte an den Bedürfnissen, Interessen und Vorlieben der Kinder orientieren. Wie andere Kinder dürfen Hochbegabte weder*

über- noch unterfordert werden. Auch sie benötigen eine ganzheitliche Unterstützung bei ihren Lern-und Entwicklungsprozessen, die alle Bildungs- und Entwicklungsbereiche anspricht und auf ihre Individualität Rücksicht nimmt. Hochbegabte sind keine „Wunderkinder", auch sie haben Schwächen. Sie sind wie andere Kinder zu motivieren (z. B. sich besonders anspruchsvolle Aktivitäten zu suchen oder Kompetenzen auf Gebieten zu erwerben, die sie wenig interessieren), und sie sind auf Anerkennung angewiesen. (Bayerisches Staatsministerium für Arbeit und Sozialordnung, Familie und Frauen & Staatsinstitut für Frühpädagogik, 2012, S. 158 f.)

Viele Bildungsprogramme und Leitlinien benennen mehrere Themen als „Querschnittsdimensionen" oder „bereichsübergreifende Perspektiven". Einige Bildungspläne widmen dem Thema Hochbegabung hier ein eigenes Kapitel, neben Themen wie Partizipation, Geschlecht oder Interkultureller Bildung. Häufiger taucht das Thema Begabung als ein Aspekt im Kontext von Inklusion auf. Diese grundlegenden bzw. bereichsübergreifenden Themen werden mehr oder weniger ausführlich dargestellt. Wie sie sich in spezifischen Bildungsbereichen umsetzen lassen, bleibt allerdings oft unklar. In Kapitel 9 wird daher darauf eingegangen, wie sich eine Förderung von begabten Kindern in den einzelnen Bildungsbereichen realisieren lässt (▶ Kap. 9).

Bevor allerdings weiter darauf eingegangen wird, wie sich eine Förderung begabter Kinder in der KiTa praktisch umsetzen lässt, sollen verbreitete Ansätze der Hochbegabtenförderung daraufhin untersucht werden, inwieweit sie bereits für den Elementarbereich anwendbar sind.

6.3 Strategien der Begabtenförderung

Integration und Inklusion

Eine der grundlegenden Kontroversen in der Begabtenförderung ist die Frage, inwiefern hochbegabte Kinder besondere Angebote oder sogar spezielle Einrichtungen benötigen, um sich optimal entwickeln zu können. Pfahl und Seitz (2014) stellen dazu fest: „Als primäres Ziel von Begabungsförderung wurde lange die Entwicklung spezifischer Förderkonzepte in allgemeinbildenden Schulen oder in Spezialprogrammen für diejenigen Kinder angesehen, bei denen besondere Leistungspotenziale diagnostiziert wurden. Diese Sichtweise implizierte keine grundlegend veränderten Unterrichtsstrukturen und konnte kaum innovierende Impulse für neue Schulkulturen setzen" (S. 48). Insbesondere im Vor- und Grundschulalter spricht zudem die Schwierigkeit, Hochbegabung sicher zu diagnostizieren, gegen spezielle Angebote nur für Hochbegabte. Im Vor- und Grundschulbereich haben sich daher inzwischen integrative bzw. inklusive Zugänge der Begabtenförderung weitgehend durchgesetzt (vgl. Koop & Riefling, 2017b). Auch die Aussagen aus den Bildungsplänen für den Elementarbereich lassen sich – bei aller Unterschiedlichkeit – in diesen Rahmen einordnen.

Zunächst wurde dabei von *Integration* im Gegensatz zu separierenden Ansätzen gesprochen (z. B. Henze et al., 2006; Karg-Stiftung, 2009; Sächsisches Staatsministerium, 2008). Inzwischen setzt sich das Konzept der *Inklusion* durch, das als neues Leitkonzept in der Pädagogik gilt. Ursprünglich aus der Behindertenpädagogik stammend, stellt es eine Veränderung und Weiterentwicklung des dort lange Zeit dominierenden Konzepts der Integration Behinderter in Regeleinrichtungen dar.

Dabei geht es heute nicht mehr nur um die uneingeschränkte Aufnahme von Kindern mit Behinderungen, sondern allgemeiner um den Umgang mit heterogenen Ausgangslagen von Kindern. Im Vordergrund stehen das gemeinsame Leben und Lernen, die Ablehnung einer Aussonderung von einzelnen und die Überzeugung, dass Heterogenität kein Problem ist, sondern viele Chancen mit sich bringen kann (vgl. Prengel, 2010; Wagner, 2013). Inklusion stellt damit auch einen guten Rahmen für die Förderung begabter Kinder bereit (vgl. Schenker, 2010a; Solzbacher, Weigand & Schreiber, 2015; Steenbuck, Quitmann & Esser, 2011). Dies schließt spezielle Angebote für besonders interessierte bzw. leistungsbereite Kinder nicht aus, betrachtet diese aber nicht als *Sonderfördermaßnahme*, sondern stellt sie immer in den Kontext einer individuellen Förderung aller Kinder.

Ein grundlegendes Dilemma von Inklusion ist jedoch, dass bereits das Anerkennen von individuellen Unterschieden, das Voraussetzung für inklusive Pädagogik ist, zur Festschreibung dieser Unterschiede führen kann. Dies gilt auch und gerade für begabte Kinder. Die mit inklusiven Konzepten verbundenen hohen Ansprüche können zudem pädagogische Fachkräfte überfordern. Je differenzierter auf individuelle Unterschiede eingegangen werden soll, umso mehr ‚Spezialwissen' ist manchmal erforderlich, und umso schwieriger kann es sein, *Gruppen* von Kindern gerecht zu werden. Diese Herausforderungen lassen sich nur durch eine fortwährende Reflexion der eigenen Perspektiven und des eigenen Verhaltens meistern – und durch eine wohlwollende Akzeptanz der Grenzen pädagogischen Handelns.

Enrichment und Akzeleration

Viele Veröffentlichungen zum Thema Begabtenförderung ordnen Fördermaßnahmen in zwei Kategorien ein: *Enrichment* und *Akzeleration*. Diese beiden Ansätze wurden im Kontext der schulischen Begabtenförderung mit älteren Kindern und Jugendlichen entwickelt und werden oft die „zwei Säulen der Begabtenförderung" genannt. Mit *Enrichment* (Anreicherung) werden dabei inhaltliche Erweiterungen des Lehrangebots bezeichnet, z. B. Maßnahmen der Binnendifferenzierung, spezielle Kurse und Angebote, frühes Fremdsprachenlernen und bilinguale Angebote sowie Wettbewerbe wie z. B. Mathematikolympiaden. Manchmal werden auch außerschulische Angebote unter diesem Begriff angeführt. Maßnahmen der *Akzeleration* (Beschleunigung) dienen der Verkürzung von Bildungsgängen, ohne dass die Bildungsangebote selbst verändert werden. Dazu gehören das Überspringen von Klassen sowie eine Verkürzung der gymnasialen Schulzeit (*Schnellläuferprogramme*). Im Elementar- und Primarbereich betrifft dies vor allem eine vorzeitige Einschulung sowie die flexible Schuleingangsphase.

Die Broschüre *Begabte Kinder finden und fördern* (Holling, 2015) weist darauf hin, dass es im Kindergarten insbesondere im Kontext altersgemischter Gruppen weitere Möglichkeiten gibt, individuell auf das Lerntempo eines Kindes einzugehen:

- „früher Eintritt in den Kindergarten, um die neue Anregungsumwelt möglichst früh kennenzulernen und davon zu profitieren,
- Unterstützung des individuellen (Lern-)tempos der Kinder in Anregungssituationen; besonderes Eingehen auf Bereiche, die das Kind sehr interessieren oder auch solche, in denen es besondere Anpassungsschwierigkeiten hat,
- altersgemischte Gruppen, die zeitweise auch – bei Verbindung mit Hortbetreuung – Kinder im Schulalter umfassen,
- Verdichtung der angebotenen Förderaktivitäten durch Reduktion der Ein- und Überleitungen sowie Routineaktivitäten (…),
- Einsatz von Mentorinnen und Mentoren in Eins-zu Eins-Situationen *(das können ggf. auch ältere Kinder sein, Anmerkung S.R./T.R.)*
- Einschulung in eine Schule mit einer flexiblen Eingangsstufe,
- vorzeitige Einschulung" (BMBF, 2015, S. 82).

Viele dieser Maßnahmen lassen sich nicht klar von Enrichment-Maßnahmen abgrenzen. Bei diesen wiederum stehen pädagogische Fachkräfte im Elementarbereich oft vor der Frage, inwieweit es sinnvoll oder womöglich sogar problematisch ist, Lerninhalte der Schule vorwegzunehmen. Grundsätzlich kann es keine Lösung sein, einem Kind eine bestimmte Förderung zu verweigern, nur weil diese Förderung für einen späteren Zeitpunkt vorgesehen ist. Dennoch ist zu empfehlen, Anregungen und Angebote möglichst weniger schulbezogen zu gestalten. In der BMBF-Broschüre wird in diesem Zusammenhang angeregt:

- Einbeziehung von Kindern in die Planung von bestimmten Alltagsaktivitäten oder Projekten des Kindergartens,
- Theaterspiele selbst entwickeln und durchführen,
- Philosophieren,
- Knobeleien, Denksportaufgaben, Teekesselaufgaben,
- Wort- und Sprachspiele,
- „Mentoren- und Tutorensysteme, von denen das hochbegabte Kind als ‚Betreuter' und als ‚Betreuender' profitiert" (Holling, 2015, S. 83).

Darüber hinaus werden einige Anregungen zu spezifischen Bildungsbereichen gegeben.

Die Grundgedanken von Enrichment und Akzeleration sind einleuchtend. Problematisch ist jedoch, dass vorschulische Enrichment-Angebote oft lediglich in den *Inhalten* über Bildungsziele im Elementarbereich hinausgehen, dabei aber Formen der Vermittlung verwenden, die eher an schulischem Lernen orientiert sind. Solche Ansätze fallen hinter ein modernes Verständnis von frühkindlichen Bildungs*prozessen* zurück, das an der Eigenaktivität der Kinder ansetzt. Viele Maßnahmen der Akzeleration wiederum, wie die vorzeitige Einschulung, verändern zwar die Position Einzelner in der vorgegebenen Struktur, stellen aber die institutionellen Gegebenheiten an sich nicht infrage.

Zudem wird bei der Konzentration auf Maßnahmen von Enrichment und Akzeleration zu wenig thematisiert, dass Begabtenförderung in vielfacher Hinsicht eine Veränderung der professionellen Rolle der pädagogischen Fachkräfte erfordert. Hier sind Fachkräfte im Elementarbereich in gewissem Sinne im Vorteil, da für sie eine Orientierung an individuellen kindlichen Interessen und Themen oft selbstverständlicher ist als für viele Lehrkräfte.

Gleichzeitig kann das manchmal umfangreiche Spezialwissen begabter Kinder für Fachkräfte im Kindergarten eine Herausforderung darstellen, da es über den üblichen Wissenskanon im Elementarbereich deutlich hinausgehen kann. Es geht dabei zunächst darum, akzeptieren zu lernen, dass schon sehr junge Kinder mehr wissen können als wir selbst. Davon ausgehend kann eine Kultur des gemeinsamen Fragens und Suchens entwickelt werden, für das allerdings auch die entsprechenden Materialien und Zugänge zur Verfügung stehen müssen.

Enrichment und Akzeleration sind damit nicht unbedingt die entscheidenden Säulen, „sondern lediglich zwei Elemente einer Begabtenförderung, die Methoden, personelle Faktoren sowie strukturelle Bedingungen gleichermaßen als grundlegend berücksichtigt" (Rohrmann & Rohrmann, 2010, S. 158).

Spezielle Programme für hochbegabte Kinder?

Begabtenförderung wird oft mit speziellen Programmen für hochbegabte Kinder und Jugendliche verbunden. Dazu gehören im schulischen Bereich gesonderte Kurse für Hochbegabte bis hin zu Sonderförderzweigen, im außerschulischen Bereich spezielle Kursangebote, Wettbewerbe oder Sommerakademien. Während separierende Angebote in Grundschulen eher Ausnahmen darstellen, sind sie im Sekundarbereich häufiger anzutreffen; im Bereich der außerschulischen Hochbegabtenförderung sind sie sehr verbreitet. Ob es bereits vor Schulbeginn besondere Angebote oder Programme für hochbegabte Kinder geben sollte, ist dagegen umstritten.

Spezielle Angebote und Projekte für hochbegabte Kinder richten sich zunehmend auch an Vorschulkinder. Derartige Angebote haben sich oft aus Ansätzen der Begabtenförderung mit älteren Kindern entwickelt (vgl. einzelne Beiträge in Fischer, 2015). Dies gilt für viele Angebote privater Anbieter, aber auch z. B. für ‚Kinderuniversitäten' an Hochschulen.

Reine *Hochbegabtenkindergärten* gibt es in Deutschland nicht. An einigen Orten gibt es jedoch integrativ orientierte KiTas, die Begabtenförderung als Schwerpunkt in ihrem Konzept verankert haben und z. T. mit dieser Ausrichtung auch werben (vgl. Karg-Stiftung, 2009; Koop et al., 2010). Darüber hinaus haben sich viele KiTas zum Thema Begabtenförderung qualifiziert und in der Folge einzelne Projekte oder themenspezifische Angebote für begabte Kinder entwickelt.

Die Ausrichtung derartiger Angebote und Einrichtungen ist sehr unterschiedlich. Zum Teil werden Konzepte und Ansätze aus der (schulischen) Begabtenförderung mit älteren Kindern übernommen. Dies gilt zum Beispiel für Programme, die Begabtenförderung für Vorschulkinder in erster Linie in Form von speziellen Kursangeboten konzipieren. Eine solche ‚Angebotspädagogik' steht zunächst im

Widerspruch zu einem aktuellen Verständnis von kindlicher Bildung im Elementarbereich. Das größere Problem ist allerdings nicht das Kursangebot an sich, sondern die Ausschreibung derartiger Angebote nur für (hoch)begabte Kinder. Dies setzt eine Einordnung und Auswahl von Kindern als ‚begabt' voraus, was sich im Vorschulalter ja noch nicht zuverlässig diagnostizieren lässt. Auch für die hinter vielen Angeboten stehende Annahme, dass sich begabte Kinder mit anderen begabten Kindern besonders wohl fühlen, gibt es für das Vorschulalter keine Belege. Zudem kann eine frühzeitige Identifizierung eines Kindes als hochbegabt zu problematischen Etikettierungsprozessen führen und ihm damit in seiner Entwicklung mehr schaden als nutzen.

Bei Angeboten für hochbegabte Kinder in KiTas sind zudem Auswirkungen auf die Elternschaft zu bedenken. Während solche Angebote bei manchen Eltern überhöhte Erwartungen und Ansprüche auslösen oder verstärken können, werden andere Eltern möglicherweise irritiert sein, wenn ihr Kind an einem solchen Angebot *nicht* teilnehmen darf. Aktuelle Ansätze der Begabtenförderung in KiTas sind daher in der Regel integrativ bzw. heute inklusiv orientiert, auch dann, wenn Einrichtungen ausdrücklich Begabtenförderung zum Schwerpunkt machen.

Im Gegensatz zur Forderung nach spezialisierten Einrichtungen oder exklusiven externen Angeboten für hochbegabte Kinder steht die Sichtweise, dass die Förderung von hochbegabten Kindern in *jeder* Kindertageseinrichtung ermöglicht werden sollte. So beziehen die meisten Bildungspläne und -leitlinien der Bundesländer für den Elementarbereich klar Position gegen eine separate Förderung begabter Kinder. Prägnant fasst dies der Bayerische Bildungs- und Bildungs- und Erziehungsplan zusammen:

> *Jede Kindertageseinrichtung kann hochbegabte Kinder angemessen bilden und erziehen. (…) Gerade bei Hochbegabten ist die Integration in eine Regelgruppe wichtig. Auch sie benötigen ganzheitliche Lernprozesse, wie sie in Kindertageseinrichtungen die Regel sind. Hochbegabte Kinder profitieren nicht von „schulorientierten" Bildungsansätzen in Kindertageseinrichtungen, sondern von vielen Gelegenheiten für kooperatives, eigenständiges, selbsttätiges, entdeckendes und spielerisches Lernen, sofern ein entsprechendes Anspruchsniveau gewährleistet wird. (Bayerisches Staatsministerium für Arbeit und Sozialordnung, Familie und Frauen & Staatsinstitut für Frühpädagogik, 2012, S. 158)*

Aus dieser Sichtweise heraus sollten pädagogische Maßnahmen nicht speziell für hochbegabte Kinder konzipiert werden. Unabhängig von Annahmen über die Begabung einzelner Kinder sollten KiTas grundsätzlich ein differenziertes Lernangebot bereitstellen, das die individuellen Fähigkeiten und die Eigeninitiative von Kindern aufgreift und fördert – und auch bei intelligenten und herausfordernden Kindern nicht so schnell an seine Grenzen stößt.

Förderung von Anfang an?

Wann sollte Begabtenförderung beginnen? Man könnte meinen, dass es wenig Sinn macht, diese bereits in der Krippe einzuführen, wenn selbst zu Schulbeginn noch keine eindeutige Identifikation von Kindern als ‚hochbegabt' möglich ist. Allerdings weisen Studien darauf hin, dass frühe Erfahrungen in Betreuungseinrichtungen durchaus bedeutsam für die kognitive Entwicklung sind. Etliche Studien belegen, dass sich eine hohe pädagogische Qualität von Betreuungsangeboten positiv auf die kognitive und sprachliche Entwicklung von Kleinkindern auswirkt (vgl. Bäuerlein et al., 2013; NICHD, 2006; Rösler, 2017; Rost, 2009a).

Rösler (2017) plädiert daher für eine frühe Förderung von kognitiven Begabungen bereits in der Krippe. Dabei geht es aber in keiner Weise um eine Identifikation von ‚hochbegabten Babys'. Im Vordergrund steht vielmehr, Bildung und Betreuung in Krippen möglichst entwicklungsförderlich zu gestalten und damit auch den Bedürfnissen von entwicklungsschnellen Kindern besser gerecht zu werden (vgl. Albers, 2015). Bindung, Feinfühligkeit, dialogische Kommunikation und die Unterstützung kindlicher Neugier durch eine anregende Umgebung sind wichtige Elemente einer Förderung der kognitiven Entwicklung bereits in den ersten Lebensjahren. Sie sind daher auch für eine Förderung von entwicklungsschnellen Kindern grundlegend.

Schwerpunkt der Darstellung in den folgenden Kapiteln ist eine inklusive Förderung begabter Kinder von Kindern im Alter von 3 bis 6 Jahren, die auf dem in Kapitel 5 eingeführten Verständnis kindlicher Bildung aufbaut. Ein ko-konstruktivistisches Bildungsverständnis bietet gute Voraussetzungen dafür, auch eine individuelle Förderung entwicklungsschneller und begabter Kinder zu realisieren. Darüber hinaus kann die Qualität von KiTas insgesamt gesteigert werden, wenn pädagogische Strategien oder Angebote in einzelnen Bildungsbereichen einmal aus der Perspektive der Bedürfnisse und Interessen entwicklungsschneller und begabter Kinder betrachtet werden.

Die Förderung begabter Kinder in der KiTa, insbesondere der älteren Kinder, kann zudem Anregungen aus den vielfältigen Ansätzen entnehmen, die in den letzten beiden Jahrzehnten im Bereich der Begabtenförderung an Grundschulen entwickelt worden sind. Dies waren zunächst verschiedene Möglichkeiten von *Enrichment* und *Akzeleration*. Allerdings wurde schon bald deutlich, dass eine klare Abgrenzung der Gruppe begabter Kinder im Grundschulalter weder möglich noch sinnvoll ist. Zudem sind innovative und bereichernde Angebote oft für durchschnittlich begabte Kinder gleichermaßen interessant und förderlich (vgl. Henze et al., 2006; Rohrmann, 2009). Wie in KiTas liegt daher der Schwerpunkt der Begabtenförderung im Grundschulbereich heute auf integrativen bzw. inklusiven Ansätzen. Einige konkrete Ansätze und Beispiele der Begabtenförderung an Grundschulen werden in Kapitel 10.3 dargestellt.

In der Entwicklung der schulischen Begabtenförderung treten zudem Fragen der Schulentwicklung zunehmend in den Vordergrund (KMK, 2015; Pfahl & Seitz, 2014; Sächsisches Staatsministerium, 2014; Steenbuck et al., 2011). Auch in KiTas ist es wichtig, neben dem konkreten pädagogischen Handeln strukturelle Fragen in den Blick zu nehmen: „Denn auch die kompetenteste Fachkraft kann (hochbegabte) Kinder nicht angemessen fördern, wenn grundlegende Abläufe in der Einrichtung dies nicht zulassen" (Koop & Riefling, 2017c, S. 70). Das Ziel einer Förderung begabter Kinder wird damit zu einer Chance für die Weiterentwicklung des gesamten Systems einer Bildungseinrichtung.

6.4 Weiterführende Literatur

Holling, H. (Hrsg.). (2015). *Begabte Kinder finden und fördern. Ein Ratgeber für Eltern, Erzieherinnen und Erzieher, Lehrerinnen und Lehrer* (3. Aufl.). Bonn: BMBF Referat Öffentlichkeitsarbeit.
Die 2003 zum ersten Mal veröffentlichte Broschüre des BMBF bietet eine kompakte verständliche Einführung in das Thema Begabtenförderung. Die 2015 veröffentlichte 3. Auflage geht noch ausführlicher als die ersten Auflagen auf den Bereich KiTa ein.

Koop, C. & Riefling, M. (Hrsg.) (2017). *Alles eine Frage der Haltung? Begabtenförderung in der Kindertagesstätte* (Karg-Heft 10). Frankfurt a. M.: Karg-Stiftung.
Das Themenheft stellt aktuelle Forschungsergebnisse vor und stellt die Förderung begabter Kinder in der KiTa in den Kontext einer entwicklungsförderlichen und partizipativen Pädagogik.

Steinheider, P. (2014). Was Schulen für ihre guten Schülerinnen und Schüler tun können. Hochbegabtenförderung als Schulentwicklungsaufgabe. Wiesbaden: Springer.
Dieses Buch macht deutlich, dass die gesamte Institution sich verändern muss, um Themen und Anliegen von leistungsstarken und begabten Kindern angemessen aufzugreifen.

7 Schritte in die Praxis

Wie lässt sich nun eine integrative bzw. inklusive Förderung begabter Kinder in KiTas konkret umsetzen? Zunächst sollte die Förderung einzelner Kinder nicht als ‚Spezialauftrag' an einzelne Fachkräfte delegiert oder auf spezielle, besonders anspruchsvolle Angebote beschränkt werden. Am Anfang steht daher für das gesamte Team eine Auseinandersetzung mit dem Thema Begabtenförderung und in diesem Zusammenhang auch eine Reflexion eigener Einstellungen und Haltungen. Die Förderung begabter Kinder ist auch deshalb eine Teamaufgabe, weil sie sich im gesamten Alltag stellt und nicht mit einzelnen Förderangeboten ‚abgearbeitet' werden kann.

In Bezug auf Beobachtung und Dokumentation bedeutet Förderung von Begabungen und Begabten, im pädagogischen Handeln den Blick nicht nur auf die Schwächen und Defizite zu legen, sondern auch auf Stärken und besondere Fähigkeiten. Klar ist, dass interessant und vielfältig gestaltete Räume und Materialien eine gute Grundlage für die Förderung begabter Kinder bereitstellen können. Auch gelungene Partizipation ist ein guter Ansatzpunkt dafür, Kinder mit besonderen Begabungen herauszufordern. All dies gilt aber nicht speziell für begabte Kinder, sondern für die pädagogische Arbeit in der KiTa ganz allgemein. KiTas müssen dazu ihren Bildungsauftrag ernst nehmen – nicht mehr, aber auch nicht weniger.

In diesem Kapitel werden daher keine speziellen Angebote oder Programme für hochbegabte Kinder dargestellt. Vielmehr geht es darum, inwieweit verschiedene Ansätze und Methoden auch für die pädagogische Arbeit mit begabten Kindern besonders geeignet sind und wie sich eine anspruchsvolle Förderung von Kindern im Alltag und in den Bildungsbereichen realisieren lässt. Am Anfang steht dabei die Auseinandersetzung mit eigenen Einstellungen sowie der eigenen Bildungsgeschichte. Im Anschluss gehen wir auf die Rolle des Teams für die Förderung von begabten Kindern ein. Dann werden Ansätze der pädagogischen Diagnostik auf ihre Anwendbarkeit bei begabten Kindern hin untersucht. Weiter wird kurz auf Fragen der Raumgestaltung sowie auf Partizipation als Rahmen für eine Förderung begabter Kinder eingegangen, bevor schließlich Ansatzpunkte für Begabtenförderung in den unterschiedlichen Bildungsbereichen konkretisiert werden. Grundsätzlich ist wichtig, dass komplexe Reize und offene Fragen die Bildung und Entwicklung von Kindern anregen. Dies bedeutet:

> *„Es ist nicht notwendig, auf alle Fragen von Kindern eine Antwort zu wissen. Wichtiger ist es, sich gemeinsam auf die Suche nach Antworten zu machen. Wenn dies gelingt und der Kindergarten ein Ort lebendigen Lernens ist, profitieren davon nicht nur Begabte, sondern alle Kinder in Tageseinrichtungen."* (Rohrmann & Rohrmann, 2010, S. 168)

7.1 Bei sich selbst anfangen

Selbstreflexion stellt eine wesentliche Grundlage professionellen pädagogischen Arbeitens in der Praxis dar (vgl. Musiol, 2002). In der Praxis bleibt diese Einsicht jedoch oft auf der Strecke, weil Beratung und Supervision Zeit kosten, in der die ‚eigentliche' Arbeit nicht getan werden kann und die auch noch zusätzliches Geld kosten. Viele Teams in KiTas, Schule und Hort wünschen sich aber solche Auseinandersetzungen. Welche persönlichen Qualifikationen und Kompetenzen brauchen Fachkräfte, um angemessen auf den Umgang mit begabten Kindern und Jugendlichen vorbereitet zu sein? Die folgenden Darstellungen sollen dafür erste Impulse und Anregungen geben.

Ausgangspunkt ist dabei immer die eigene Person der pädagogischen Fachkraft. Ziel ist es, Klarheit darüber zu erlangen, wie die eigenen pädagogischen Überzeugungen und Prämissen durch die individuellen Lebenserfahrungen bestimmt sind. Im Umgang mit besonderen Begabungen geht es insbesondere darum, die eigene Bildungsgeschichte, vor allem aber die eigenen Einstellungen zu Bildung und Begabung zu überdenken.

Zur Einstimmung in solche Arbeitsphasen eigenen sich Fantasiereisen oder auch kurze Blitzlichter. Dabei handelt es sich allerdings um erlebnisaktivierende Methoden, die auch unangenehme oder sogar schmerzliche Erinnerungen zu Tage fördern können. Wichtig ist es daher, den Teilnehmenden Möglichkeiten zur Distanzierung zu geben und ihnen jederzeit einen Ausstieg aus der Arbeit zu erlauben. Darüber hinaus sollten Dozierende bzw. die Seminarleitung mit Techniken vertraut sein, mit denen belastende Erinnerungen verarbeitet bzw. mindestens ‚weggepackt' werden können. In der Gruppe sollte zudem vorab eine Schweigepflicht vereinbart werden.

Die folgenden drei Schritte sollten Bestandteil jeder Qualifizierung zum Thema Begabtenförderung sein:

Sensibilisierung für das Thema (Hoch-)Begabung

Fachkräfte sollen ein Grundverständnis der Zusammenhänge von Intelligenz, Begabung und Leistung entwickeln und ihren Blick für begabte Kinder und Jugendliche schärfen. Gleichzeitig geht es dabei um eine Entdramatisierung der Thematik. Auf drei Fragen oder Kontroversen, die im Mittelpunkt der Diskussionen um Hochbegabung stehen, muss jede pädagogische Fachkraft Antworten finden (vgl. Rohrmann & Rohrmann, 2010, S. 60):

1. *Was ist Hochbegabung?* Wird mit Hochbegabung das *Potenzial* einer Person bezeichnet oder aber die Fähigkeiten und Leistungen, die sie tatsächlich zeigt? Inwieweit kann aus Entwicklungsvorsprüngen in der frühen Kindheit auf hohe Begabung im weiteren Lebenslauf geschlossen werden?
2. *Was umfasst Hochbegabung?* Geht es dabei in erster Linie um die allgemeine Intelligenz im Sinne kognitiver Leistungsfähigkeit, oder auch um herausragende Begabungen in anderen Bereichen, z. B. Musik oder auch Sport?

3. *Wie entwickelt sich Hochbegabung?* Sind hochbegabte Kinder einfach schneller als andere Kinder, oder sind sie grundlegend anders, verarbeiten z. B. Informationen auf andere Weise?

Von den individuellen Antworten auf diese Fragen hängt ab, ob ein Kind, das mit besonderen Fähigkeiten auffällt, als *hochbegabt* gesehen und besonders gefördert werden soll. Auch die Wahrnehmung von Kindern, die in manchen Bereichen herausragende Fähigkeiten zeigen, in anderen Bereichen dagegen hinter anderen Kindern zurück sind oder in ihrem sozial-emotionalen Verhalten auffallen, wird dadurch beeinflusst. Zum Teil handelt es sich dabei um fachliche Kontroversen, die auch in der Wissenschaft umstritten sind; zum Teil wirken sich aber auch persönliche Einstellungen und eigene Lebenserfahrungen wesentlich auf die Einschätzung dieser Kontroversen aus. Daher ist eine Reflexion eigener Einstellungen ein wichtiger Ausgangspunkt für die Förderung von begabten Kindern (s. S. 101, Übung „Warum sollte es Begabtenförderung geben?").

> **Übung: Macht Begabung glücklich?**
>
> Die folgenden Fragen geben Anstöße zur Beschäftigung mit eigenen Lebenserfahrungen und Einstellungen. Sie eignen sich für die Einzelreflexion oder auch das Gespräch in einer vertrauten Gruppe.
>
> - Woran denken Sie, wenn Sie die Worte *hochbegabt* oder *besonders begabt* hören?
> - Kennen Sie Menschen in Ihrer Umgebung, die Sie für besonders begabt oder hochbegabt halten?
> - Welche Bilder von *Hochbegabten*, *Genies* oder *Eliten* haben Sie selbst?
> - Müssen Begabungen gefördert werden, oder entwickeln sich begabte Kinder mehr oder weniger von allein zu begabten Erwachsenen?
> - Was meinen Sie: Macht Begabung glücklich?

Reflexion der eigenen Bildungsgeschichte

Der Umgang mit begabten Kindern kann in vielfacher Weise eine Herausforderung darstellen. Nicht zuletzt wirft er die manchmal heikle Frage nach den eigenen Begabungen auf und danach, wie diese in der eigenen Kindheit gefördert wurden. Dabei ist es noch leichter, über spezielle Fähigkeiten zu reden. Aussagen wie „Ich bin sportlich fit" oder „Ich kann ganz gut Klavier spielen" sind für viele denkbar. Über die eigene Intelligenz zu sprechen ist dagegen weniger einfach – schon gar nicht, wenn die Intelligenz eines Gesprächspartners deutlich höher oder niedriger sein könnte als die eigene. Im Miteinander mit Kindern kann es zunächst irritieren, wenn ein kleines Kind Zusammenhänge schneller begreift oder über manche Themen besser Bescheid weiß als man selbst. Aber auch Erinnerungen an die eigene Entwicklung können angestoßen werden.

Die Frage nach der Bedeutung der eigenen Begabungen für die persönliche Entwicklung kann alte Kränkungen und Enttäuschungen wachrufen oder aktuelle Sinnkrisen berühren: das Gefühl, als Kind zu wenig anerkannt oder gefördert worden zu sein; ein Potenzial nicht verwirklicht zu haben, weil die Umstände es nicht erlaubten oder man im entscheidenden Moment nicht den Mut dazu hatte." (Rohrmann & Rohrmann, 2010, S. 160)

Die eigene *Fördergeschichte* spielt nicht zuletzt eine entscheidende Rolle dafür, für wie wichtig man eine gezielte Förderung von begabten Kindern hält. Wer selbst als Kind ohne viel Unterstützung zurechtkommen musste, wird vielleicht dazu neigen, allen Aufwand für Begabtenförderung für übertrieben zu halten – oder aber versucht sein, Kindern alles das zu geben, was man damals selbst vermisst hat.

> **Übung: Begabung und Intelligenz auf meinem Lebensweg**
> - Welche Rolle spielt das Thema Intelligenz und Begabung in Ihrem Leben?
> - Wie ‚besonders' war Ihre eigene Familie? Welche Einstellung herrschte in Ihrer Herkunftsfamilie gegenüber ‚Besonderem', egal ob Menschen oder Dinge?
> - Welche Chancen und Möglichkeiten hatten Sie, Ihre Begabungen zu entwickeln?
> - Waren Sie in Ihrer Kindheit und Jugend mit Ihren Leistungen zufrieden? Waren ihre Eltern, Erzieherinnen/Erzieher und Lehrkräfte zufrieden?
> - Können Sie sich an ermutigende und an skeptische ‚Stimmen' aus Ihrer Kindheit erinnern? Wer hat Sie ermutigt, und wie? Wer war eher ‚Bedenkenträger' und/oder hat Sie entmutigt?
> - Für wie ‚schlau', wie intelligent halten Sie sich heute? Würden Sie gern genauer darüber Bescheid wissen?
> - Was haben Sie als Erwachsener aus Ihren Begabungen gemacht?
>
> Tauschen Sie sich in Kleingruppen über diese Fragen aus. Entscheiden Sie dabei bewusst, worüber Sie sprechen möchten und worüber nicht. Stellen Sie Bezüge zu ihren heutigen Einstellungen zum Thema Begabung her. Sie können auch überlegen, wer Sie heute ermutigt oder entmutigt – und was Sie selbst Kindern mitgeben (nach Rohrmann & Rohrmann, 2010, S. 161).

Auseinandersetzung mit der eigenen Rolle

In Kapitel 5 wurde dargestellt, dass sich in den letzten Jahrzehnten mit dem veränderten Wissen über Bildung und Entwicklung im Kindesalter auch das Selbstverständnis der pädagogischen Fachkräfte verändert hat. Dies kann zu Unsicherheiten und Kontroversen über die Rolle der Erwachsenen bei der Bildung und Begleitung von Kindern führen. Das Spektrum reicht dabei von großer Zurückhaltung bis hin zu einem sehr gezielten und konkreten Fördern und Fordern. Was bedeutet dies in der Praxis des KiTa-Alltags?

> *Fallbeispiel: Charlotte und Philipp*
> Charlotte ist vier und Philipp ist fünf. Die beiden spielen immer zusammen. Charlotte denkt sich fantasievolle Rollenspiele aus, und Philipp spielt mit. Philipp kann supertoll bauen, und eigentlich kann er auch schon rechnen. Er nimmt Charlotte oft in die Bauecke mit, wo sie komplizierte Landschaften bauen. Die beiden verstehen sich prima und bleiben oft erstaunlich lange bei der Sache. Im Gesprächskreis fallen sie mit vielen guten Ideen auf, mit denen sie bei den ande-

ren Kindern jedoch nicht immer landen können. Die pädagogischen Fachkräfte sind sich uneins darüber, welche Art der Förderung die beiden benötigen.

Die Erzieherin Hannelore findet, dass die beiden ganz wunderbar spielen und man sie dabei möglichst wenig stören sollte. Sie ist fasziniert davon, wie Charlotte und Philipp im Spiel ihre eigenen Welten erschaffen und sich gegenseitig so viel beibringen. Da würde ein Erwachsener nur stören!

Der Erzieherin Ute fällt auf, dass Charlotte und Philipp meist nur zu zweit spielen und an den anderen Kindern wenig Interesse zeigen. Sie meint daher, dass die Gruppenfähigkeit der Kinder gefördert werden sollte. Sie überlegt, selbst behutsam in das Rollenspiel der beiden mit einzusteigen und dabei nach und nach weitere Kinder mit einzubeziehen.

Der Erzieher Markus findet Philipp und Charlotte etwas zu ‚verkopft'. Ihm fällt auf, dass sie körperlichen Herausforderungen eher ausweichen, und daher würde er sie gern mehr in Bewegung bringen. Zu Philipp hat er eigentlich einen ganz guten Draht, aber er müsste ihn erst einmal von Charlotte loseisen, um etwas mit ihm anzufangen.

Der Kindheitspädagogin Sarah fällt auf, dass die Angebote der KiTa den herausragenden Fähigkeiten von Charlotte und Philipp nicht gerecht werden. So ist das Material im Baubereich eher langweilig; anspruchsvolle Kinderbücher stehen im oberen Regal, das die Kinder nicht allein erreichen; und Angebote zur Förderung mathematischer Kompetenzen gibt es überhaupt nicht. Dies möchte sie verändern.

> **Übung: Bilden Sie Kleingruppen à vier Personen und versetzen sich jeweils in eine der Fachkräfte.**
>
> 1. Welche Rollen übernehmen die Fachkräfte in ihrer Beziehung zu den Kindern? Wie lässt sich die jeweilige Sichtweise vor dem Hintergrund eines aktuellen Verständnisses von Bildungsprozessen begründen?
> 2. Bringen Sie im Rollenspiel die vier Fachkräfte miteinander ins Gespräch. Diskutieren Sie kontrovers: Begründen Sie Ihre Sichtweise, und zeigen Sie mögliche Schwächen oder Nachteile anderer Herangehensweisen auf. Versuchen Sie dann, sich auf ein konkretes Vorgehen zu einigen.

Das Fallbeispiel zeigt, dass es unterschiedliche Ansätze und Herangehensweisen zur Begleitung und Förderung begabter Kinder gibt, die sich im Alltag ergänzen, aber auch zu Widersprüchen führen können. Das verweist auf die Notwendigkeit, sich über unterschiedliche Sichtweisen und Handlungsansätze im Team zu verständigen.

7.2 Förderung begabter Kinder: Eine Herausforderung für das gesamte Team

Grundsätzlich besteht in KiTa-Teams meist Einigkeit über die Notwendigkeit einer individuellen Förderung von begabten Kindern. Das Interesse am Thema Hochbegabung oder Begabtenförderung im engeren Sinn ist dagegen sehr unterschiedlich ausgeprägt. Während sich manche Pädagoginnen und Pädagogen damit sehr intensiv beschäftigen, eventuell sogar umfangreiche Weiterbildungen dazu besuchen, ist das Thema für viele Kolleginnen und Kollegen eher von geringer Bedeutung. In der Praxis kann dies dazu führen, dass die Beschäftigung mit Begabung – und damit auch mit dem oder den eventuell besonders begabten Kindern in der Einrichtung – der ‚Spezialistin' übertragen wird, ohne dass dies nennenswerten Einfluss auf die alltägliche Arbeit und die Angebote der KiTa hat. Im Extremfall beschränkt sich die Begabtenförderung in der KiTa auf einzelne Angebote für einzelne Kinder. Zudem kann es sein, dass auffälliges Verhalten begabter Kinder in die Zuständigkeit der Fachkraft gegeben wird, der entsprechendes Spezialwissen zugeschrieben wird. Es liegt auf der Hand, dass dies weder dem Ziel einer inklusiven Förderung noch den individuellen Bedürfnissen einzelner Kinder auf Dauer gerecht werden kann.

Darüber hinaus kann es sein, dass einzelne Kolleginnen oder Kollegen einer intensiveren Beschäftigung mit dem Thema Begabung grundsätzlich kritisch gegenüberstehen. So halten sie eine besondere Förderung begabter Kinder vielleicht für unnötig, da sie ihre Aufgabe eher darin sehen, benachteiligte Kinder zu fördern. Das kann insbesondere dann sein, wenn begabte Kinder bereits im Elternhaus intensiv – nach Ansicht mancher Erzieherinnen sogar übertrieben – gefördert werden. Jirasek (2009) fasst prägnant Alltagstheorien und Vorurteile zusammen, die die Einstellungen vieler Fachkräfte prägen:

- „Hochbegabte stammen aus privilegierten Familien und haben dort genügend Anregungen.
- Hochbegabte sollen lieber mit anderen spielen, anstatt bereits ‚lernen' zu wollen,
- Es ist wichtig, dass wir uns um die schwächeren Kinder kümmern, denn hochbegabte Kinder schaffen es alleine.
- Hochbegabte bringen sowieso immer hervorragende Leistungen.
- Hochbegabte Kinder sind Außenseiter, haben keine Freunde.
- Aus hochbegabten Kindern werden ‚Fachidioten', die im Alltag nicht zurechtkommen" (S. 34).

Insbesondere eine in erster Linie kognitiv orientierte Begabtenförderung sehen viele Erzieherinnen und Erzieher kritisch, weil sie befürchten, dass Kinder ‚auf ihren Intellekt reduziert' werden. Sie tendieren daher dazu, bei diesen Kindern eher Schwächen im motorischen oder emotional-sozialen Bereich wahrzunehmen und diese ausgleichen zu wollen. Gibt es solche unterschiedlichen Einstellungen im Team, dann besteht die Gefahr, dass es zu Polarisierungen kommt. Das Thema wird nicht nur an eine oder wenige Fachkräfte delegiert, sondern diese wird zudem bei der Umsetzung ihrer Vorhaben nicht unterstützt oder ausgebremst.

Im Laufe der letzten zwei Jahrzehnte wurde das Thema Begabtenförderung in der beruflichen Weiterbildung von KiTa-Fachkräften etabliert. Ausgehend von der Begabtenförderung im schulischen Bereich wurden nicht nur einzelne Fortbildungsangebote, sondern auch Langzeitfortbildungen entwickelt. So wurde unter dem Dach des European Council for High Ability (ECHA) eine zweijährige Fortbildung zur Erlangung des *European Advanced Diploma in Educating the Gifted* (ECHA-Diplom) eingeführt, von dem es inzwischen auch eine

Variante für den Vorschulbereich gibt. Die Karg-Stiftung für Hochbegabtenförderung hat speziell für Fachkräfte aus KiTas eine Weiterbildung zum *Begabtenpädagogen* entwickelt (Karg-Stiftung, 2009; Koop & Welzien, 2009). Auch private Institute bieten entsprechende Weiterbildungen an. Während manche dieser Weiterbildungen sehr auf Hochbegabung und eine spezifische Förderung Hochbegabter im engeren Sinne fokussiert sind, haben andere Konzepte wie der *Begabtenpädagoge* eine breitere, integrative Perspektive, die an einem aktuellen, ko-konstruktivistischen Verständnis kindlicher Bildungsprozesse ansetzt.

Unabhängig von der Ausrichtung und der Qualität solcher Weiterbildungen besteht die Herausforderung in der Praxis darin, die gewonnenen Erkenntnisse im Team umzusetzen. Im besten Fall wirkt eine speziell qualifizierte Person als Multiplikator/-in, und das ganze Team macht sich mit auf den Weg. So ziehen Koop und Welzien das positive Fazit, „dass sich die Qualität (der) pädagogischen Arbeit nicht nur zugunsten der hochbegabten Kinder verbessert hat. Vielmehr haben sie die Prämissen einer konstruktivistischen Lernbegleitung von Kindergartenkindern in der Arbeit mit allen Kindern umzusetzen gelernt und so ihre Kindertagesstätten zu begabungsfördernden Einrichtungen für alle Kinder entwickelt" (2009, S. 8; vgl. Jirasek, 2009).

Es kann aber auch sein, dass gerade die intensive Qualifizierung eines einzelnen Teammitglieds die oben angesprochenen Schwierigkeiten und Polarisierungen verstärkt. Hier ist in erster Linie die Leitung gefragt. Manchmal muss sie vielleicht eine überengagierte Kollegin bremsen, die hinter jedem auffälligen Verhalten eine besondere Begabung vermutet. Grundsätzlich geht es aber darum, dem gesamten Team einen Perspektivwechsel zu ermöglichen (Jirasek, 2009), der von der Selbstreflexion eigener Einstellungen über die Erarbeitung von stärkenorientierten Beobachtungsverfahren bis hin zur Entwicklung neuer Formen pädagogischen Handelns reicht.

7.3 Beobachtung und pädagogische Diagnostik

Der Schlüssel für individuelle Förderung ist die genaue Beobachtung der Kinder. Übereinstimmend wird heute davon ausgegangen, dass differenzierte Beobachtung Grundlage pädagogischen Handelns in KiTas sein sollte. Hierfür wird zunehmend der Begriff der *pädagogischen Diagnostik* auch in den Elementarbereich eingeführt. Carle (2013) sieht diese als „forschende Tätigkeit" und formuliert dabei als Ziel, „die Kinder in ihren tätigen Bildungsprozessen zu unterstützen" (S. 832). Dabei wird als Besonderheit vieler Verfahren pädagogischer Diagnostik in KiTas hervorgehoben: „Die im Kindergarten praktizierte professionelle Beobachtung trägt im Unterschied zu anderen diagnostischen Beobachtungen zur Achtung des Kindes, zu seiner Förderung und keinesfalls zur Etikettierung bei" (Carle & Hegemann-Fonger, 2012, S. 2).

Damit soll pädagogische Diagnostik von psychologischer und psychiatrischer Diagnostik abgegrenzt werden, in der es z. B. darum geht, individuelle Störungen diagnostisch zu erfassen. Es könnte allerdings sein, dass dies eine Idealisierung pädagogischer Diagnostik darstellt. Diagnostik ist immer mit dem Risiko von Etikettierungen verbunden; entscheidend ist dabei weniger, wie diagnostische Erkenntnisse gewonnen, sondern wie sie interpretiert und anderen (z. B. Eltern) vermittelt werden – unabhängig davon, ob es sich um psychologische oder um pädagogische Diagnostik handelt.

Ein Überblick über in KiTas verwendete Verfahren pädagogischer Beobachtung und Dokumentation ergibt zudem eher das Bild eines Flickenteppichs sehr unterschiedlicher Ansätze. In den letzten fünfzehn Jahren sind etliche Verfahren entwickelt und verbreitet worden, die von Arbeitshilfen mit einfachen Textbausteinen über tiefgehende Analysen von Lernprozessen bis hin zu standardisierten Testverfahren reichen. Welches Verfahren in einer KiTa zur Anwendung kommt, erscheint zuweilen sehr zufällig. Ein umfassender Überblick über die Vielfalt der Verfahren kann an dieser Stelle nicht gegeben werden (vgl. dazu z. B. Beudels, Haderlein & Herzog, 2012; Carle & Hegemann-Fonger, 2012; Kühnert et al., 2006). Gefragt werden soll stattdessen, inwieweit Verfahren insbesondere dazu geeignet sind, Lern- und Bildungsprozesse begabter Kinder zu erkennen und gut zu begleiten.

Dabei lassen sich drei unterschiedliche Ziele pädagogischer Diagnostik unterscheiden (vgl. Kühnert et al., 2006):

1. die Entwicklung einer kindzentrierten Perspektive, „die ein besseres Verstehen des Kindes, seiner individuellen Interessen und Bedürfnisse, sowie seiner ganz persönlichen Bildungs- und Lernwege" ermöglicht (ebd., S. 10);
2. die Kontrolle des Entwicklungsstandes eines Kindes anhand klar definierter Altersnormen und Lernziele;
3. das frühzeitige Erkennen von Entwicklungsstörungen auf der Grundlage von Altersnormen im unteren Kompetenzbereich.

Ausgehend von diesen Zielen wurden verschiedene Verfahren pädagogischer Diagnostik entwickelt, die sich entsprechend in drei Gruppen einteilen lassen:

Für die Förderung von begabten Kindern in der Praxis von KiTas sind insbesondere die Verfahren der ersten Gruppe relevant, da sie einen differenzierten Blick auf die individuelle Entwicklung von Kindern ermöglichen. Die Verfahren der zweiten Gruppe sind dagegen in der Regel an Normwerten orientiert und meist nur wenig geeignet, individuelle Entwicklungsfortschritte und Kompetenzen differenziert zu erfassen. Sie können bestenfalls Hinweise auf Entwicklungsvorsprünge und besondere Begabungen geben; eine Identifikation begabter Kinder ermöglichen sie nicht. Hierfür sind Verfahren der psychologischen Diagnostik unverzichtbar (▶ Kap. 2.4). Verfahren aus der dritten Gruppe sind nur in Einzelfällen von begabten Kindern mit umschriebenen Entwicklungsstörungen relevant.

In der folgenden Darstellung geht es nicht um eine grundlegende Auseinandersetzung mit Verfahren der pädagogischen Diagnostik und der nicht unwesentlichen Frage danach, inwieweit diese z. T. sehr aufwändigen Verfahren in KiTas tatsächlich sinnvoll durchgeführt werden können. Vielmehr werfen wir einen gezielten Blick auf einige Verfahren, die unserer Ansicht nach eine individuelle

Förderung begabter und entwicklungsschneller Kinder gut unterstützen könnten. Bislang liegen jedoch zu keinem Verfahren der pädagogischen Diagnostik systematische Berichte oder Studien vor, die eine solche Anwendbarkeit belegen. Möglicherweise gibt es – analog zu vielen Verfahren der psychologischen Diagnostik – *Deckeneffekte*: Vielleicht sind die Beobachtungskriterien und Dokumentationsformen nicht gut genug geeignet, wirklich herausragende Entwicklungen und Kompetenzen zu erfassen. Dann müssen sie durch gezielte Fragen oder auch durch freie Beobachtungen ergänzt werden, mit denen herausragende Kompetenzen sowie mögliche Zusammenhänge von konkreten Beobachtungen zu besonderen Begabungen eines Kindes erfasst und damit der Reflexion zugänglich gemacht werden können.

Freie Beobachtungen: Die „Themen der Kinder" erkennen

Im Kontext der Forschung zu frühkindlicher Bildung wurde in den letzten fünfzehn Jahren ein Verständnis von Beobachtung in KiTas entwickelt, das neue Zugänge zu individuellen Bildungs- und Lernprozessen von Kindern eröffnet. Neben der Beobachtung der Themen und Interessen der Kinder werden dabei der Fähigkeit zur Perspektivübernahme, der Selbstreflexion der Fachkräfte sowie dem fachlichen Dialog im Team entscheidende Bedeutung beigemessen.

Wie sich zeigt, ist die Umsetzung einer so veränderten Herangehensweise an Beobachtung schwieriger, als es zunächst den Anschein hat. Was sind die von Laewen (2002b) angesprochenen „Themen der Kinder"? Geht es dabei um kindliche Begeisterung für Pferde oder Dinosaurier? Oder geht es auch darum zu erkennen, welche Themen hinter manchmal unverständlichem Verhalten von Kindern stehen können, z. B. ein Bedürfnis nach gemeinsamer Bewegung hinter scheinbar ziellosem Umhergerenne? Dies lässt sich selbst bei Jugendlichen nicht ohne Weiteres durch einfaches Befragen herausfinden; noch viel weniger ist das bei Kindern in den ersten Lebensjahren möglich.

Themen und Fragen von Kindern müssen aus Beobachtungen erschlossen, in Dialogen erkundet und dann pädagogisch interpretiert werden, damit ihre Bedeutung geklärt werden kann. Laewen und Andres (2002c) meinen, dass „Pädagogik hinter ihren Möglichkeiten zurück(bleibt), wenn sie (…) bloß Verhalten der Kinder zur Kenntnis nimmt, ohne es auf seine Themen hin zu interpretieren und in den pädagogischen Dialog einzubeziehen" (S. 143).

Ansätze der freien Beobachtung sind für eine Förderung begabter Kinder unverzichtbar, da die Möglichkeiten und Schwierigkeiten einer solchen Förderung gerade in konkreten Alltagssituationen deutlich werden. Eine Analyse konkreter Situationen ermöglicht es, spezifische Themen begabter Kinder zu erkennen und begünstigende und hemmende Faktoren zu identifizieren, die für eine gezielte Förderung dieser Kinder bedeutsam sind.

Dafür sind zunächst weniger konkrete Verfahren erforderlich als vielmehr Rahmenbedingungen und konkrete Vereinbarungen im Team, die überhaupt regelmäßige Beobachtungen und Reflexionen ermöglichen. Systematische Notizen, Forschungstagebücher oder Beobachtungs- und Dokumentationsbögen sind aber insofern unverzichtbar, als dass sie die Beobachtungen aus dem Bereich subjektiver Eindrücke und Erinnerungen herausheben und damit zur Grundlage eines fachlichen Dialogs machen.

Die ‚Sieben Intelligenzen'

In ihrem *Werkstattbuch zum Bildungsauftrag* legten Laewen und Andres (2002b) einen Ansatz zur Beobachtung vor, der verschiedene „Intelligenzbereiche" systematisch in den Blick nimmt. Sie knüpften damit an das Modell der multiplen Intelligenzen von Gardner (1991) an, das wissenschaftlich jedoch sehr umstritten ist (▶ Kap. 1.2.4). In der Praxis ist dieser Ansatz nichtsdestotrotz populär, insbesondere wenn es um begabte Kinder geht. Von seiner Anlage her scheint das Verfahren zu ermöglichen, vielfältige Begabungen von Kindern erkennen zu können. Der Beobachtungsbogen besteht aus etlichen Fragen zu jedem Bereich, der dabei hilft, Bildungsthemen und -interessen von Kindern zu entdecken und zu verstehen. Auf der Grundlage von sieben bis fünfzehn Fragen pro ‚Intelligenzbereich' kann ein Profil erstellt werden, „das die Bildungsbereiche eines Kindes markiert, die zum Beobachtungszeitraum im Vordergrund stehen" (Laewen & Andres, 2002d, S. 175).

Tatsächlich können die Fragen des Verfahrens pädagogische Fachkräfte für die unterschiedlichen Kompetenzen von Kindern sensibilisieren. Allerdings wirkt die Zusammenstellung der Fragen zu den verschiedenen ‚Intelligenzen' oft beliebig, und die Beantwortung der Fragen ist zuweilen eine sehr subjektive Angelegenheit (z.B. „Versteht das Kind Sprachäußerungen von Erwachsenen leicht?", ebd., S. 168). Das Profil, das sich abschließend über alle Intelligenzbereiche erstellen lässt, sieht auf den ersten Blick nicht so anders aus als das eines fundierten Intelligenztests. Ob ein Kind in einem Bereich besonders begabt ist, lässt sich damit allerdings nicht wirklich belegen. Zum einen lassen die teils sehr offenen Fragen bei der Beantwortung zu viel Interpretationsspielraum, zum anderen sind manche der ‚Intelligenzbereiche' überhaupt nicht in einer Weise messbar, dass eine fundierte Aussage über eine Begabung in diesem Bereich möglich wäre (z.B. wenn „motorische Intelligenz" mit der Frage erhoben wird: „Liebt es [das Kind] Bewegungsspiele?", ebd.). Das Verfahren sollte daher bestenfalls so verstanden werden, dass mit ihm erste Hinweise auf besondere Begabungen gegeben werden können. Darüber hinaus ist der Hinweis von Laewen und Andres auf den großen Stellenwert der fachlichen Reflexion mit Kolleginnen zu beachten.

Bildungs- und Lerngeschichten

Ausgehend vom neuseeländischen Ansatz der *Learning stories* (Carr, 2001) hat das Konzept der *Bildungs- und Lerngeschichten* (Leu et al., 2007) Verbreitung als Beobachtungs- und Dokumentationsverfahren gefunden. Carr beschreibt fünf so genannte *Lerndispositionen*, die als grundlegende Voraussetzung für Lern- und Bildungsprozesse verstanden werden:

- das Interesse, sich Dingen oder Personen aufmerksam zuzuwenden,
- die Bereitschaft und Fähigkeit, sich auf etwas einzulassen,

- die Fähigkeit, eine Tätigkeit auch bei Schwierigkeiten und Unsicherheiten weiterzuführen,
- der Austausch mit anderen über Ideen und Gefühle,
- die Übernahme von Verantwortung für sich und andere.

Da dieses Konzept der Lerndispositionen etwas vage und theoretisch wenig begründet erschien, wurde es bei der deutschen Übertragung durch entwicklungstheoretische Konzepte ergänzt, die u. a. das Konzept der *Zone der nächsten Entwicklung* aufgreifen und die Rolle der erwachsenen Fachkräfte stärker betonen (Fläming, Musketa & Leu, 2009).

Bei der Erstellung von *Bildungs- und Lerngeschichten* werden konkrete Aktivitäten von Kindern mit Blick auf die fünf oben genannten Lerndispositionen beobachtet, dokumentiert und reflektiert. Davon ausgehend werden durch das Verfahren konkrete Hilfen gegeben, die es ermöglichen, weitere Lernschritte des Kindes gezielt zu unterstützen. Ausgangspunkt sind dabei die Kompetenzen und Ressourcen, über die das Kind bereits verfügt (vgl. Leu et al., 2007).

Für die Begleitung von begabten Kindern sind die Bildungs- und Lerngeschichten prinzipiell gut geeignet, weil sie individuelle Bildungsprozesse betonen und beschreibbar machen. Das Problem des Verfahrens ist der hohe Zeitaufwand, der mit einer umfassenden Anwendung des Verfahrens verbunden ist. In der Praxis beschränkt sich die Umsetzung oft auf die Erstellung von ein bis zwei *Lerngeschichten* im Jahr, wogegen eine fundierte Analyse und Planung nächster Schritte oft aus Zeitmangel unterbleibt.

KOMPIK

Ein relativ neues Beobachtungsverfahren ist das in einem Projekt der Bertelsmann Stiftung und des Bayerischen Staatsinstituts für Frühpädagogik entwickelte KOMPIK, ein Beobachtungs- und Einschätzbogen für den Entwicklungsverlauf von Kindern im Alter von 3 ½ bis 6 Jahren (Staatsinstitut für Frühpädagogik, 2016; Mayr, 2012; Mayr, Bauer & Krause, 2010). Anders als die vorgenannten Ansätze soll dieses Verfahren auch eine vergleichende Einschätzung ermöglichen und bietet dazu Fragen zu elf Entwicklungsbereichen, die sich an den Themen und Zielsetzungen der Bildungspläne für KiTas der Bundesländer orientieren. Dazu werden für jedes Kind 158 Aussagen zu konkreten Verhaltensweisen eingeschätzt, was z. T. spezifisches Wissen über die Fähigkeiten der einzelnen Kinder voraussetzt.

Gleichzeitig ist es als entwicklungsbegleitendes und stärkenorientiertes Verfahren konzipiert und dient ausdrücklich dem Ziel, die Perspektive des einzelnen Kindes zu verstehen. Damit legen die Ergebnisse die Grundlage für eine Individualisierung pädagogischer Aktivitäten. Durch den Umfang und die Detailliertheit der einzuschätzenden Verhaltensweisen ist das Verfahren jedoch aufwändig und anspruchsvoll. Von der Anlage her ist das Verfahren dazu geeignet, auch die Entwicklung begabter Kinder zu erfassen und zu unterstützen. Konkrete Erfahrungen in der Anwendung bei Kindern mit deutlichen Entwicklungsvorsprüngen und besonderen Begabungen liegen bislang jedoch nicht vor.

ILeA T

Als letztes Verfahren soll das Konzept der Individuellen Lernstandanalyse (ILeA) genannt werden, das aus dem Anfangsunterricht der Grundschule auf den Elementarbereich übertragen wurde. Ziel der Entwicklung des Verfahrens ILeA T (Transition) war, ein verbindendes Instrument zwischen frühpädagogischen Bildungsdokumentationen und individuellen Lernstandanalysen im Anfangsunterricht an der Grundschule zu entwickeln (Geiling, Liebers & Prengel, 2015).

Das Verfahren nimmt einerseits die *psychosoziale Gesamtsituation* des Kindes in den Blick, andererseits *Themen und Interessen des Kindes*. Dazu werden jeweils Dokumentationsbögen zu Alltagsbeobachtungen, Gesprächen mit dem Kind und Gesprächen mit den Eltern bereitgestellt. Außerdem gibt es Dokumentationsbögen und diagnostische Materialien zur Erfassung individueller Lernvoraussetzungen in den Lernbereichen *Literacy* (Schriftspracherwerb) und *Numeracy* (Mathematik). Ausgehend vom Entwicklungsstand des jeweiligen Kindes soll der Übergang unterstützt werden, indem passende Angebote für einzelne Kinder in heterogenen Lerngruppen gemacht werden.

Für die Förderung entwicklungsschneller und begabter Kinder ist ein Verfahren, das gezielt den Übergang von der KiTa in die Grundschule untersucht, schon von daher sehr wertvoll, als dass diese Kinder oftmals bereits im Vorschulalter Kompetenzen zeigen, die andere Kinder erst im Schulalter erwerben. Die Anschlussfähigkeit des Verfahrens an Verfahren der Lernstandsanalyse im Grundschulalter ermöglicht es, Lehrkräften an Grundschulen wesentliche Hinweise auf Entwicklungsvorsprünge und besondere Begabungen zu geben, die für die weitere Begleitung und Förderung dieser Kinder an der Grundschule wesentlich sind. Allerdings stehen dem z. T. gesetzliche Regelungen entgegen, die eine Weitergabe derartiger Informationen von KiTas an Grundschulen untersagen.

Zusammenfassung

Das Spektrum an Verfahren zur Beobachtung, pädagogischer Diagnostik und Dokumentation kindlicher Bildungsprozesse in KiTas wurde im letzten Jahrzehnt erheblich erweitert. In der Praxis ist eine große Vielfalt anzutreffen: Während nach wie vor in manchen KiTas kaum gezielt beobachtet und nur unsystematisch dokumentiert wird, kommen in anderen regelmäßig systematische Verfahren der Beobachtung und Dokumentation zum Einsatz. Die pädagogische Diagnostik von besonderen Begabungen und Entwicklungsvorsprüngen in KiTas bleibt damit insgesamt eher zufällig. Dass die vorliegenden Verfahren pädagogischer Diagnostik für ein solches Anliegen sehr unterschiedlich geeignet sind, lässt sich inhaltlich begründen; systematische Untersuchungen liegen dazu jedoch nicht vor. Während im Bereich der psychologischen Diagnostik der Intelligenz seit langem das Problem des *Deckeneffekts* thematisiert wird und neuere Verfahren daher im oberen Leistungsbereich besser differenzieren (▶ Kap. 2.4.1), sind solche Überlegungen im Bereich der pädagogischen Diagnostik bislang nur wenig vorzufinden. In der Praxis wird es daher notwendig sein, die in einer Einrichtung verwendeten Verfahren der Beobachtung und pädagogischen Diagnostik zu reflektieren und im konkreten Fall durch ergänzende Fragen oder freie Beobachtungen um eine *Begabungsperspektive* zu ergänzen.

> **Übung: Pädagogische Diagnostik bei begabten Kindern**
>
> Untersuchen Sie in Ihrer Praxiseinrichtung verwendete Verfahren pädagogischer Diagnostik auf ihre Anwendbarkeit für Kinder mit Entwicklungsvorsprüngen und/oder besonderen Begabungen. Als Orientierung können dabei folgende Fragen dienen:
>
> - Ermöglicht das Verfahren das Erkennen herausragender Fähigkeiten?
> - Differenziert das Verfahren hinreichend im oberen Bereich, ermöglicht es z. B. eine differenzierte Erfassung von Entwicklungsvorsprüngen?
> - Inwieweit gibt das Verfahren Anregungen für eine Förderung auf hohem Anforderungsniveau?
> - Wie könnte ein Verfahren um eine *Begabungsperspektive* erweitert werden?

7.4 Raumgestaltung und Materialien

Räume und Materialen sind von entscheidender Bedeutung für die pädagogische Arbeit mit Kindern in KiTas. In manchen pädagogischen Ansätzen nehmen Fragen der Raumgestaltung einen zentralen Platz ein, z. B. in der klassischen Konzeption des Raumes als *drittem Erzieher* in der Reggio-Pädagogik oder in der Konzeption der *Funktionsräume* im Rahmen der Offenen Arbeit. Brauchen nun aber begabte Kinder besonders gestaltete oder ausgestattete Räume?

In Veröffentlichungen zur Begabtenförderung wird verschiedentlich auf die Bedeutung der räumlich-materiellen Ausstattung hingewiesen (Holling, 2015, S. 80 f.). Gefordert wird insbesondere, „dass auch die älteren überdurchschnittlich oder hochbegabten Kinder noch genügend Anregungen finden" (Preckel & Vock, 2013, S. 147). Dazu werden dann auch konkrete Vorschläge gemacht, wie z. B. „Bücher für Erstleserinnen und Erstleser und fortgeschrittene Leserinnen und Leser", „Knobel- und/oder Rechenaufgaben" oder auch „verschiedene, auch komplex zu handhabende Musikinstrumente oder solche, die einiger Übung bedürfen, um bedeutsame Fortschritte zu erzielen" (Holling, 2015, S. 81).

Nun sind eine gute räumliche Ausstattung, ein durchdachtes Raumkonzept und herausfordernde Materialien nicht speziell für begabte Kinder erforderlich, sondern ganz generell eine wichtige Grundlage für professionelles Arbeiten in KiTas. Dies bedeutet jedoch nicht, dass Räume und Material keine Rolle für die Förderung begabter Kinder spielen. Differenzierung als ein entscheidender Ansatz des Umgangs mit Heterogenität und damit auch unterschiedlichen Begabungen setzt voraus, dass konzeptionelle, räumliche und personelle Rahmenbedingungen überhaupt ermöglichen, differenzierende Angebote zu machen. Einzelne Kinder und Kleingruppen von Kindern müssen die Möglichkeit haben, einigermaßen ungestört ihre Themen und Interessen zu entwickeln. Kleine Nebenräume und Nischen sowie ein offenes Raumkonzept schaffen die Voraussetzungen dafür, dass Kinder – und damit auch begabte Kinder – sowohl ihr Spiel als auch andere Lernaktivitäten in Kleingruppen selbst organisieren können.

In allen Bildungsbereichen sollte zudem ein vielfältiges und herausforderndes Materialangebot vorhanden sein. Dabei geht es nicht darum, besondere Angebote für begabte Kinder bereitzustellen, sondern im Blick zu haben, dass Fähigkeiten und Interessen von KiTa-Kindern sehr heterogen sind und im Einzelfall weit über den Durchschnitt der jeweiligen Altersgruppe hinausgehen können. Unabhängig davon benötigen Kinder generell nicht nur ‚kindgerechtes' Material, sondern immer auch Materialien und Anreize, die sie mit der Welt der Älteren und Erwachsenen in Kontakt bringen und ihren Horizont erweitern.

Besonders von Interesse für die Förderung begabter Kinder ist das Konzept der Lernwerkstätten, das im Bereich der Grundschule seit langem verbreitet ist und inzwischen auch für den Elementarbereich adaptiert wurde (Pfeiffer, 2012; van Dieken, 2004). Hierbei werden Kindern an separaten Arbeitsplätzen vorbereitete Sets von Materialien zu unterschiedlichen, eingegrenzten Bildungsbereichen zur Verfügung gestellt (z. B. Wiegen und Messen, Farben vergleichen und mischen). Die Kinder können dabei frei wählen, womit sie sich selbstständig in Einzelarbeit beschäftigen wollen. Jede Lernwerkstatt enthält Aufgaben von unterschiedlichem Schwierigkeitsgrad, so dass auch Kinder mit besonderen Vorkenntnissen zu ihrem Recht kommen.

Natürlich stellen Lernwerkstätten gute Lernbedingungen für unterschiedlichste Kinder bereit. Für die Förderung begabter Kinder sind sie aus mehreren Gründen besonders gut geeignet:

- Sie bauen auf der Fähigkeit von Kindern zum eigenverantwortlichen Lernen und Arbeiten auf und fördern diese.
- Sie lassen sich differenziert ausgestalten, so dass Kinder auf unterschiedlichen Entwicklungs- bzw. Kompetenzniveaus angemessenes Material vorfinden.
- Sie ermöglichen es Kindern, Interessen allein und ungestört nachzugehen, was insbesondere begabte Kinder anspricht, die eher zurückhaltend sind und den ständigen Trubel in der Kindergruppe anstrengend finden.

An dieser Stelle ist jedoch der Hinweis wichtig, dass gerade im Bereich der Förderung begabter Kinder die Gefahr einer Überfrachtung kindlicher Lebensräume mit ‚pädagogisch sinnvollem' Material besteht. Wie alle Kinder brauchen begabte Kinder auch Freiräume, die sie mit eigenen Ideen füllen können – und dafür kann ein leerer Raum oder ein Stapel alter Kartons manchmal weit besser geeignet sein als ein durchdacht und liebevoll ausgestatteter Gruppenraum, der von den pädagogischen Absichten der Erwachsenen strukturiert ist. So war in einem Projekt zur Integrativen Begabtenförderung eine so genannte „Großbaustelle" im Hort sehr beliebt, die vielfältig, aber wenig vorgegebene Gestaltungsmöglichkeiten bot. Hier konnten die Kinder einen gesamten Raum mit riesigen Kartonagen ausbauen, in denen sie sich individuelle „Buden" einrichteten oder einzelne Abteilungen zu „Jungenräumen" und „Mädchenräumen" ausbauten (Rohrmann, 2009, S. 175).

Hier kann noch einmal darauf hingewiesen werden, dass gerade kompetente und entwicklungsschnelle Kinder wenig angebotsorientierte Maßnahmen benötigen (vgl. van Kuyk, 2011). Sie brauchen eher *strategische* Unterstützung, die ihre eigenen Aktivitäten herausfordert. Vor diesem Hintergrund ist es nicht immer sinnvoll, begabten Kindern von vorneherein reichhaltiges Material zur Verfügung zu stellen. Oft kann es sinnvoll sein, gemeinsam auf die Suche gehen und Materialien erst dann zu beschaffen, wenn sie für die Realisierung eigener Projekte und Vorhaben der Kinder erforderlich sind.

7.5 Partizipation

Ein wesentlicher Zugang zur Entwicklung von Potenzialen begabter Kinder ist es, sie alltägliche Abläufe und Entscheidungen in der KiTa mitgestalten zu lassen. Lange Zeit wurden die Fähigkeiten von kleinen Kindern, über ihre eigenen Belange zu entscheiden und das gemeinsame Leben in der Kindergruppe und in der Einrichtung mitzugestalten, unterschätzt. Projekte zur Kinderbeteiligung bzw. Partizipation haben hier seit Beginn dieses Jahrhunderts zu einem Umdenken geführt. Die Beteiligung von Kindern wird heute als wesentlicher Bestandteil des Bildungsauftrags gesehen und in verschiedensten Formen umgesetzt, von der Beteiligung von Kindern an Alltagsentscheidungen bis hin zu komplexen Formen demokratischer Teilhabe. Nicht zuletzt werden KiTas damit zur „Kinderstube der Demokratie" (Hansen, Knauer & Friedrich, 2004; Hansen, Knauer & Sturzenhecker, 2011).

Beteiligung bedeutet dabei weit mehr, als Kinder danach zu fragen, was sie gern machen möchten. Insbesondere jüngere Kinder können Spiel- und Lerninteressen oft noch nicht konkret benennen. Fragt man sie nach ihren Wünschen, reproduzieren sie oft in erster Linie das, was sie bereits kennen. Die Themen, die sie innerlich beschäftigen, bringen sie eher im Spiel oder in symbolischen Inszenierungen zum Ausdruck. Aber auch ältere Kinder und Jugendliche können nicht immer beschreiben, welche Themen für sie gerade eine besondere Herausforderung darstellen. Kinder mit speziellen Interessen und Begabungen, die im Elternhaus vielfältige Anregungen erhalten, werden möglicherweise Themen nennen, die in der Kindergruppe wenig anschlussfähig sind. Andere begabte Kinder haben möglicherweise Schwierigkeiten, überhaupt Themen zu finden, die ihren besonderen Fähigkeiten angemessen sind. Insofern braucht Beteiligung differenzierte Methoden, die die Fähigkeit von Kindern stärken, eigene Interessen zu formulieren und in die Kindergruppe und die Strukturen der KiTa einzubringen. Unter diesen Voraussetzungen lässt sich Kinderbeteiligung bereits mit jüngeren Kindern realisieren (vgl. Hansen, 2013).

Den Chancen von Partizipation für eine inklusive Förderung begabter Kinder wurden in einem gemeinsamen Projekt der Deutschen Kinder- und Jugendstiftung (DKJS) und der Karg-Stiftung nachgegangen. „In einer in Kindertagesstätten gelebten partizipativen Grundhaltung liegt auch ein erhebliches Potenzial für hochbegabte Kinder, mit ihren Bedürfnissen, Interessen und Fähigkeiten besser gesehen zu werden" (Hoffsommer & Koop, 2017, S. 44). Dazu werden zunächst drei Thesen formuliert:

- „Partizipation begünstigt eine begabungsförderliche pädagogische Haltung,
- Partizipation verhindert unhinterfragte Fremdbestimmung,
- Partizipation ermöglicht eine individuelle Förderung hochbegabter Kinder" (ebd., S. 45f.).

Wie Hoffsommer und Koop problematisieren, führt die Feststellung der Hochbegabung eines Kindes oft dazu, dass Erwachsene Angebote für diese Kinder planen, ohne diese mit einzubeziehen.

In der besten Absicht, für das Kind optimale Entwicklungsmöglichkeiten zu schaffen, vergessen Erwachsene oft, das Kind selbst in die Überlegungen zur Gestaltung der Förderung einzubinden. Stattdessen legen vielmehr die Erwachsenen fest, was für das Kind am besten sei." (ebd., S. 45)

Eine konsequente Umsetzung von Partizipation kann dies verhindern und Ausgangspunkt für eine individuelle Förderung sein, die sich tatsächlich an den Sichtweisen und Bedürfnissen von Kindern orientiert.

Strukturierte Formen der Kinderbeteiligung eröffnen begabten Kindern ein reichhaltiges Betätigungsfeld. Eine Tätigkeit als Gruppensprecherin bzw. Gruppensprecher oder die Beteiligung an der Innen- und Außenraumgestaltung erfordert sprachliche Fähigkeiten, Problemlösekompetenzen und Fantasie genauso wie soziale Fähigkeiten. Insbesondere Kinder mit guten verbalen Fähigkeiten können Beteiligungsformen wie Gesprächsrunden, Kinderkonferenzen und Kinderparlamente hervorragend nutzen. Gute soziale Fähigkeiten versetzen Kinder in die Lage, Moderationsfunktionen zu übernehmen und in Konflikten zu vermitteln.

Kinder mit vielen kreativen Ideen können diese in Beteiligungsprozesse einbringen, insbesondere dann, wenn es nicht nur darum geht, über vorgegebene Vorschläge abzustimmen, sondern Beteiligung als offener Prozess verstanden wird, der Kindern die Möglichkeit gibt, eigene Vorstellungen zu entwickeln und umzusetzen. Dies kann auch begabte Kinder herausfordern, die sich bei konventionellen Angeboten in KiTa und Grundschule langweilen und dann entweder stören oder sich zurückziehen. Ziel ist es, die Potenziale dieser Kinder ‚anzuzapfen' und ihr Engagement sowohl für das eigene Lernen als auch für das Geschehen in der Gruppe (und darüber hinaus bis hin ins soziale Umfeld) zu wecken.

Allerdings ist dabei wichtig, nicht nur von den Fähigkeiten, sondern in erster Linie von den Bedürfnissen und Interessen der Kinder auszugehen und dabei Gruppenprozesse im Blick zu behalten. Weniger empfehlenswert ist es, Kindern verantwortungsvolle Aufgaben und Positionen zu übertragen, weil sie schon ‚vernünftiger' sind als andere. Wenn solche Kinder zu Gruppensprechern ernannt oder als ‚Co-Lehrer' eingesetzt werden, kann das zwar ihr Selbstbewusstsein stärken, aber eine derart herausgehobene Position ist ihnen nicht unbedingt recht.

Sie beklagen sich, wenn sie als ‚Hilfslehrer' eingesetzt werden, anstatt ihren eigenen Interessen nachgehen zu können, oder geraten in Konflikt mit anderen Kindern, bei denen ‚lehrerhaftes' Verhalten nicht gut ankommt. Dies gilt insbesondere für Kinder, denen es leichter fällt, mit Erwachsenen zu kommunizieren als mit anderen Kindern, weil sie mit ihren Interessen und besonderen Stärken bei anderen Kindern nicht so gut ankommen. Derartige Maßnahmen setzen also einen sensiblen Blick auf diese Kinder und ihre soziale Situation in der Kindergruppe voraus.

Grundsätzlich ist eine umfassende Partizipation von Kindern jedoch ein Ansatz, der nicht nur begabten Kindern vielfältige Chancen eröffnen, sondern auch KiTas insgesamt verändern und weiter entwickeln kann.

7.6 Weiterführende Literatur

Hansen, R., Knauer, R. & Sturzenhecker, B. (2011). *Partizipation in Kindertageseinrichtungen. So gelingt Demokratiebildung mit Kindern!* Weimar: Das Netz.
Dieses Standardwerk zur Kinderbeteiligung gibt grundlegende Impulse für die Weiterentwicklung der Pädagogik in KiTas, die auch und gerade für die Arbeit mit begabten Kindern wegweisend sein können.

Koop, C., Schenker, I., Müller, G., Welzien, S. & Karg-Stiftung (Hrsg.). (2010). *Begabung wagen. Ein Handbuch für den Umgang mit Hochbegabung in Kindertagesstätten.* Weimar: Das Netz.
Die vielfältigen Beiträge des breit angelegten Sammelbandes geben Anregungen zu unterschiedlichen Aspekten individueller Förderung in KiTas.

Pfeiffer, S. (2012). *Lernwerkstätten und Projekte in der Kita. Handlungsorientierung und entdeckendes Lernen.* Göttingen: Vandenhoeck & Ruprecht.
Lernwerkstätten und Projekte eignen sich besonders für die individuelle Förderung begabter Kinder.

8 Förderung in den Bildungsbereichen

Die folgenden Abschnitte nehmen einzelne Bildungsbereiche genauer in den Blick. Dabei wird zum einen danach gefragt, welche Bedeutung Begabung für den jeweiligen Bildungsbereich hat. Zum anderen wird untersucht, wie kognitiv begabte Kinder in diesen Bereichen gefördert werden können. Es geht also nicht in erster Linie um Kinder mit Sonderbegabungen in den jeweiligen Bildungsbereichen. Vielmehr sollen insbesondere kognitiv begabte Kinder in allen Bildungsbereichen herausgefordert werden – im Sinne einer umfassenden Begleitung und individuellen Förderung, die nicht nur auf die besonderen Fähigkeiten dieser Kinder ausgerichtet ist.

8.1 Körper und Bewegung

Herausragende sportliche Fähigkeiten werden im Alltagsverständnis oft mit Begabung in Verbindung gebracht. Andererseits ist bekannt, dass langjähriges Training die Voraussetzung für das Erbringen sportlicher Spitzenleistungen ist (vgl. Dweck, 2006, S. 108; Hohmann, 2014). Daher ist im Sport Breitenförderung als Voraussetzung für Spitzenförderung anerkannt und wird vielfältig unterstützt.

Kognitiv begabten Kindern wird nachgesagt, dass sie im Bewegungsbereich eher Defizite haben. Systematische Untersuchungen dazu, wie viele hochbegabte Kinder dies betrifft, gibt es nicht. Es gibt etliche Kinder, die sowohl im motorischen als auch im kognitiven Bereich anderen Kindern deutlich voraus sind. Insofern ist die Annahme, dass Hochbegabte motorisch ungeschickt oder unsportlich seien, ein Klischee.

Dennoch gibt es natürlich Kinder, bei denen körperliche Entwicklung, motorische Fähigkeiten und kognitive Fähigkeiten deutlich auseinanderfallen. Dies hängt mit der Asynchronität kindlicher Entwicklung zusammen. Da der Verlauf der motorischen und kognitiven Entwicklung nicht eng miteinander zusammenhängt, kann es sein, dass ein Kind kognitiv bereits sehr weit ist, körperlich und motorisch dagegen hinter den Altersgenossen zurückliegt. Zum anderen kann es aber auch sein, dass kognitiv begabte Kinder motorischen Anforderungen und sportlichen Herausforderungen eher aus dem Wege gehen, da sie dort weniger Erfolg erzielen können als im kognitiven Bereich. Manche begabte Kinder haben große Schwierigkeiten zu akzeptieren, dass sie etwas nicht können. Dies kann zu Vermeidungsverhalten führen, was angesichts der grundlegenden Bedeutung von Bewegungserfahrungen für die Entwicklung zum Problem werden kann. Eine solche Tendenz kann auch verstärkt werden, wenn Eltern intellektuelle Interessen ihres Kindes fördern, aber selbst wenig Freude und Interesse an Bewegung haben und diesen Bereich deshalb vernachlässigen.

Für die individuelle Entwicklung sind vielfältige Bewegungserfahrungen von fundamentaler Bedeutung (Zimmer, 2014). Darüber hinaus haben Bewegungsspiele und Sport eine zentrale Funktion für das Miteinander in Kindergruppen, so dass Vermeidungsverhalten in diesem Bereich sich negativ auf die soziale Integration von Kindern auswirken kann. Nicht zuletzt tun sich manche begabte Kinder schwer mit dem beliebten *Raufen und Toben*, das für die Entwicklung sozial-emotionaler Kompetenzen wichtig ist (vgl. Richartz, 2015; Tannock, 2008).

In solchen Fällen können Kindergarten und Hort eine wichtige kompensatorische Funktion übernehmen. Dabei geht es zunächst darum, überhaupt viele und vielfältige Bewegungserfahrungen zu ermöglichen – in vielen KiTas eine Selbstverständlichkeit. Darüber hinaus brauchen manche begabte Kinder hier besondere Aufmerksamkeit. Sie müssen lernen zu akzeptieren, dass sie nicht alles sofort können oder in allem gut sind – das ist für manche eine schwierige Aufgabe, bei der sie behutsame Unterstützung benötigen. Wichtig ist es, Vermeidungstendenzen rechtzeitig zu erkennen und ihnen entgegenzuwirken.

8.2 Soziale Kompetenz

Bereits im vorangegangenen Abschnitt wurden Aspekte des sozialen Miteinanders angesprochen. Es ist ein verbreitetes Klischee, dass hochbegabte Kinder zwar intelligente Knobelaufgaben lösen können, aber im sozialen Bereich eher Schwierigkeiten haben. Tatsächlich ist es eher umgekehrt: Es besteht ein positiver Zusammenhang zwischen der allgemeinen Intelligenz und sozialen Kompetenzen. „Intelligente Kinder erkennen soziale Probleme besser, sind einfühlsamer und weniger intelligenten Kindern nach der Suche nach alternativen Lösungen in sozialen Konflikten überlegen" (Rohrmann & Rohrmann, 2010, S. 123). Viele begabte Kinder kommen sozial gut zurecht, da sie ihre kognitiven Fähigkeiten auch positiv im sozialen Miteinander einsetzen können. Dies wird durch die Altersmischung in KiTas unterstützt, da es dadurch im Alltag selbstverständlich ist, dass Kinder unterschiedlich weit entwickelt sind und unterschiedliche Kompetenzen haben.

Dies bedeutet nicht, dass Kinder, die im kognitiven Bereich schon weit entwickelt sind, auch in Bezug auf soziale Kompetenzen Gleichaltrigen grundsätzlich voraus sind. Zudem kann es für begabte Kinder zum Problem werden, wenn sie immer wieder erfahren, dass sie ‚anders' sind als andere, z. B. weil sie sich mit einem Thema auskennen, für das ihre Alterskameraden sich überhaupt nicht interessieren. Natürlich ist es wichtig, dass diese Kinder für ihre besonderen Fähigkeiten Interesse und Aufmerksamkeit erfahren. In Bezug auf das soziale Miteinander kann es aber zum Problem werden, wenn die Pädagogin dies vor anderen Kindern besonders hervorhebt. Hier ist es von entscheidender Bedeutung, Gruppenprozesse im Blick zu behalten.

Brandes (2010) weist darauf hin, „dass Kinder im Vorschulalter generell (…) bevorzugt mit Peers interagieren, die ihnen in der kognitiven Qualität ihres Spiels und in ihrem sozialen Verhalten ähnlich sind" (S. 149). Es kann daher angenommen werden, dass sich begabte Kinder häufiger älteren Kindern anschließen, mit denen sie schneller Spielthemen finden und gemeinsame Bedeutungen konstruieren können. Dies setzt allerdings voraus, dass sie in ihren Spielgruppen ältere Kinder und/oder mehrere Kinder mit entsprechenden Entwicklungsvorsprüngen vorfinden. „Unter solchen Bedingungen entwickeln diese Kinder nach unserer Beobachtung häufig beeindruckende Kompetenzen der sozialen Integration und der Regulation auch komplexer Gruppenprozesse und schwieriger Konfliktsituationen" (ebd., S.150). Ziel ist, dass begabte Kinder im Spiel und im Miteinander Rollen finden, die ihren besonderen Fähigkeiten entsprechen, ohne dass sie damit zu sehr hervorgehoben zu werden. Kinderbücher und -filme, in denen Kinder*gruppen* im Zentrum stehen, geben dafür interessante Beispiele (z. B. Dick von den *Fünf Freunden*).

Eine mögliche Auswirkung eines kognitiven Entwicklungsvorsprungs kann sein, dass begabte Kinder bereits früh versuchen, Konflikte verbal zu lösen. Dann kommen sie manchmal nicht so gut damit zurecht, wenn andere Kinder darauf nicht eingehen, sondern körperlich agieren, z.B. einfach etwas wegnehmen, schubsen usw. Solche Konflikte sind unabhängig von der Begabung allerdings auch charakteristisch für ältere und jüngere Geschwister sowie auch zwischen Mädchen und Jungen auf dem Spielplatz: „Der (die) Klügere gibt nach – aber der Dümmere kriegt die Wurst". Der Umgang damit ist eine Gratwanderung: Einerseits wird natürlich gewünscht, dass Kinder Konflikte differenziert verbal lösen lernen. Andererseits müssen auch ‚vernünftige' Kinder mit den in Kindergruppen üblichen Umgangsformen umgehen lernen. Zu Konfliktfähigkeit gehört nicht nur verbale, sondern auch körperliche Präsenz.

Unabhängig davon ist es grundsätzlich wünschenswert, dass Kinder mit ausgeprägten Fähigkeiten in spezifischen Bereichen andere Kinder treffen, mit denen sie solche Fähigkeiten und Interessen gemeinsam haben. Je kleiner eine KiTa ist, umso geringer ist die Wahrscheinlichkeit, dass sie diese in der eigenen Gruppe oder Einrichtung finden. Hier können sowohl die Kooperation mit der Grundschule als auch herausfordernde Freizeitangebote neue Begegnungen ermöglichen. Nicht alle begabten Kinder haben aber überhaupt ein Interesse daran – viele wollen einfach mit ihren Alltags-Freunden zusammen sein und zeigen wenig Bereitschaft, sich auf ‚fremde' Kinder einzulassen, nur weil Eltern ein gemeinsames Angebot für sie organisiert haben. Die wichtigste ‚Bühne' für soziale Erfahrungen ist die Gruppe der Kinder, mit der ein Kind jeden Tag zusammenkommt.

8.3 Sprache und Kommunikation

Herausragende sprachliche Fähigkeiten von kleinen Kindern werden oft als ein mögliches Indiz für das Vorliegen hoher Begabung angesehen. Auf ‚Checklisten' zum Erkennen hochbegabter Kinder werden ein für das Alter ungewöhnlicher Wortschatz und eine weit entwickelte, ausdrucksvolle und flüssige Sprache als Anzeichen für Hochbegabung genannt (▶ Kap. 2.1). Oft thematisiert wird in diesem Zusammenhang auch, wenn Kinder bereits vor der Schule lesen können bzw. sich dies sogar selbst beigebracht haben.

Gleichzeitig ist Sprachförderung zurzeit einer der wichtigsten Bereiche frühkindlicher Bildung. Die Förderung der kindlichen Sprachentwicklung wird als zentrale Aufgabe von KiTas angesehen und durch staatliche Programme mit Millionenbeträgen gefördert. Im Vordergrund steht dabei allerdings oft eine Förderung von sprachlichen Basiskompetenzen sowie eine kompensatorische Förderung, die Bildungsbenachteiligungen entgegenwirken soll (vgl. Albers, 2016; Roßbach & Hasselhorn, 2012; Ruberg & Rothweiler, 2012); dabei geht es insbesondere um Kinder, die nicht mit Deutsch als Muttersprache aufwachsen. Die Frage einer Förderung von Kindern mit besonders weit entwickelten sprachlichen Fähigkeiten wird dagegen in KiTas kaum gezielt in den Blick genommen.

Allerdings hat sich das Verständnis des Bildungsbereichs insgesamt deutlich gewandelt. So müssen Kinder heute nicht mehr befürchten, in KiTas vom Lesen und Schreiben abgehalten zu werden, weil befürchtet wird, dass sie sich sonst ‚später in der Schule langweilen' würden. Vielmehr ist eine breit angelegte Förderung von *Literacy* heute in allen Bildungsplänen verankert und in der Praxis von KiTas zunehmend selbstverständlich. Mit dem Begriff Literacy werden dabei „nicht nur die Fähigkeiten des Lesens und Schreibens bezeichnet, sondern auch Text- und Sinnverständnis, Erfahrungen mit der Lese- und Erzählkultur (…), Vertrautheit mit Literatur und anderen schriftbezogenen Medien (inkl. Internet) sowie Kompetenzen im Umgang mit der Schriftsprache (vgl. Textor, 2008, S. 1). Je vielfältiger das entsprechende Angebot in einer KiTa ist, umso besser ermöglicht es eine differenzierte Förderung von Kindern.

Zu bedenken ist in diesem Zusammenhang, dass gerade im Bereich der sprachlichen Entwicklung zwischen Begabung einerseits und Entwicklungsvorsprüngen aufgrund guter Förderung im Elternhaus andererseits kaum unterschieden werden kann. Sowohl die sprachliche Entwicklung als auch die Fähigkeiten im Umgang mit Texten verschiedenster Art hängen in großem Ausmaß davon ab, wie und wieviel mit Kindern gesprochen und welche Anregungen sie in diesem Bereich im Elternhaus erhalten. Dies spricht in keiner Weise dagegen, entsprechende Fähigkeiten im Alltag der KiTa aufzugreifen und weiter zu fördern – im Gegenteil. Mit der Annahme einer *Hochbegabung* sollte dagegen sehr behutsam umgegangen werden, was nicht zuletzt im Kontext der Frage einer vorzeitigen Einschulung relevant wird.

Davon abgesehen sind einer Förderung von begabten Kindern in diesem Bereich kaum Grenzen gesetzt. Dialogisches Lesen von Bilderbüchern, Umgang mit verschiedenen Arten von Büchern oder das Erkennen und Verwenden von Schriften sind dabei genauso interessant wie freies Erzählen oder auch das Philosophieren mit Kindern (▶ Kap. 8.8). Auch der Umgang mit den sprachlichen und kommunikativen Möglichkeiten digitaler Medien wird für KiTa-Kinder bereits im Krippenalter in Zukunft mehr und mehr selbstverständlich (▶ Kap. 8.7).

Angesichts der grundlegenden Bedeutung sprachlicher Kompetenzen für das schulische Lernen ist in diesem Bildungsbereich eine gute Begleitung des Übergangs in die Grundschule von besonderer Bedeutung (▶ Kap. 10.2). Gerade im ersten Grundschuljahr ist es wichtig, dass Kinder wie Lehrkräfte lernen, mit den erheblichen Unterschieden im Entwicklungsstand von Kindern in diesem Bereich angemessen umzugehen. Ansonsten kann eine vielseitige Förderung z. B. von

Lese- und Schreibfähigkeiten in der KiTa tatsächlich zu Irritation und Frustration in der Grundschule führen – und zwar nicht, weil die Förderung zu früh erfolgt ist, sondern weil nicht angemessen daran angeschlossen wird.

Daneben kann der Hort hier eine ausgleichende Funktion übernehmen, indem dort Material für selbstständige Aktivitäten bereitgestellt und differenzierte Angebote gemacht werden, die an den unterschiedlichen Interessen und Kompetenzen von Kindern in diesem Bereich ansetzen– z. B. eine gut ausgestattete Bücherei, ein begleiteter Internetzugang oder auch das Schreiben eines eigenen Theaterstücks in einer AG.

8.4 Ästhetische Bildung

Ästhetische Bildung wird im Kontext der Bildungsdiskussion im Elementarbereich sehr unterschiedlich definiert und verstanden. Während z. B. von der Beek et al. (2003) sie als grundlegendes Konzept der Elementarpädagogik einführen und damit „*alle* Formen sinnlicher Wahrnehmung und deren Umformungen durch das Spielen und Gestalten" (S. 156) bezeichnen, wird der Begriff in anderen Konzepten deutlich enger gefasst und bezeichnet in erster Linie künstlerisch-kreatives Gestalten. Unabhängig davon wird dabei aber meist ein umfassendes Verständnis von ästhetischer Bildung zugrunde gelegt.

Im Alltag von KiTas stellt sich dies oft anders dar. Je nach pädagogischem Ansatz findet künstlerisch-kreatives Gestalten in einem eigenen Funktionsbereich (dem *Atelier*) oder, noch reduzierter, in erster Linie am Mal- und Basteltisch statt. „Dieser ist ein zentraler Platz in vielen Gruppenräumen, an dem sich sowohl Erzieherinnen als auch Mädchen viel aufhalten", stellen Rohrmann und Wanzeck-Sielert (2014, S. 193) fest und weisen darauf hin, dass der Malbereich zu den am stärksten geschlechtsstereotypen Spielorten in KiTas gehört.

Je enger das Verständnis ästhetischer Bildung in einer KiTa ist, umso weniger Möglichkeiten bieten sich Kindern, kreative Begabungen zu entfalten. Allerdings ist recht unklar, was eine kreative Begabung überhaupt ist, da sich Kreativität wissenschaftlich nur schwer definieren und noch schwerer messen lässt (vgl. Urban, 2011). „Oft wird Kreativität in Verbindung mit Kunst gesehen, und gemeint ist in erster Linie ein kreativer Umgang mit Materialien. (…) Manche Kinder wiederum sind außerordentlich kreative technische Erfinder, malen aber ungern und können ihre Ideen auch sprachlich nicht so gut zum Ausdruck bringen. Kreativität kann also ganz unterschiedlich verstanden werden" (Rohrmann & Rohrmann, 2010, S. 37). Zudem gibt es kaum Belege für einen Zusammenhang von Kreativität oder auch künstlerischer Begabung mit kognitiver Begabung.

Dennoch gibt es keinen Zweifel daran, dass Kinder auch im Bereich der ästhetischen Bildung unterschiedliche Begabungen zeigen – und besondere Begabungen eine entsprechende Beachtung und Förderung erfordern. Was bedeutet dies nun für die Praxis in diesem Bildungsbereich? Grundlegend ist zunächst, ein weites und offenes Verständnis von ästhetischer Bildung und Kreativität zu entwickeln. Wegweisend sind z. B. die beiden Bände *Vom Eigensinn des Materials*

(Kathke, 2001). Sie zeigen ein Kontinuum von einfachen Zugängen zu Materialien, die schon kleine Kinder umsetzen können, bis hin zu faszinierenden Kunstwerken. Um den unendlichen Erfahrungsspielraum ausschöpfen zu können, den der kreative Umgang mit Materialien ermöglicht, benötigen Kinder nicht nur ein vielfältiges und im Alltag zugängliches Materialangebot, sondern auch Horizonterweiterungen z. B. durch Begegnungen mit moderner Kunst (vgl. Peez, 2015). Dies bedeutet, dass pädagogische Fachkräfte offene Zugänge zu ästhetischer Bildung entwickeln müssen, mit denen die kreativen Impulse und Interessen von Kindern aufgegriffen und weiterentwickelt werden können. Sie benötigen zudem selbst vielfältige Zugänge zu künstlerischen Prozessen und Ergebnissen – allein schon, um Erwartungen von Eltern zu begegnen, dass ihre Kinder ‚schöne Produkte' aus der KiTa mit nach Hause bringen.

Es gibt verschiedene Möglichkeiten, Kinder (und Fachkräfte!) an Kunst heranzuführen. Nicht nur Besuche in Kunstmuseen und Ausstellungen geben neue Ideen. Wände können mit moderner Kunst gestaltet werden. Kunstbände können die Bücherkiste der KiTa bereichern. Zudem gibt es interessante Bücher, die auch sehr jungen Kindern Kunst auf anspruchsvolle und gleichzeitig ansprechende Weise zugänglich machen können, z. B. die Bände *Ich sehe was, was du nicht siehst: Kunst für kleine Entdecker* und *Schau genau: Meisterwerke für kleine Entdecker* von Claire d'Harcourt (2002, 2007).

Derartige Ansätze und Ideen dienen nicht nur der Förderung begabter Kinder, sondern machen diese Bildungsbereiche für alle Kinder (und auch die Fachkräfte selbst) interessant und spannend.

8.5 Musik

Landläufig wird oft angenommen, dass Musikalität im Wesentlichen angeboren ist. Viele Menschen halten sich für unmusikalisch, obwohl die Fähigkeit zum Singen und Bewegen zu Musik den meisten Menschen gegeben ist. Wissenschaftliche Definitionen sind weniger eindeutig. Gembris (2014) definiert: „Musikalische Begabung ist das jedem Menschen in unterschiedlichem Maße angeborene Potential, Musik emotional zu erleben, geistig zu verstehen und durch Singen, Instrumentalspiel, Komponieren, Improvisieren, Arrangieren produzieren oder reproduzieren zu können. Dieses Potential interagiert mit Umweltfaktoren und muss durch Übung entwickelt werden" (S. 500). Auch wenn wesentliche Voraussetzungen von Musikalität angeboren sind, müssen für die Entwicklung musikalischer Fähigkeiten viele Faktoren zusammenwirken.

Am Anfang steht dabei die Förderung der Familie. Oerter (2008) stellt fest: „Die Bedeutung der Familie zeigt sich insgesamt darin, dass musikalische Hochbegabung nicht frühzeitig aus Tests oder besonderen Leistungen vorhersehbar ist, sondern dass die besten Prädiktoren das Einkommen und das musikalische Interesse der Eltern sind" (2008, S. 799). Entscheidend für die Entwicklung hoher musikalischer Leistungen ist gezieltes, konzentriertes und intensives Üben.

Wie Gembris (2014) feststellt, gibt es für musikalische Hochbegabung „keine eindeutig fixierbaren/objektiv messbaren Kriterien", da es „keine entsprechenden Maßstäbe oder Skalen für musikalische Leistungen gibt" (2014, S. 503). Bemerkenswert ist jedoch, dass die Zusammenhänge zwischen musischen und kognitiven Fähigkeiten tendenziell größer sind als die zwischen anderen Fähigkeitsbereichen (Rost, 2000, S. 27).

Eine qualitativ hochwertige musikalische Förderung ist in KiTas nicht unbedingt selbstverständlich. So kann es sein, dass Kinder, die bereits mit zwei Jahren singen und Töne richtig treffen können, dies nach Aufnahme in die KiTa im dritten Lebensjahr (zunächst) wieder verlernen, weil diese Fähigkeit dort nicht wahrgenommen wird und beim gemeinsamen Singen verloren geht. Dabei ist eine professionelle musikalische Grundförderung in KiTas gut möglich. Dies zeigen erfolgreiche Praxiskonzepte und Projekte, die in den letzten Jahren realisiert wurden (vgl. Bertelsmann Stiftung, 2016a; Dartsch, 2014; Schönbeck, 2012).

Entsprechende Angebote sind allerdings wenig nachhaltig, wenn sie sich auf einen von speziell qualifizierten Musikpädagoginnen bzw. -pädagogen gestalteten Termin beschränken, der nur einmal in der Woche stattfindet. Sinnvoll ist daher, die Musikausbildung von Fachkräften in KiTas grundlegend zu verbessern, damit Einrichtungen eine musikalische *Kultur* entwickeln und eine gute musikalische Förderung an jedem Tag selbstverständlich werden kann (vgl. Schönbeck, 2012).

8.6 Mathematik, Naturwissenschaften und Technik

Im Gegensatz zu den vorgenannten Bildungsbereichen haben mathematische und naturwissenschaftliche Bildung erst seit dem ‚PISA-Schock' verstärkt Eingang in KiTas gefunden.

Auch kleine Kinder interessieren sich für mathematische Zusammenhänge: Sie hantieren mit Mengen, sie beginnen zu zählen oder interessieren sich für Relationen, z. B. Größenunterschiede, Strecken oder Geschwindigkeiten (wer kommt am Weitesten mit dem Bobbycar?). Dabei geht es bei der Beschäftigung mit Mathematik in der KiTa nicht darum, Inhalte des Grundschulunterrichts vorwegzunehmen. Im Vordergrund steht stattdessen die Entdeckung von Mathematik als einer Methode, mit der Kinder die Welt strukturieren und erforschen können (vgl. Fthenakis et al., 2009; Lorenz, 2016). Mathematisches Verständnis wird in vielen Alltagssituationen benötigt: Wenn wir die Zeit auf der Uhr ablesen, wenn wir mit Geld bezahlen, wenn wir den richtigen Bus und den richtigen Bahnsteig finden wollen. Solche Fragen lassen sich natürlich auch mit KiTa-Kindern besprechen. Mathematische Fragestellungen sind daher selbstverständlicher Bestandteil der alltäglichen pädagogischen Arbeit in jeder KiTa.

Auch naturwissenschaftliche Bildung im Elementarbereich dient nicht einer Vorverlagerung schulischen Lernens in die KiTa, sondern der Entwicklung einer ‚forschenden' *Grundhaltung*. Naturwissenschaft bedeutet zunächst nichts anderes, als die Natur – und damit die Welt – verstehen zu wollen. Kinder sollen möglichst „neugierig, selbstbewusst, hartnäckig und kreativ" herausfinden, „was es alles in der Welt gibt, und es zu verstehen versuchen" (Dahle, 2006,

o. S.). Im Vordergrund naturwissenschaftlicher Bildung in KiTas standen zunächst angebotsorientierte Formen, wie sie z. B. mit den durch die Stiftung *Haus der kleinen Forscher* (2015) entwickelten Experimenten realisiert werden können (vgl. auch Lück, 2009). Problematisch kann dies werden, wenn kindliches Spiel durch akademisches Lernen ersetzt werden soll, oder aber wenn lediglich ein Feuerwerk an Experimenten vorgeführt wird, das Kinder zwar beeindrucken mag, sie aber nicht zu weiterem Forschen ermutigt. Das Bild vom ‚kleinen Forscher' wird zudem kritisiert, da die Art, in der Kinder forschen, sich von den naturwissenschaftlichen Forschungsstrategien Erwachsener unterscheidet. Anstelle anspruchsvoller Wissensvermittlung bräuchte es, so die Kritik, in erster Linie, Kommunikation und Dialog mit Kindern (Ansari, 2013).

Die Stiftung *Haus der kleinen Forscher* hat ihren pädagogischen Ansatz daher kontinuierlich weiterentwickelt. Sie orientiert sich an einem ko-konstruktivistischen Bildungsverständnis und betont, dass vor allem Lernfreude und Problemlösekompetenzen im Vordergrund kindlichen Forschens stehen. „Kinder werden bei einem forschenden Entdeckungsprozess, der sich von seiner Vorgehensweise her an den Naturwissenschaften orientiert, begleitet. (…) Das Wiedergeben ‚richtiger' Erklärungen für bestimmte Phänomene nach Erwachsenenverständnis ist dabei nicht das primäre Ziel" (Stiftung Haus der kleinen Forscher, 2016, o. S.). Mit der zunehmenden Präsenz naturwissenschaftlicher Themen im Alltag von KiTas gelingt es besser, auch in diesem Bereich Fragen und Interessen der Kinder aufzugreifen.

In Bezug auf besondere Begabungen und Entwicklungsvorsprünge unterscheiden sich die Bereiche mathematischer und naturwissenschaftlicher Bildung voneinander. Der logische und systematische Aufbau des Gebäudes der Mathematik geht damit einher, dass im Grundschulalter Unterschiede in mathematischen Fähigkeiten schnell deutlich werden. Während manche Kinder schon vor Schulbeginn ein Grundverständnis der Rechenarten entwickeln und zuweilen schon im ersten Grundschuljahr den Zahlenraum bis 1000 beherrschen, fällt dies anderen Kindern noch in der dritten und vierten Klasse schwer. Einzelne Kinder mit Entwicklungsvorsprüngen bzw. mit einer herausragenden Begabung im logischen und mathematischen Denken zeigen schon mit vier Jahren erstaunliche Fähigkeiten und großes Interesse an mathematischen Zusammenhängen. Sie erarbeiten sich manchmal sogar eigenständig das Einmaleins und die Regeln des Multiplizierens. Kinder profitieren generell davon, wenn sie schon in der KiTa viele Gelegenheiten haben, sich mit Zahlen und herausfordernden mathematischen Fragestellungen auseinanderzusetzen; für Kinder mit besonderen Stärken in diesem Bereich sind solche Möglichkeiten besonders interessant.

Der Bereich der Naturwissenschaften, wie er im Elementarbereich thematisiert wird, ist weniger eindeutig angelegt. So kann damit grundlegendes naturwissenschaftliches Denken oder aber Interesse an der Natur gemeint sein. Oft wird auch *technische Bildung* in diesen Zusammenhang eingeordnet (z. B. technische Fähigkeiten, ‚Tüfteln' und ‚Erfindungsgeist'), die in Bildungsplänen für KiTas nicht als eigener Bereich genannt wird. Was herausragende *naturwissenschaftliche Kompetenzen* sein könnten, lässt sich aus dieser Vielfalt daher kaum klar ableiten. Zudem geht es im Bereich naturwissenschaftlicher und technischer Bildung anders als bei Mathematikaufgaben weniger um das Finden der ‚richtigen Lösung' als vielmehr um die Erarbeitung einer forschenden Grundhaltung und die Entwicklung eines Dialogs über naturwissenschaftliche Phänomene. Ein Beispiel dafür ist der im *Haus der kleinen Forscher* entwickelte „Forschungskreis" (Stiftung Haus der kleinen Forscher, 2015, S. 33 ff.).

8.7 Neue Medien

Kinder wachsen mit verschiedensten Medien auf und nutzen sie eigenständig und selbstverständlich. Dabei treten zunehmend digitale Medien neben Buch und Fernsehen. Computerspiele, Handy-Apps und YouTube-Videos sind aus dem Alltag von Kindern nicht mehr wegzudenken. Tablets und Handys können bereits von zweijährigen Kindern intuitiv bedient werden. Das Internet dient immer jüngeren Kindern als Informationsquelle. Gegen Ende des Grundschulalters hat die Mehrzahl der Kinder Zugang zum Internet; soziale Netzwerke haben wachsende Bedeutung sowohl für die Entwicklung als auch für das soziale Miteinander von Kindern und Jugendlichen. Es ist nur eine Frage der Zeit, bis diese Entwicklungen auch auf den Elementarbereich in KiTas übergreifen werden.

Sowohl die Zunahme der Bedeutung digitaler Medien im Leben von Kindern als auch Ansätze zur medienpädagogischen Arbeit sind durch aktuelle Studien gut dokumentiert (vgl. Medienpädagogischer Forschungsverbund Südwest, 2015a, 2015b). Medienpädagogische Ansätze stellen dabei den aktiven Umgang mit Medien in den Vordergrund, der pädagogisch begleitet und unterstützt werden muss (Friedrichs & Meister, 2015; Neuß, 2012; von Groß, Meister & Sander, 2015).

Es ist anzunehmen, dass kognitiv begabte Kinder die Möglichkeiten digitaler Medien besonders schnell verstehen und nutzen können. Je eher sie sich damit beschäftigen, umso eher werden sie dabei möglicherweise Erwachsene überflügeln, die nicht mit diesen technischen Möglichkeiten aufgewachsen sind bzw. sie erst deutlich später in ihrem Lebenslauf kennen gelernt haben. Derartige *technische* Kompetenzen gehen allerdings nicht unbedingt mit der Fähigkeit einher, Möglichkeiten, Auswirkungen und Risiken digitaler Medien angemessen einschätzen zu können. Pädagogische Fachkräfte sind daher hier besonders gefordert, sich selbst mit diesem Bereich zu befassen, damit sie überhaupt *Zonen nächster Entwicklung* erkennen und angemessen begleiten können.

Ausführungen zu konkreten Medienangeboten für Kinder in den ersten Lebensjahren sind zurzeit kaum möglich, weil die Entwicklung von Angeboten für diese Altersgruppe so rasant verläuft, dass konkrete Aussagen möglicherweise schon bei Veröffentlichung eines Buchs nicht mehr aktuell sind. Grundsätzlich ist davon auszugehen, dass Anwendungen digitaler Medien, die zurzeit für ältere Kinder verfügbar sind, in naher Zukunft auch den Alltag von jüngeren Kindern prägen werden.

Für die Förderung von Grundschulkindern mit Entwicklungsvorsprüngen sind internetbasierte Lernprogramme wie *Antolin* oder *Zahlenzorro* gut geeignet.

Kinder, die ihren Alterskameraden kognitiv voraus sind, nutzen derartige Lernsoftware gern, weil sie dort selbst bestimmen können, auf welchem Niveau und in welchem Tempo sie sich mit einer Thematik beschäftigen. Lehrkräfte, die sich um Differenzierung bemühen, können dies als Alternative zu ‚langweiligen' Hausaufgaben einsetzen, von denen begabte Kinder unterfordert sind.

Je früher Kinder das Internet sowie soziale Netzwerke nutzen, umso wichtiger ist schließlich, dass Erwachsene dabei Sicherheitsaspekte im Blick behalten. Dabei geht es sowohl um technische Risiken als auch um die Probleme, die mit der ahnungslosen oder unbeabsichtigten Veröffentlichung persönlicher Daten und Informationen verbunden sein können, bis hin zu Problemen mit Cybermobbing. Medienkompetente Kinder benötigen daher medienkompetente Erwachsene, die sie begleiten und ggf. auch begrenzen können.

8.8 Philosophieren mit Kindern

Bereits Kinder setzen sich mit ethischen, philosophischen und religiösen Fragen auseinander. Dies trifft oft in besonderem Maße auf hochbegabte Kinder zu. Ein Interesse an Themen, die Kindern eigentlich noch nicht zugetraut oder zugemutet werden, wird immer wieder als ein typisches Merkmal von Hochbegabten genannt. Daher ist es ein wesentlicher Bestandteil von Begabtenförderung, entsprechende Fragen und Themen von Kindern aufzugreifen. Ein interessanter Zugang dazu ist das Philosophieren mit Kindern. Insbesondere für die Arbeit mit begabten Kindern ist das Konzept *PhiNa – Philosophieren mit Kindern und Jugendlichen über die Natur* (Calvert & Hausberg, 2011a, 2011b) entwickelt worden, das an der Schnittstelle von philosophischem und naturwissenschaftlichem Denken ansetzt.

Mit Kindern zu philosophieren erscheint vielen Erwachsenen als eher abwegig, da Philosophie als ‚abstrakt' und ‚schwierig' gilt. Kinder haben aber keine Vorstellung von dem Begriff ‚Philosophie' und stellen daher Fragen oder entwerfen Thesen, die ‚philosophisch' anmuten und Erwachsene verblüffen und manchmal sogar ratlos zurücklassen können (Sinhart-Pallin, 2006, S. 6). Ein derartiges philosophisches Interesse zeigen Kinder, wenn sie wissen wollen, warum der Himmel blau ist, ob Tiere denken und fühlen können, warum es Gewitter gibt, warum Blumen welken und ob ein Mensch, der ein Bein verliert, trotzdem noch derselbe Mensch ist. Die gemeinsamen Merkmale im Philosophieren von Kindern und Erwachsenen bestehen darin, etwas nicht zu wissen, es aber wissen zu wollen und das Vertrauen zu haben, es herausfinden und wissen zu können (Martens, 2004, S. 52).

Die Grenzen zwischen philosophischen und naturwissenschaftlichen Fragen sind fließend – das gilt für Kinderfragen wie auch für grundlegende Fragen der theoretischen Physik. Insofern ist es weniger die Frage, sondern eher die Art der Weise der Suche nach Antworten, die ein Gespräch philosophisch macht. Beim Philosophieren mit Kindern geht es darum, einen kommunikativen Stil zu finden, mit dem der ‚philosophische' Charakter einer Frage oder einer Bemerkung des Kindes aufrecht erhalten bleibt. Erwachsene müssen dazu vor allem Lust haben, selbst zu denken. Wenn sie Spaß daran haben, mit den Kindern weiter zu überlegen und sich und den Kindern philosophische Offenheit zu bewahren, können philosophische Gespräche entstehen. Dazu müssen die Fragen der Kinder offengehalten werden – Erwachsene müssen es dazu aushalten, eben nicht eine schnelle Erwachsenen-Antwort zu geben.

Der Prozess, gemeinsam und gleichzeitig spielerisch und ernsthaft etwas herausfinden und verstehen zu wollen, ist für alle Kinder ein Gewinn: Im Austausch über verschiedene Konzepte, Erklärungsmuster und Meinungen üben sich Kinder im gegenseitigen Verstehen und Anerkennen unterschiedlicher Meinungen. Calvert und Hausberg (2011b) heben hervor, dass philosophische Gespräche für begabte Kinder eine echte Bereicherung sein können, da ihre manchmal als eigenwillig und sonderbar wahrgenommene Denkweisen dadurch produktiv gewendet werden können. Zudem „zeigen gerade hochbegabte Kinder häufig ein besonderes Interesse an tieferen und weiterführenden Fragen nach dem *Wesen* der Dinge" (ebd., S. 64).

Damit ist allerdings keineswegs gemeint, dass sich derartige Gespräche nur mit begabten Kindern führen lassen. Vielmehr geht es darum, allen Kindern Möglichkeiten zu eröffnen, Antworten auf ihre Fragen zu finden und Freude am Lernen und Problemlösen zu entwickeln. Wie das geht, beschreiben z. B. die Praxisansätze der Bildungsinitiative *Haus der kleinen Forscher* (Stiftung Haus der kleinen Forscher, 2013). Pädagogische Fachkräfte sollen dazu

- an das Vorwissen der Kinder anknüpfen, so dass sie eine Vorstellung von den Vorerfahrungen und den Gedankengängen der Kinder erhalten;
- mit den Kindern sprechen, um in diesen Dialogen die Kinder bei ihrem nächsten geistigen Entwicklungsschritt unterstützen zu können;
- die Kinder zum Nachdenken anregen, so dass Kinder ‚falsche' Konzepte erkennen und neue Theorien entwickeln können.

Kurzgefasst geht es darum, weniger zu erklären und mehr in Frage zu stellen.

8.9 Bücher über und Spiele für kluge Köpfe

8.9.1 Bücher – einige Anregungen

Es gibt eine Reihe von Bilder- und Kinderbüchern, die auf sehr unterschiedliche Weise die Situation von besonderen und begabten Figuren thematisieren und damit eine Auseinandersetzung mit der Begabungsthematik ermöglichen und unterstützen können. Viele dieser Bücher richten sich an Kinder, andere sind vielleicht eher für Erwachsene geeignet. Nachfolgend stellen wir ohne jeden Anspruch an Vollständigkeit einige Bücher vor, die wir interessant und anregend finden. Die Altersangaben werden in der nachfolgenden Übersicht gegeben.

In den Büchern stehen verschiedene Aspekte im Vordergrund. Klassiker wie *Elmar* von David McKee (1998) oder auch *Irgendwie anders* von Kathryn Cave (1994) greifen in erster Linie das ‚Anders-Sein' der Hauptfiguren auf und suchen nach Wegen, ihre ungewöhnlichen Figuren mit sich selbst und mit der Gruppe zu versöhnen.

Die fürchterlichen Fünf von Wolf Erlbruch (2000) müssen dagegen ihre Talente erst entdecken, um zueinander zu finden – dabei geht es neben verschiedenen musikalischen Begabungen um die Fähigkeit zum Pfannkuchenbacken. Um das Entdecken des eigenen Potentials geht es auch im Klassiker *Der Adler, der nicht fliegen wollte*, einer von Erlbruch illustrierten Geschichte des Afrikaners James Aggrey (1985). Auf beeindruckende Weise fordert diese Geschichte dazu heraus, die eigene Bestimmung anzunehmen und seine Fähigkeiten zu entfalten (im Buch im wörtlichen Sinn – der Adler entfaltet seine Flügel), auch wenn man sich dazu aus der Vertrautheit der gewohnten Umgebung entfernen muss.

Einige Bücher handeln ausdrücklich von hochbegabten Kindern. *Kluges Kind* von Simon James (2005) nimmt die überhöhten Erwartungen an hochbegabte Kinder aufs Korn. Das sich als genial herausstellende Kleinkind wird erst in die Schule, dann auf die Universität geschickt. Aber erst als es seinen ersten Raumspaziergang unternimmt, wird der Blick darauf gerichtet, was es eigentlich als Kind am meisten braucht – und das ist Zuwendung („Ich will zu meiner Mama!"). Vielleicht richtet sich dieses Buch eher an Eltern und Fachkräfte im ‚Förderwahn' als an Kinder.

In *Foxtrott* von Helme Heine (2003) dagegen sind die Fuchseltern von der Begabung ihrer Tochter zunächst wenig angetan, denn deren lautstarke Begeisterung für Musik passt nicht zum ruhigen Leben der Füchse. Erst als Foxtrott die Familie auf einem nächtlichen Jagdausflug vor dem Zorn des Försters rettet, indem sie diesen mit ihrem Gesang zu Tränen rührt, beginnen die Eltern, die besondere Begabung ihres Kindes zu akzeptieren. Hans Traxlers Geschichte *Sofie mit dem großen Horn* (2015) wiederum handelt von einem kleinen Mädchen, das lieber ins große Horn bläst, anstatt wie alle in der Familie begeistert zu flöten. Als Jüngste darf sie im familiären Ensemble immer nur die kleinste Flöte spielen. Als sie im Bergurlaub eine „Riesenflöte" kennenlernt – das Alphorn – muss die Familie anerkennen, dass ihre Begabung sich von den familiären Erwartungen an sie unterscheidet.

Auch in einigen Büchern für ältere Kinder spielen Hochbegabte eine zentrale Rolle. Nicht zuletzt durch die Verfilmungen sind *Rico und Oscar* von Andreas Steinhöfel (2011) bekannt geworden. Dabei steht die Freundschaft zwischen dem ‚tiefbegabten' Ich-Erzähler Rico und dem ‚hochbegabten' Oscar im Mittelpunkt der Geschichten. Die etwas klischeehafte Darstellung des hochbegabten Oscars als seltsam und lebensuntauglich kann kritisiert werden, und als Rollenvorbild taugt Oscar eher wenig. Sympathisch ist aber die entspannte Haltung, mit der die beiden Freunde ihre jeweiligen Stärken und Schwächen annehmen. Diese machen sie nicht zu etwas Besonderem, sondern sind einfach verschiedene Teile ihrer Persönlichkeit, die die beiden in den Dienst ihrer wunderbaren Freundschaft stellen.

Ein weiterer Klassiker ist *Matilda* von Roald Dahl (1997). Das Buch handelt von einem Wunderkind, dessen außergewöhnliche Begabungen von den Erwachsenen einfach nicht bemerkt werden, obwohl sie doch eigentlich unübersehbar sind. Das Mädchen rächt sich auf subversive Weise mittels übersinnlicher Fähigkeiten, wie es für den britischen Humor Dahls typisch ist, der immer auf Seite der Kinder bleibt. Unabhängig davon vermittelt das Buch interessante Einblicke und Anregungen für den Umgang mit besonderen Begabungen von Kindern.

Rico und Oscar sowie *Matilda* sind durch Verfilmungen einem größeren Publikum bekannt geworden, wobei die Hochbegabungsthematik in den Filmen nicht im Vordergrund steht.

Genannt sei weiter die *Ismael*-Trilogie von Michael Gerard Bauer (2009). Hier ist es der beste Freund der Hauptfigur, Scobie, der hochbegabt ist. In *Nennt mich nicht Ismael* setzt sich Scobie für seinen Freund ein und sorgt dafür, dass dieser nicht mehr gemobbt wird.

Der Science-Krimi *Die IQ-Kids und die geklaute Intelligenz* schließlich stellt die Hochbegabtenthematik etwas auf den Kopf: Hier werden versehentlich die beiden *schlechtesten* Schüler einer Schulklasse auf einen Ferienkurs für Hochbegabte geschickt, wo sie zwischen den ehrgeizigen Begabten zunächst etwas deplatziert wirken. Am Ende gelingt es ihnen aber mit vereinten Kräften, den Hightech-Kriminalfall aufzulösen.

Bilder- und Kinderbücher

Bilderbücher

Aggrey, J. (Text) & Erlbruch, W. (Illustration) (1985). *Der Adler, der nicht fliegen wollte.* Wuppertal: Hammer. *Ab vier Jahren, auch für Erwachsene*
Cave, K. (Text) & Riddell, C. (Illustration) (1994). *Irgendwie Anders.* Hamburg: Oetinger. *Ab 4 Jahren.*
Erlbruch, W. (2000). *Die fürchterlichen Fünf.* Wuppertal: Hammer. *Ab 4 Jahren.*
Heine, H. (2003). *Foxtrott.* München: Hanser. *Ab 4 Jahren.*
James, S. (2005). *Kluges Kind.* Frankfurt a. M.: Moritz. *Eher für Erwachsene geeignet.*
McKee, D. (1998). *Elmar.* Stuttgart: Thienemann. *Ab 3 Jahren.*
Traxler, H. (2015). *Sophie mit dem großen Horn.* München: Hanser. *Ab 4 Jahren.*

Kinderbücher

Bauer, M. G. (2009). *Nennt mich nicht Ismael!* München: dtv. *Ab 7 Jahren.*
Dahl, R. (1997). *Matilda.* Reinbek: Rowohlt. *Ab 8 Jahren.*
Sigurdadottir, Y. (2011). *Die IQ-Kids und die geklaute Intelligenz.* Frankfurt: Fischer. *Ab 10 Jahren.*
Steinhöfel, A. (2011). *Rico, Oscar und die Tieferschatten.* Hamburg: Carlsen. *Ab 10 Jahren.*

8.9.2 Regelspiele – einige Anregungen

Das Angebot an Spielen für ‚kluge Köpfe' ist inzwischen unüberschaubar. Tatsächlich spielen viele begabte Kinder gern Spiele, die ihr Denken herausfordern. Sie sind früher als andere Kinder in der Lage, Regelspiele zu verstehen und sich an Spielregeln zu halten. Dies muss keineswegs heißen, dass sie gute Verlierer sind, denn gerade, weil sie viele Dinge gut können, kann es sein, dass sie es besonders schwer ertragen können, wenn ihnen etwas nicht gelingt oder sie einfach Pech haben.

Vor diesem Hintergrund macht es Sinn, in die Spielesammlung der KiTa Spiele mit aufzunehmen, die insbesondere Kinder mit schneller Auffassungsgabe und herausragenden kognitiven Fähigkeiten ansprechen. Gleichzeitig finden wir es wichtig, auch und gerade mit Hochbegabten Spiele zu spielen, die einfach Spaß machen und für die man keine besonderen intellektuellen Fähigkeiten benötigt.

Zunächst ist dabei an die *klassischen* Spiele zu denken. So ist *Mühle* ein Spiel, das Denken von begabten Kindern durchaus herausfordern kann. *Mensch ärgere dich nicht* ist dagegen eher ein Test für die Frustrationstoleranz gänzlich unabhängig von der Begabung. Neben solchen Klassikern gibt es zahlreiche neue Regelspiele, mit denen begabte Kinder herausgefordert und erfreut werden können. Angesichts der Vielfalt der auf dem Markt erhältlichen Spiele ist die nachfolgende Auswahl vollkommen subjektiv. Die Altersangaben sind Empfehlungen der Hersteller; Kinder mit Entwicklungsvorsprüngen können daher eventuell bereits früher etwas damit anfangen.

Der kleine und der große Baum ist ein schön gestaltetes Legepuzzle für Kinder ab fünf Jahren, das (auch) allein gespielt werden kann (Hein, 2016a). Es gibt Hunderte von Lösungen, die aber nicht so leicht zu finden sind, wie es zunächst scheint – hier ist das Vorstellungsvermögen herausgefordert.

Domino ist ein bei Kindern sehr beliebtes Spiel, das Bauen auf spielerische Weise mit mathematischer Grundbildung verbindet. Das *Florentiner Domino – Glück, Verstand und Edelsteine* ist eine raffinierte Variante für zwei bis vier Spieler ab sieben Jahren, das aber auch bereits mit begabten Kindergartenkindern gespielt werden kann (Hein, 2016b).

Auch *Qwirkle* ist ein Legespiel für Kinder ab sechs Jahren, das das strategische Denken herausfordert (McKinley Ross, 2016). Bemerkenswert ist dabei, dass das Spiel nur sehr wenige, einfache Regeln hat, ohne deswegen simpel zu sein, da es Nachdenken und gute Kombinationsfähigkeit erfordert.

Geistesblitz ist ein Kartenspiel für Kinder im Grundschulalter, bei dem jeweils Kombinationen zweier Gegenstände mit zwei Farben erkannt werden müssen (Zoch Verlag, 2016). Das Spiel erfordert schnelle Wahrnehmung und gute Kombinationsfähigkeit und ist daher für auffassungsschnelle Kinder gut geeignet, die dabei jeden Erwachsenen übertrumpfen können.

Im Kartenspiel *Mogel Motte* (Brand & Brand, 2016) sind besondere Fähigkeiten der anderen Art gefragt: Wie schummle ich am besten so, dass die anderen nichts merken? Da reicht es nicht aus, die Regeln zu verstehen – es geht auch darum, die Gesichter und Bewegungen der anderen im Blick zu haben und einschätzen zu können (ab sieben Jahre).

Auch beim bekannten Klassiker *Uno* muss man genau hinschauen – aber ansonsten ist es einfach Glückssache, wer gewinnt. Das treibt die aktuelle Erweiterung *Uno Extreme* (Mattel, 2010) noch auf die Spitze. Der zufallsgesteuerte Kartenwerfer in der *Extreme*-Version ist so blödsinnig, dass auch die ernsthaftesten Kinder dabei lachen müssen.

Diese Liste ließe sich beliebig fortsetzen. Bei einer Auswahl können sich KiTas und auch Eltern an folgenden Kriterien orientieren:

- Spiele für begabte (und auch andere) Kinder sollten auf möglichst unterschiedliche Weise das Denken herausfordern.
- Spiele mit wenig Regeln, die viel Denken erfordern, sind in der Regel besser geeignet, als Spiele, bei denen zunächst komplexe Spielanleitungen verstanden werden müssen.
- Es sollte sowohl Spiele geben, die Kinder allein spielen können, als auch Spiele, die sie in kleinen Gruppen eigenständig spielen können.

Für viele Vorschulkinder stellen kognitiv sehr herausfordernde Spiele eine Überforderung dar. Nicht zuletzt im Kontext des sozialen Miteinanders ist daher nicht nur an die begabten Kinder zu denken, sondern auch an mögliche Spielpartnerinnen und Spielpartner. Gut ist daher, möglichst unterschiedliche Spiele zur Verfügung zu stellen, die ganz verschiedene Fähigkeiten voraussetzen bzw. fördern.

Spiele (nicht nur) für kluge Köpfe

Brand, E. & Brand, L. (2016). *Mogel Motte*. Berlin: Schmidt Spiele. Zugriff am 10.04.2017. Verfügbar unter: www.schmidtspiele.de/produkt-detail/product/mogel-motte-40862.html

Hein, F. (2016a). Der große und der kleine Baum. Seelbach: F-Hein-Spiele. Zugriff am 10.04.2017. Verfügbar unter: www.f-hein-spiele.de/der-grosse-und-der-kleine-baum/

Hein, F. (2016b). Florentiner Domino. Glück, Verstand und Edelsteine. Seelbach: F-Hein-Spiele. Zugriff am 10.04.2017. Verfügbar unter: http://f-hein-spiele.de//florentiner-domino/

Mattel (Hrsg.) (2010). Uno Extreme. Frankfurt: Mattel GmbH.

McKinley Ross, S. (2016). Quirkle. Berlin: Schmidt Spiele. Zugriff am 10.04.2017. Verfügbar unter: https://www.schmidtspiele.de/de/produkte/details/product/qwirkle-qwirkle-49014.html

Zoch Verlag (Hrsg.). (2016). Geistesblitz. Fürth: Zoch Verlag. Zugriff am 10.04.2017. Verfügbar unter: www.zoch-verlag.com/spiele/karten-wuerfel/geistesblitz.html

9 Übergänge

Menschen müssen heute mehr als früher Veränderungen, Brüche und Wandel in ihren Lebensläufen bewältigen. Kaum einer lebt sein Leben lang in einem Ort oder übt den einmal erlernten Beruf lebenslang aus. Beziehungen und Familien unterliegen gleichfalls diesem Wandel. Übergänge und deren positive Bewältigung sind damit zu einem wichtigen Thema geworden. Dass diese Übergänge entscheidende Momente auch in den Bildungswegen von Kindern, Jugendlichen und jungen Erwachsenen sind, ist unbestritten (Griebel & Niesel, 2004, 2013; Maaz, Hausen, McElvany & Baumert, 2006; Schröer et al., 2013).

Übergänge haben Gemeinsamkeiten, die sich in allgemeiner Form beschreiben lassen. Gleichzeitig stellt jeder Übergang besondere Anforderungen dar, die sich aus dem jeweiligen Lebensereignis ergeben. Der aus der Alltagssprache stammende Begriff *Übergänge* wurde im Fachdiskurs durch den Begriff *Transitionen* ersetzt, der „komplexe, ineinander übergehende und sich überblendende Wandlungsprozesse bezeichnet, wenn Lebenszusammenhänge eine massive Umstrukturierung erfahren" (Wörz, 2004, S. 34).

Umstrukturiert wird also nicht nur die Umgebung. Im Transitionskonzept wird davon ausgegangen, dass jeweils drei Ebenen entscheidend sind: die Ebenen des Individuums, der sozialen Beziehungen und der äußeren Umwelt. Transitionen können zunächst auf der Ebene des Einzelnen betrachtet werden, der sich verändert, neue Aspekte in seine Identität aufnehmen und neue Kompetenzen erwerben muss. Auf der Ebene der Beziehungen wird danach gefragt, welche neuen Beziehungen hinzutreten. Es wird analysiert, ob und wenn ja welche alten Beziehungen möglicherweise aufgegeben werden müssen und wie diese Verluste verarbeitet werden. Transitionen sind schließlich Veränderungen auf der Ebene der Lebensumwelten, weil z. B. ein neuer Lebenskontext wie die Schule bewältigt oder zwei oder mehr Lebenskontexte in Einklang gebracht werden müssen.

Transitionen sind demnach umfassende Veränderungen der Lebenswelt. In der Entwicklungspsychologie sowie in der Familienforschung werden sie als zu bewältigende Anforderungen bzw. als Entwicklungsaufgaben verstanden (vgl. Griebel & Niesel, 2013; Schröer et al., 2013). Im Kontext pädagogischer Institutionen rückt dabei die Frage, wie solche Übergänge in der (Bildungs-)Biographie gelingen, in den Fokus der Aufmerksamkeit. Der Zeitpunkt von Übergängen zwischen den verschiedenen Stufen des Bildungssystems wird dabei mehr von politischen und institutionellen Rahmenbedingungen bestimmt als von dem, was Kinder für ihre Entwicklung brauchen. Zwar verläuft kindliche Entwicklung oft in Sprüngen – diese erfolgen aber nicht zu festgesetzten Zeitpunkten, die den Übergängen im Bildungssystem entsprechen.

Für das deutsche Bildungssystem sind dabei drei Aspekte charakteristisch:

- Der Übergang von der Familie in die institutionelle Betreuung erfolgt für eine Mehrheit der Kinder mit drei Jahren. Eine institutionelle Betreuung von Kindern unter drei Jahren wurde und wird vor allem in Westdeutschland bis heute kontrovers gesehen. Die Ansicht, dass Kinder in diesem Alter am besten bei der Mutter aufgehoben sind, ist nach wie vor verbreitet, auch wenn sich dies in den letzten Jahren erheblich verändert hat. In den meisten westdeutschen Bundesländern besucht weniger als ein Drittel der unter Dreijährigen eine KiTa. In den ostdeutschen Bundesländern ist dagegen Betreuung von unter Dreijährigen deutlich selbstverständlicher; hier wird über die Hälfte der unter Dreijährigen in KiTas betreut (vgl. Bertelsmann Stiftung, 2016b).

- Das Verhältnis zwischen KiTa und Schule ist in Deutschland wesentlich dadurch geprägt, dass KiTas historisch Teil des Sozial- und nicht des Bildungssystems sind. Zwar werden heute KiTas als erste Stufe des Bildungssystems gesehen. Allerdings unterscheidet sich das Verständnis frühkindlicher Bildung, das in den letzten zwei Jahrzehnten entwickelt wurde, teils erheblich vom Bildungsverständnis der Schule. Weder die institutionellen Strukturen noch die Bildungsbereiche von KiTa und Grundschule sind aufeinander abgestimmt. Bildungspläne für den Elementarbereich haben oft einen deutlich anderen Charakter als Lehrpläne der Grundschule, auch wenn es in einigen Bundesländern inzwischen übergreifende Bildungspläne gibt.
- Der Übergang in die Sekundarstufe ist in Deutschland durch frühe Selektion gekennzeichnet. Dabei wollen immer mehr Eltern ihren Kindern den höchsten Bildungsabschluss ermöglichen. Dieser Selektionsdruck in Richtung Gymnasium macht sich früh und z. T. bereits im Kindergarten bemerkbar.

Vor diesem Hintergrund ist mangelnde Anschlussfähigkeit eines der wesentlichen Probleme des deutschen Bildungssystems. Die Transitionen zwischen den verschiedenen Systemen stellen oftmals Herausforderungen dar. Einerseits steckt in jedem Übergang die Chance auf einen Neuanfang. Andererseits kann es zu Passungsproblemen, Störungen und Brüchen in individuellen Bildungsverläufen kommen.

Dies gilt auch für begabte und hochbegabte Kinder. In den *Empfehlungen zur Förderung begabter und besonders leistungsfähiger Kinder und Jugendlicher*, die von der Karg-Stiftung und dem ICBF in Münster im Anschluss an die von der KMK am 11. Juni 2015 verabschiedete *Förderstrategie für leistungsstarke Schülerinnen und Schüler* formuliert wurden, heißt es dazu explizit: „Die Förderung auch besonders Begabter und Leistungsfähiger sollte die gesamte Bildungsbiographie umfassen; insbesondere Übergänge von KiTa zu Schule, von Grundschule zu Sekundarschule, von Schule zu Hochschule bzw. Berufsausbildung sollten so gestaltet werden, dass Brüche in Bildungsbiographien vermieden werden" (Karg-Stiftung & ICBF, 2015, o. S.).

9.1 Von der Familie in die KiTa

Wenn Kinder in die KiTa kommen, ist das in der Regel das erste Mal, dass sie für längere Zeit die vertraute Umgebung und die Familie verlassen. Das Kind wird ein *Kindergarten- bzw. Krippenkind*, und auch die Eltern müssen sich an und in die KiTa *ein/gewöhnen* (vgl. Niesel & Griebel, 2013). Der Eintritt in die

Einrichtung ist für Kinder wie für Erwachsene mit starken Gefühlen verbunden. Auf der Ebene des Einzelnen erlebt ein Kind einen neuen Status. Es fühlt sich ‚größer' und/oder ‚älter', es freut sich auf das Neue, ist neugierig und stolz. Gleichzeitig kann der Eintritt eines Kindes in die KiTa mit Gefühlen von Verlust und Abschied verbunden sein. Das gilt ganz allgemein und damit auch für begabte Kinder. Welche Besonderheiten können sich aber bei der Begleitung von Kindern stellen, die in der kognitiven Entwicklung ihren Alterskameraden voraus sind oder mit besonderen Begabungen auffallen?

Kinder, die in die KiTa kommen, bezeichnen sich in aller Regel nicht selbst als begabt oder hochbegabt. Den Eltern ist aber möglicherweise bewusst, dass ihr Kind ‚anders' ist als andere Kinder. In diesem Zusammenhang sollten bei der Begleitung begabter Kinder die folgenden Aspekte beachtet werden:

- Inwiefern ist ein Kind begabt, in welchen Bereichen zeigt es Entwicklungsvorsprünge?
- Wie wurde und wird es in der Familie gefördert, und welche Erwartungen richten Eltern an die Förderung in der KiTa?
- Wie baut es Beziehungen zu anderen Kindern in der Kindergruppe auf?

Zunächst ist wichtig festzustellen, ob ein Kind *insgesamt* weiter entwickelt ist als andere Kinder oder aber sich herausragende Fähigkeiten *nur in bestimmten Bereichen* zeigen. Zu bedenken ist hier das Phänomen der *Asynchronität* von Entwicklung (▶ Kap. 3.2.1). Je nach persönlicher Haltung der Eltern und Fachkräfte kann es sein, dass eher die herausragenden kognitiven Fähigkeiten eines Kindes wahrgenommen werden. Dann geraten möglicherweise andere Kompetenzbereiche aus dem Blick: z. B. die lebenspraktischen Aufgaben, die ein Kindergartenkind nach und nach bewältigen lernt wie An- und Ausziehen, Hygiene und manierliches Verhalten beim Essen, aber auch die Entwicklung sozial-emotionaler Kompetenz.

Manche Eltern und Fachkräfte meinen, dass begabte Kinder diese Dinge ‚nun einmal nicht können', so dass sie diese Dinge weniger einfordern – was für die Kinder zwar zunächst bequem sein mag, ihnen langfristig aber wenig hilft. Umgekehrt gibt es Eltern und Fachkräfte, die eher die lebenspraktischen oder sozial-emotionalen Defizite im Blick haben und daher den bemerkenswerten kognitiven Fähigkeiten eines Kindes wenig Beachtung schenken. Sie meinen, letztere müssten nicht weiter gefördert werden, denn das Kind ‚kann ja schon so viel'. Auch dies wird dem jeweiligen Kind nicht gerecht.

Wesentlich ist also, welche Einstellungen die Eltern zu Entwicklungsvorsprüngen und Begabungen ihres Kindes haben. Gut situierten Eltern mit hohem Bildungsniveau ist es oft wichtig, dass ihre Kinder so früh wie möglich anspruchsvoll und vielseitig gefördert werden. Sie haben möglicherweise Veröffentlichungen über Hochbegabung gelesen, achten auf frühe Anzeichen besonderer Begabungen bei ihren Kindern und prüfen dann genau, wie KiTas sich z. B. im Internet darstellen und ob sie Angebote zur Förderung begabter Kinder machen. Eltern, die z. B. von der Kinderärztin darauf aufmerksam gemacht worden sind, dass ihr Kind über besondere Fähigkeiten verfügt und daher besonders gefördert werden solle, sind in der Folge oft unsicher, ob ihr Kind ausreichende Förderung erhält. Auch sie tragen entsprechende Erwartungen und Forderungen an die KiTa heran.

Eltern müssen beim Übergang ihres Kindes in eine Einrichtung akzeptieren, dass sie nicht mehr allein für die Erziehung und Förderung ihres Kindes zuständig sind und weitere Personen an der Erziehung mitwirken und diese bewerten. Eltern begabter Kinder nehmen ihre Kinder oft als sehr ‚besonders' wahr und sind irritiert, wenn andere Eltern oder pädagogische Fachkräfte diese Besonderheit nicht sehen oder womöglich negativ bewerten.

Andererseits gibt es auch Eltern, die ihre begabten Kinder für ganz ‚normal' halten – und deren Bild von altersangemessen Fähigkeiten und Interessen von Kindern daher manchmal nicht ganz realistisch ist. In solchen Fällen ist möglicherweise die KiTa der erste Ort, an dem unübersehbar ist, dass ein Kind irgendwie ‚anders' ist als andere. Dann kommt den Fachkräften die Aufgabe zu, dieses ‚Anderssein' angemessen zu thematisieren und sowohl mit den Eltern als auch dem Kind darüber in Dialog zu treten. „Eltern können die Entwicklung ihrer Kinder langfristig beobachten, auch in Situationen oder Bereichen, die in Kindergarten und Schule nicht beobachtbar sind. Erzieherinnen oder Erzieher und Lehrkräfte hingegen verfügen eher über gute Vergleichsmöglichkeiten mit altersgleichen Kindern. Die Informationen können sich daher idealerweise ergänzen" (Arnold & Preckel, 2011, S. 56).

Denn auch für Kinder ist der Alltag in der KiTa eine neue Situation. Insbesondere selbstbewusste Kinder genießen die größere Unabhängigkeit und die erweiterten Handlungsspielräume, die die KiTa ihnen bietet. Gleichzeitig müssen begabte und gut geförderte Kinder nun damit umgehen, dass sie als Mitglied einer größeren Gruppe nicht mehr ständig die uneingeschränkte Aufmerksamkeit eines Erwachsenen erhalten. Möglicherweise sind sie es gewohnt, dass ihnen viele Angebote und Beschäftigungen ermöglicht werden, und erwarten dies nun auch in der Einrichtung. Oder sie sind daran gewöhnt, für ihre Aktivitäten jederzeit viel Lob und Anerkennung zu erhalten – und sind irritiert, wenn das nicht geschieht oder in der KiTa andere Kinder ‚besser' sind.

Entscheidend ist in dieser Situation, wie ein Kind Kontakt zu anderen Kindern aufnimmt und seinen Platz in der Gruppe findet. Mit zunehmendem Alter beginnen Kinder, sich miteinander zu vergleichen, und stellen so fest, dass sie über unterschiedliche Fähigkeiten verfügen. Für Kinder mit Entwicklungsvorsprüngen sind altersgemischte Gruppen von großem Vorteil, denn hier ist die Wahrscheinlichkeit größer, dass sie andere Kinder finden, mit denen sie Interessen und Fähigkeiten gemeinsam haben. Je spezieller die Interessen und Begabungen eines Kindes sind, umso schwieriger kann es sein, damit bei anderen Kindern ‚anzukommen', so dass solche Kinder dabei möglicherweise besondere Unterstützung benötigen. Der Schlüssel zur individuellen Förderung ist hier nicht die Konzentration auf das einzelne Kind, sondern die Begleitung und Förderung von *Gruppenprozessen* (Brandes, 2008).

9.2 Vom Kindergarten in die Schule

Der nächste herausfordernde Übergang ist der Schritt von der KiTa an die Grundschule. Die klassischen entwicklungspsychologischen Stufenmodelle von Erikson (2003, Original 1959) und Piaget (Piaget & Inhelder, 1972) legen nahe, dass es einen ‚natürlichen' Zeitpunkt für den Schuleintritt gibt. Neuere Forschungsergebnisse zeigen dagegen, dass Kinder aufgrund individueller Erfahrungen oder besonderer Förderung in einem Wissensbereich weiter fortgeschritten sein können als in einem anderen oder als andere Kinder in der gleichen Domäne. So zeigen bereits drei- bis vierjährige Kinder in manchen Wissensbereichen Elemente konkret-operationalen Denkens, das nach Piaget Kindern erst im Grundschulalter möglich ist (vgl. Sodian, 2012).

Auch der internationale Vergleich spricht gegen die Annahme eines ‚optimalen' Einschulungsalters. Das Einschulungsalter in Europa unterscheidet sich erheblich und liegt zwischen vier bis fünf Jahren (Großbritannien) und sieben Jahren (u. a. Finnland und Schweden) (Eurydice, 2014, S. 128). In Deutschland wurde nach dem ‚PISA-Schock' das Einschulungsalter nach vorn verlegt, so dass heute mehr Fünfjährige eingeschult werden als früher. Außerdem wurden Maßnahmen zur besseren Verzahnung von vorschulischem Bereich und Grundschule mit dem Ziel einer früheren Einschulung beschlossen (vgl. Berthold, 2008). In der Folge wurden jedoch auch Nachteile einer früheren Einschulung deutlich, so dass es zu diesem Thema nach wie vor erhebliche Kontroversen gibt (vgl. Jiménez, 2015). Insbesondere für Spätentwickler kann eine frühere Einschulung sehr problematisch sein, wogegen entwicklungsschnelle Kinder davon profitieren können.

Ziel der Übergangsgestaltung ist es, diesen für alle Beteiligten so fließend wie möglich zu gestalten (vgl. Cloos, Oehlmann & Sitter, 2013; Griebel & Niesel, 2013; Perry, Docket & Petriwskyj, 2014). Dies schließt ein, dass in der KiTa entwickelte Fähigkeiten in der Grundschule wahrgenommen und weiterentwickelt werden. Der Übergang an die Grundschule kann generell dann als gelungen bezeichnet werden, wenn keine besonderen Probleme auftauchen, wenn Kinder sich in der Schule wohlfühlen und ihr Wohlfühlen zum Ausdruck bringen, wenn sie sozial integriert sind, Bildungsangebote für sich nutzen können und neue Kompetenzen erworben haben, mit denen sie die Anforderungen im Unterricht und im Schulumfeld bewältigen können.

Welche Aspekte sind bei diesem Übergang bei Kindern mit Entwicklungsvorsprüngen und besonderen Begabungen relevant? Wenn KiTas diesen Kindern kein ausreichendes Angebot mehr bereitstellen können, dann kann der Übergang an die Grundschule ein befreiender Schritt sein. Auch eine vorzeitige Einschulung kann dann sinnvoll sein (s. u.). Allerdings kann es auch einen umgekehrten Effekt geben. Kinder, die in Familie und KiTa gut gefördert wurden und ihre Fähigkeiten vielseitig entwickeln können, sind möglicherweise sehr enttäuscht, wenn dies in der Grundschule nicht mehr möglich ist und sie stattdessen Schritt für Schritt Dinge lernen sollen, die sie längst beherrschen und die ihnen schnell langweilig werden. Insofern ist entscheidend, dass Grundschulen am Entwicklungsstand und am Kompetenzniveau ansetzen, mit denen die Kinder in die Schule kommen. Dies setzt eine intensive Kooperation von Fach- und Lehrkräften der beiden Institutionen voraus. Wünschenswert wäre auch eine Anschlussfähigkeit der pädagogischen Diagnostik, die leider nicht nur in den Verfahren nur selten gegeben, sondern aus Datenschutzgründen auch rechtlich nicht ohne Weiteres umsetzbar ist (▶ Kap. 3.6).

Wie sehr Kinder den Übergang als Chance und Herausforderung annehmen können oder aber darauf ängstlich reagieren, hängt zudem nicht nur von kognitiven Anforderungen ab, sondern in erster Linie von weiteren Eigenschaften und Fähigkeiten, die zuweilen als „nicht kognitive Persönlichkeitseigenschaften" bezeichnet werden. Insbesondere Anstrengungsbereitschaft und Lernfreude, aber auch Selbstwertgefühl und die Überzeugung, Erfolge und Misserfolge beeinflussen zu können, gelten als Eigenschaften, die für akademische Leistungen und erfolgreiches Lernen in der Schule grundlegend und deren Aufrechterhaltung und Förderung zentrale Ziele der pädagogischen Arbeit in der Primarstufe sind.

Die Wahrnehmung und Förderung dieser nicht kognitiven Fähigkeiten ist auch in der Begleitung begabter Kinder wichtig, insbesondere dann, wenn das Kind durch besondere Leistungen beeindruckt. Sind die Arbeitsergebnisse eines Kindes herausragend, laufen Lehrkräfte, pädagogische Fachkräfte und auch Eltern Gefahr, solche Leistungen als selbstverständlich anzusehen und letztlich vom Kind zu erwarten. Für das Kind kann eine solche (unausgesprochene) Erwartungshaltung eine Überforderung darstellen (▶ Kap. 5.5). Sind gute Ergebnisse für ein Kind nicht besonders ‚anstrengend', kann es sich an diese vermeintlich ‚leichten Erfolge' gewöhnen. Auch es selbst erwartet damit selbstverständlich gute Leistungen oder positive Rückmeldungen auf seine Leistungen.

Problematisch wird dies dann, wenn ein Kind zu wenig lernt, sich anzustrengen, weil es sich auf seinem Lebensweg bislang kaum einmal wirklich anstrengen *musste*, und sich in der Folge dann vielleicht auch gar nicht anstrengen *will* (▶ Kap. 5.2). Die Grundlagen für diesbezügliche Einstellungen werden dabei durchaus bereits vor Schulbeginn gelegt, auch wenn sich entsprechende Haltungen erst in der Auseinandersetzung mit schulischen Leistungsanforderungen (oft erst mit dem Einsetzen von Leistungsbeurteilungen und Noten) herausbilden.

Es lässt sich zusammenfassen, dass die Kooperation von KiTa und Schule ein wichtiges Kernstück der Förderung von begabten Kindern ist. Die in Deutschland historisch begründete separate Entwicklung des Kindergartens und des Schulsystems hat allerdings dazu geführt, dass die Anschlussfähigkeit der Grundschule an die KiTa nicht selbstverständlich gegeben ist – im Gegenteil. Dies beginnt sich allmählich zu ändern. Eine Verbesserung der Kooperation von KiTas und Grundschulen ist seit fünfzehn Jahren bundesweit Gegenstand zahlreicher Projekte (vgl. Cloos et al., 2013, S. 558 ff.). Manche dieser Projekte entstanden im Kontext von Begabtenförderung und wurden gezielt zur Förderung hochbegabter Kinder entwickelt. So wurden in Niedersachsen seit 2002 Kooperationsverbünde eingerichtet, in denen neben Schulen auch KiTas zusammenarbeiten. Das landesweite Netz umfasste im Schuljahr 2015/2016 89 Kooperationsverbünde mit insgesamt 506 Schulen, davon 364 Grundschulen und 127 KiTas (Niedersächsisches Kultusministerium, 2015).

Auch die Karg-Stiftung engagierte sich in zahlreichen Projekten zum Übergang KiTa-Grundschule. In der hessischen Salzbödetal-Schule wurde insbesondere mit dem Konzept der flexiblen Eingangsstufe eine Chance für hochbegabte Kinder gesehen. Der sogenannte *kindorientierte Übergang* umfasste vor allem einen flexiblen Eingang in die Schule: Dazu wurden prinzipiell alle schulpflichtigen Kinder mit zwei Einschulungsterminen zu Beginn des Schuljahrs und zum Beginn des zweiten Halbjahres eingeschult. Die Kinder werden in den ersten beiden Jahrgängen gemischt. Am Ende des Schuljahres kann ein Teil der Kinder in den dritten Jahrgang aufsteigen, so dass sowohl eine kürzere als auch eine längere Verweildauer in der Eingangsklasse möglich ist, ohne dass die Kinder die sozialen Kontakte verlieren. Nach Angaben der Autorinnen verbesserte sich damit sowohl die Situation für Kinder mit Lern- und Verhaltensproblemen als auch die der Kinder mit besonderen Begabungen (Becker & Westerholt, 2010). Zudem unterstützte und begleitete die Karg-Stiftung das Land Schleswig-Holstein in der Entwicklung von fünf *Kompetenzzentren Begabtenförderung*, bestehend aus jeweils einer KiTa und einer Grundschule (Institut für Qualitätsentwicklung an Schulen Schleswig-Holsteins, 2015).

In solchen Kooperationen können sowohl KiTas als auch Schulen viel gewinnen. KiTas können von Schulen lernen, Themen und Inhalte systematisch aufzubereiten und Lernziele konkret zu formulieren. Das fachliche und methodische Repertoire schulischer Fächer kann die Bildungsbereiche der KiTa erweitern. Andererseits können Schulen von KiTas lernen, ein ko-konstruktivistisches Bildungsverständnis zu entwickeln, das auf Dialog aufbaut und individuell unterschiedlichen Lernbedürfnissen und Lernwegen von Kindern mehr Raum gibt.

Es liegt auf der Hand, dass von einer guten Zusammenarbeit von KiTas und Grundschulen auch und gerade begabte Kinder profitieren können. Anschaulich wird dies im Statement einer internationalen Forschungsgruppe zur Gestaltung dieses Übergangs, das die Bedeutung der folgenden Aspekte hervorhebt:

- „ein Verständnis von allen Kindern als kompetent, fähig und kreativ; Kinder haben bereits viel gelernt, bevor sie in die Schule eintreten, unabhängig von spezifischen Kontexten oder Hintergründen;
- die Anerkennung und Unterstützung von Kindern als aktiven Beteiligten an ihren eigenen Übergangs- und Lernprozessen;
- Wahrnehmung und Wertschätzung der Stärken aller, die in den Übergang zur Schule involviert sind;
- echte Partnerschaften auf der Grundlage reziproker, responsiver und respektvoller Beziehungen;
- eine kritische Reflexion etablierter Praxis und der dahinterliegenden Grundannahmen;
- ein Curriculum und eine Pädagogik, die sich auf die Eigenheiten, Interessen und Lebensumstände der Kinder bezieht" (Educational Transitions and Change (ETC) Research Group, 2013, o. S., übers. T. R.).

Vorzeitige Einschulung: „Wer kann, soll auch dürfen"?

Mit dem Hinweis auf andere Länder, in denen die Kinder oft schon beträchtlich früher, also mit fünf oder sogar vier Jahren eingeschult werden, ist auch in Deutschland seit einiger Zeit eine Tendenz zur früheren Einschulung festzustellen. In vielen Bundesländern wurde der Einschulungszeitpunkt nach vorn verlegt sowie die Bestimmungen für eine vorzeitige Einschulung deutlich gelockert. Damit ist es heute in der Regel kein Problem mehr, sogenannte ‚Kann-Kinder' einzuschulen.

Ob und wann ein Kind vorzeitig eingeschult werden soll, ist eine Frage, die sich insbesondere Eltern stellt, deren Kinder schon eine lange ‚Kindergartenkarriere' hinter sich haben oder deren Kinder über Langeweile klagen. Wenn ein Kind sich in der KiTa wohlfühlt, gute Spielpartnerinnen und Spielpartner findet und viele Möglichkeiten hat, spannenden und herausfordernden Aktivitäten nachzugehen, besteht dagegen meist wenig Anlass, über eine vorzeitige Einschulung nachzudenken. Mit Argumentationen für eine frühere Einschulung von begabten Kindern ist nicht selten eine generelle Abwertung von KiTas verbunden, die als Bildungseinrichtungen weniger ernst genommen werden. Dann wird befürchtet, dass durch einen Verbleib in der KiTa wertvolle Zeit für die Bildung eines Kindes verloren geht.

Tatsächlich ist die Frage des Einschulungszeitpunktes für Begabtenförderung gar nicht so wesentlich. Entscheidend ist vielmehr, inwieweit die jeweilige KiTa bereit und in der Lage ist, auf individuelle Bedürfnisse von Kindern mit Entwicklungsvorsprüngen einzugehen, z. B. durch anspruchsvolle Materialien und Projektideen oder differenzierte Lern- und Entwicklungspläne. Wenn dagegen die Lernumgebung einer KiTa nicht mehr genügend Herausforderungen bietet oder ein Kind keine anderen Kinder mehr findet, mit denen es seine Interessen verwirklichen kann, dann liegt es nahe, über einen Wechsel in die Schule nachzudenken.

Auch eine gute Förderung in der KiTa nutzt allerdings wenig, wenn diese in der Grundschule nicht weitergeführt wird. Es muss daher bedacht werden, inwieweit die zukünftige Grundschule individuellen Interessen und Lernbedürfnissen von Kindern Raum gibt. Dies gilt nicht nur für Kinder mit Entwicklungsvorsprüngen oder besonderen Begabungen, sondern gleichermaßen für interessierte und neugierige Kinder, die in Elternhaus und KiTa gut gefördert wurden. Zusammengefasst: Für eine Entscheidung über eine vorzeitige Einschulung muss vor allem geprüft und abgewogen werden, wie die aktuellen Bedingungen in der KiTa aussehen und welche Situation in den ersten Klassen der Grundschule zu erwarten ist.

Wenn eine differenzierte Förderung weder in der KiTa noch in der Grundschule stattfindet oder aber ein Kind seiner Altersgruppe extrem weit voraus ist, dann ist eine vorzeitige Einschulung in jedem Fall zu empfehlen. Dies setzt neben der körperlichen Schulreife voraus, dass ein Kind die Leistungsanforderungen der ersten Klasse bewältigen kann und seine Anstrengungsbereitschaft entsprechend entwickelt ist. „Kinder, die zwar über eine hohe kognitive Leistungsfähigkeit verfügen, aber am liebsten den ganzen Tag spielen möchten, werden nicht glücklich, wenn sie täglich mehrere Stunden auf der Schulbank sitzen müssen" (Rohrmann & Rohrmann, 2010, S. 184). Von einer Einschulung schon mit vier Jahren ist auch bei einer herausragenden kognitiven Entwicklung abzuraten. Solche Kinder geraten in der weiteren Entwicklung durch die Altersdifferenz in eine soziale Sondersituation, die insbesondere in einem altershomogen strukturierten Schulsystem kaum noch zu überbrücken ist. Stattdessen sollte in solchen Fällen eine ergänzende individuelle Förderung ggf. im Freizeitbereich empfohlen werden.

Dass ein Kind sozial-emotional noch ‚kindlich' oder ‚unreif' wirkt, spricht dagegen nicht unbedingt gegen eine frühere Einschulung. Das scheinbar ‚unreife' Verhalten kann möglicherweise auch ein Ausdruck von Langeweile und Unterforderung sein. In manchen Fällen verschwindet das ‚kindliche' Verhalten schnell, wenn das Kind eingeschult wird und sich den neuen Strukturen und Anforderungen anpasst. Eine solche Entscheidung setzt allerdings sorgfältige Beobachtung und eine gründliche pädagogische Diagnostik voraus.

Damit eine vorzeitige Einschulung gelingt, ist zudem wesentlich, dass die aufnehmende Schule und die beteiligten Lehrkräfte einer Aufnahme jüngerer Schülerinnen und Schülern und der damit einhergehenden Altersmischung grundsätzlich positiv gegenüberstehen. Für Grundschullehrkräfte ist wichtig zu verstehen, dass solche Kinder zwar in manchen Bereichen Dinge schnell begreifen, in anderen Bereichen aber altersgemäß entwickelt sind und damit hinter den anderen Kindern der Klasse zurückliegen. Dies kann in der Feinmotorik sichtbar werden (z. B. beim Schreiben), aber auch beim Ausdruck sozial-emotionaler Bedürfnisse, z. B. einem Wunsch nach besonderer Nähe zur Lehrkraft.

Eine psychologische Untersuchung ist für die Entscheidung zu einer vorzeitigen Einschulung nicht zwangsläufig erforderlich. Sie kann aber hilfreich sein, wenn Fachkräfte und/oder Eltern unsicher oder uneinig sind. Wenn unterschiedliche oder widersprüchliche Einschätzungen von Eltern, pädagogischen Fachkräften, Schulreifeuntersuchungen sowie anderen Fachleuten vorliegen, kann eine umfassende (!) psychologische Diagnostik für Klarheit sorgen.

Neue Perspektiven für den Übergang begabter Kinder von der KiTa zur Schule ergeben sich aus neuen (oder wiederentdeckten) Organisationsformen von Grundschulen. Zum einen wird in den letzten Jahren an immer mehr Grundschulen eine flexible Schuleingangsphase eingeführt, in denen die ersten beiden Grundschulklassen in ein, zwei oder drei Jahren durchlaufen werden können. Zum anderen gibt es vermehrt Schulen, die mit jahrgangsübergreifenden Klassen arbeiten (s. u.). Solche Modelle erleichtern ein Überspringen im Verlauf der Grundschulzeit und lassen damit eine Entscheidung für eine vorzeitige Einschulung als weniger dringlich erscheinen. Die Entscheidung über den Schulverlauf muss nicht bereits vor der Schule erfolgen, sondern kann aufgrund der konkreten Entwicklung in der Schule getroffen werden.

9.3 Integrative Begabtenförderung in Grundschule und Hort

Weitere Perspektiven insbesondere für die fachliche Zusammenarbeit können aus der Zusammenarbeit von Grundschule und Hort hervorgehen. Für KiTa-Fachkräfte sind methodische Ansätze und fachspezifische Vertiefungen aus dem Grundschulbereich interessant, die in die pädagogische Arbeit mit älteren Vorschulkindern sowie vor allem im Hort integriert werden können. Aus einem Austausch über derartige Ansätze ergeben sich viele Berührungspunkte, die zudem die Zusammenarbeit von Schule und KiTa verbessern können. Einige Hinweise zu fachspezifischen Möglichkeiten wurden bereits in den Ausführungen zu den Bildungsbereichen in Kapitel 9 gegeben.

Nachfolgend wird zunächst ein beispielhafter Schulversuch zur Förderung begabter Kinder dargestellt. Im Anschluss wird auf zukunftsweisenden Ansätze auf struktureller Ebene eingegangen, die eine individuelle Förderung begabter Kinder ermöglichen: das Konzept des jahrgangsübergreifenden Unterrichts sowie eine vertiefte Kooperation von Schule und Hort.

> **Studie: Evaluation eines Schulversuchs zur Integrativen Begabtenförderung**
>
> In einem fünfjährigen Schulversuch wurden an einer Grundschule in Dresden vielfältige Ansätze einer integrativen Förderung begabter Kinder erprobt (Sächsisches Staatsministerium, 2008). Dazu gehörten Maßnahmen der Binnendifferenzierung, Wochenplanarbeit, Lernwerkstätten und Stationen, früher Fremdsprachenunterricht, individuelle Lernverträge, spezielle Zusatzangebote für begabte Schülerinnen und Schüler und etliche weitere Maßnahmen (Rohrmann, 2009, S. 121 ff.). Das anfängliche Nebeneinander verschiedenster Fördermethoden wurde allmählich besser strukturiert. Dabei wurde auf manche Maßnahmen und Methoden verzichtet, während andere in den gemeinsamen Unterricht integriert wurden. Die Bedeutung von außerunterrichtlichen Zusatzangeboten für besonders Begabte ging zurück. Stattdessen wurde der Schwerpunkt zunehmend auf eine Individualisierung des Unterrichts gelegt.
>
> Die Fördermaßnahmen wurden umfassend und auch unter Beteiligung der Kinder evaluiert (Rohrmann, 2009). Vor dem Hintergrund der großen Arbeitsbelastung der beteiligten Lehrkräfte wurde z. B. eine Aufwand-Nutzen-Analyse verschiedener Fördermaßnahmen durchgeführt. Bemerkenswerterweise stellte sich hierbei heraus, dass Kinderbeteiligung im Sinne einer Einbeziehung von Kindern in die Planung des Unterrichts besonders positiv gewertet wurde. Auch der Einsatz von Schülerinnen und Schülern als *Co-Lehrkräften* in Schule und Hort sowie die Arbeit mit Lehrkräften wurden positiv eingeschätzt. Dagegen wurden spezielle Zusatzaufgaben und Zusatzangebote für begabte Kinder zwar als inhaltlich sinnvoll, aber auch deutlich aufwändiger eingeschätzt (ebd., S. 133).
>
> In der Folge rückte die Beteiligung von Kindern an der Konzeption, Planung, Durchführung und Auswertung von Lernprozessen zunehmend ins Zentrum der pädagogischen Arbeit. Ein prägnantes Beispiel dafür waren so genannte *Gestaltungstage*, an denen individuellen Interessen und selbst gewählten Themen der Kinder größtmöglicher Raum gegeben wurde. Nicht überraschend waren diese Tage *Spitzenreiter*, als Kinder zu den von ihnen bevorzugten Arbeitsformen befragt wurden (ebd., S. 152).

Als Rahmen für eine große Vielfalt möglicher Methoden wurde schließlich das Konzept der *Freien Planarbeit* entwickelt:
„Die Freie Planarbeit ist eine Form individueller Förderung, die Enrichment sichert. Sie fördert individuelle Lernprozesse beim Schüler und fordert die Lehrkraft als flexiblen Lernberater. Freie Planarbeit ist themenzentriert sowie lehrplan-, kind- und materialorientiert. Der Schüler wählt frei die Form des Planens, die Art der Aufgaben, die Anzahl der Aufgaben, die Art der Aufgabenerfüllung, sein Arbeitsmaterial, seine Lernpartner, seine Lernräume im vorgegebenen Arbeitszeitraum" (Sächsisches Staatsministerium, 2008, S. 52).

Ergebnis der vielfältigen Möglichkeiten, ihr Lernen selbst zu gestalten, waren Kinder, die sowohl in ihrer Selbsteinschätzung als auch aus Sicht der Lehrkräfte sowie der wissenschaftlichen Begleitforschung als kompetent, selbstbewusst und verantwortungsvoll erschienen. Am Ende der vierten Klasse meinten die Schülerinnen und Schüler, „dass sie selbstbewusst, klug und intelligent seien. Sie hätten gelernt, selbständig und zielstrebig zu arbeiten, Verantwortung zu übernehmen und Aufgaben nach Stärken und Schwächen zu planen und zwar auch über längere Zeiträume. Dafür hätten sie die Kompetenz entwickelt, sich selbst einzuschätzen zu können. Weiter stellten sie fest, dass sie sowohl Wissen als auch vielfältige methodische Kompetenzen erworben hätten, darunter die Fähigkeit, Vorträge vorzubereiten und zu halten. Die Kinder sahen sich als Experte auf bestimmten Gebieten. Wichtig war ihnen außerdem die Fähigkeit, mit anderen zusammen zu arbeiten und zu helfen, sich zu einigen, voneinander lernen zu können und mit Stärken und Schwächen anderer umzugehen" (Rohrmann, 2009, S. 164).

Jahrgangsübergreifender Unterricht

In jahrgangsübergreifendem Unterricht werden Kinder individuell, an ihren Lernständen anknüpfend gefördert. So können Begabte und in ihrer kognitiven Entwicklung fortgeschrittene Kinder nach dem Lehrplan älterer Kinder unterrichtet werden, ohne ihre Stammgruppe verlassen und in eine andere Gruppe wechseln zu müssen. Das kann für einzelne Fächer oder auch komplett geschehen. Am Ende der ersten Klasse wechseln sie unaufgeregt mit einigen ihrer Klassenkameraden in die dritte Klasse, ohne das von Überspringen geredet werden muss und eine ‚Sondermaßnahme' nötig ist. Damit werden andere Formen der Akzeleration überflüssig (vgl. Rohrmann & Rohrmann, 2010, S. 185).

Pfahl und Seitz (2014) betonen, dass jahrgangsübergreifender Unterricht nicht nur der Förderung von benachteiligten Schülerinnen und Schülern dient. Er „besitzt zudem viele begabungsfördernde Elemente, die spezifische Lernbedürfnisse einzelner Kinder aufgreifen können" (S. 51). Quasi nebenbei wird zudem der Frontalunterricht verabschiedet. Die Kinder arbeiten in Gruppen an Themen, die ihrem Wissen und Können angemessen sind. Neue Formen des Lehrens und Lernens sind nicht nur möglich, sondern auch nötig, damit altersübergreifende Schulklassen überhaupt funktionieren können.

Jahrgangsübergreifendes Unterrichten stellt allerdings überkommene Selbstverständlichkeiten des Schulsystems in Frage und zudem hohe Anforderungen an die Lehrkräfte. Noch weniger als im Normalfall können Lehrkräfte davon ausgehen, eine halbwegs homogene Lerngruppe vor sich zu haben. Die Kinder einer jahrgangsübergreifenden Klasse stehen in noch größerem Maß auf unterschiedlichen Entwicklungs- und Leistungsniveaus, die angemessen zu berücksichtigen insbesondere in großen Klassen nicht leicht ist. Viele Lehrkräfte sind daher nach anfänglicher Begeisterung enttäuscht: Die Hoffnung, dass jüngere Kinder von älteren lernen und schwächere Schülerinnen und Schüler von stärkeren ‚mitgezogen' werden, erweist sich nicht selten als Illusion. Zudem stoßen derartige Modelle auch bei Eltern zuweilen auf Skepsis. Eine Umsetzung jahrgangsübergreifenden Lernens erfordert daher Mut zum Experimentieren sowie entsprechende personelle und strukturelle Ressourcen. Sie kann nicht einfach von oben verordnet werden, sondern muss allmählich entwickelt werden. Eine Schlüsselrolle kann dabei die Zusammenarbeit von Grundschule und Hort bzw. integriertem Ganztagsangebot spielen.

Grundschule und Hort

Eine enge Verzahnung von Grundschule und Nachmittagsangeboten mit dem Ziel eines guten Ganztagesangebotes – ob innerhalb einer Ganztagsschule oder in Form einer Kooperation mit einem Hort – ist eine wichtige Bedingung für eine umfassende Förderung von Schülerinnen und Schülern. Im Kontext der Förderung von Ganztagsschulen wurde eine solche Förderung zum schulpolitischen Ziel. Die Zusammenarbeit von Schulen und Horten ist jedoch nicht immer einfach. Unterschiedliche Bildungskonzepte und institutionelle Strukturen sowie nicht zuletzt persönliche Vorbehalte erschweren oft die Kooperation.

Dies gilt allgemein für die Zusammenarbeit von Schule und Hort, aber auch speziell für die Bildung und Begleitung von begabten Kindern. Insbesondere wenn eine wie auch immer geartete besondere Förderung begabter Kinder Bestandteil der pädagogischen Konzeption einer Schule ist, sollte dies auch den Nachmittagsbereich mit einbeziehen. Allerdings wurde die Rolle des Horts *als Institution* im Kontext von Begabtenförderung bislang kaum einmal thematisiert. Interessant sind daher Beobachtungen aus dem weiter oben bereits vorgestellten Schulversuch zur Integrativen Begabtenförderung an einer Grundschule in Dresden, in der der Hort von Beginn an Teil des Vorhabens war (Rohrmann, 2009). In diesem Schulversuch wurde immer wieder deutlich, welch wesentliche und konstruktive Rolle der Hort für die Förderung begabter Kinder im Schulversuch spielte. So konnte der Hort kompensatorisch nicht zuletzt im Bereich des sozialen Miteinanders wirken, wie das folgende Fallbeispiel zeigt.

> *Fallbeispiel*
> Willi las bereits mit fünf Jahren so gut wie ein Drittklässler und verbrachte seine Zeit mit Büchern und Denkspielen. Als er in die Schule kam, interessierte er sich für völlig andere Dinge als viele andere Kinder und insbesondere die Jungen seiner Klasse. Sein großes Interesse an intellektuell anspruchsvollen Aktivitäten sowie sein Arbeitsstil führten immer wieder zu Konflikten mit Mitschülern. Gleichzeitig beklagte er sich über mangelnden Kontakt zu anderen Kindern. Was ihn am meisten störe sei, „dass meistens meine Freunde alle Fußball spielen und ich mich dann langweile."
>
> Willi wurde daher insbesondere im Hort bei der Entwicklung sowohl motorischer als auch sozialer Kompetenzen kontinuierlich unterstützt. Dies gelang im Laufe der Grundschulzeit auf eindrucksvolle Weise. So begann er, sich für Fußball

> zu interessieren, und ließ sich zunehmend auch auf sportliche Herausforderungen ein. Mit einer Kombination aus ungewöhnlichen Leistungen (z. B. dem Verfassen toller Geschichten) und Anstrengungsbereitschaft (z. B. großer Einsatz trotz schlechter Chancen im sportlichen Bereich) gelang es ihm, den Respekt seiner Klassenkameraden zu erwerben. Am Ende der Grundschulzeit legte er ein herausragendes Zeugnis vor, hatte aber auch seine motorischen Fertigkeiten entwickelt und war gut in die Klassengemeinschaft integriert (vgl. Rohrmann, 2009, S. 192).

Mit diesem Beispiel soll nicht suggeriert werden, dass die Aufgabe des Horts nur in der sozialen Förderung bestehe. Natürlich können und sollten auch Horte kognitive Herausforderungen bereitstellen und eigene Angebote zur Förderung begabter Kinder entwickeln. Hierbei können sie sich sowohl an Konzeptionen individueller Förderung aus dem Bereich frühkindlicher Bildung als auch an Ansätzen und Angeboten der Begabtenförderung im Grundschulalter orientieren.

Da aber die pädagogische Arbeit im Hort generell oft wenig konzeptualisiert und dokumentiert wird, besteht die Gefahr, dass der Hort im Kontext von Begabtenförderung lediglich als ergänzendes Angebot verstanden wird, in dem es in erster Linie ‚um das Soziale' geht, das im Unterricht zu kurz kommt. „Die kognitive Förderung, der in der Förderung von Kindern mit besonderen Begabungen besondere Bedeutung beigemessen wird, wurde dagegen auch im Schulversuch (…) in erster Linie in der Schule verortet – trotz einer im Detail immer wieder anderen (umfassenderen) Praxis" (Rohrmann, 2009, S. 176).

Deutlich wurde dies im Schulversuch an der Frage, warum Kinder nur selten freiwillig an spezifischen Themen des Vormittags weiterarbeiteten, obwohl der Hort durchaus Zeit und Ressourcen bereitstellte, um Kinder bei der Weiterführung solcher Themen zu unterstützen. So meinte eine Mitarbeiterin: „Die Kinder sind voller Ideen, wenn sie in den Hort kommen, und wollen alles Mögliche machen, nicht aber die Themen und Arbeiten aus der morgendlichen Schulzeit fortsetzen" (ebd.). In der Folge wurde diskutiert, ob es nicht ein überhöhter Anspruch sei, Kinder auch am Nachmittag immer noch weiter fördern zu müssen. Das bestehende Nachmittagsprogramm, das neben den Hausaufgaben zahlreiche Arbeitsgruppen vorsah, wurde als zu umfangreich angesehen und in der Folge deutlich reduziert. Stattdessen wurden die Chancen offener Funktionsräume sowie mehrwöchiger Projekte auch für eine intensive Begleitung begabter Kinder erkannt und ausgebaut.

Auch die Erwartungen von Eltern begabter Kinder an den Hort können ganz unterschiedlich sein, abhängig von ihrem jeweiligen Bild von Begabtenförderung, Schule und Hort. Verorten sie Förderung eher im Kontext von Schule, wird es ihnen vielleicht nur um eine gute Betreuung nach der Schule ohne besondere Bildungsanforderungen gehen. Erwarten sie eher ein umfassendes Programm, das auch eine Förderung sozialer Kompetenzen und ein Eingehen auf vielfältige Interessen von Kindern beinhaltet, werden sie eine Abstimmung von Schule und Hort erwarten – oder sogar, dass es im Hort Angebote gibt, die die Schule nicht bereitstellen kann oder will.

Aus der Perspektive der Kinder muss es nicht als Problem angesehen werden, wenn sie zwischen Schule und Hort deutlich trennen und kein Interesse daran haben, schulische Aktivitäten am Nachmittag weiterzuführen. Andererseits ist es ein übergreifendes Ziel der Begabtenförderung und der pädagogischen Arbeit mit Kindern überhaupt, das selbstgesteuerte Lernen von Kindern zu unterstützen.

> *Wenn der Bildungsauftrag des Horts und das Ziel eines gemeinsamen Bildungskonzepts von Schule und Hort ernst genommen werden, sollten Bildungsprozesse über den ganzen Tag hinweg beobachtet und begleitet werden können. (…) Wenn Kinder tatsächlich ihren eigenen Themen und Lerninteressen folgen, gibt es keinen Grund dafür, warum sie dies nicht über den ganzen Tag hinweg tun sollten. (Rohrmann, 2009, S.173)*

Zukunftsweisend wäre daher ein gemeinsames Bildungskonzept von Schule und Hort, in dem auch die Förderung begabter Kinder als gemeinsame Aufgabe verankert und konkretisiert würde. Dabei können Erkenntnisse der Bildungsdiskussion im Elementarbereich sowie Erfahrungen außerschulischer Bildungsarbeit, die grundlegend für aktuelle Konzeptionen von Hortpädagogik sind, wichtige Impulse beisteuern.

9.4 Weiterführende Literatur

Griebel, W. & Niesel, R. (2013). *Übergänge verstehen und begleiten. Transitionen in der Bildungslaufbahn von Kindern* (2. Aufl.). Berlin: Cornelsen Scriptor.
Ein Standardwerk zum Thema Übergänge, das in die theoretischen Grundlagen des Transitionskonzepts einführt und dies für die Praxis konkretisiert.
Karg-Stiftung für Hochbegabtenförderung. (Hrsg.). (2010). *Herausforderung Übergänge. Bildung für hochbegabte Kinder und Jugendliche gestalten* (Karg-Heft 1), Frankfurt a. M.: Karg-Stiftung.
Vorgestellt werden Ergebnisse von Projekten zur Begabtenförderung im Kontext verschiedener Übergänge im Bildungssystem.

10 Umgang mit spezifischen Problemen

Die meisten Kinder mit Entwicklungsvorsprüngen oder besonderen Begabungen haben nicht mehr oder weniger Probleme als andere Kinder auch. Und wenn sie Probleme haben, stehen diese nicht unbedingt im Zusammenhang mit ihrer Begabung. Auf der anderen Seite haben die meisten KiTas wenig Probleme damit, interessierte, freundliche und kooperative Kinder zu fördern. KiTas geben Kindern vielfältige Möglichkeiten, aktiv zu werden und eigenen Spiel- und Lerninteressen nachzugehen. Viele Fachkräfte sind bereit, Materialschränke zu öffnen und Kindern neue Erfahrungen zu ermöglichen.

Was aber, wenn Kinder zwar begabt erscheinen, aber es dennoch immer wieder Probleme mit ihnen gibt und die alltägliche Bildungsarbeit mit ihnen nicht gelingt? Wie kann damit umgegangen werden, wenn begabte Kinder die Möglichkeiten wenig nutzen, die die KiTa ihnen bietet – wenn sie stattdessen über Langeweile klagen oder ihre herausragenden Fähigkeiten in erster Linie dafür nutzen, mit anderen Kindern oder auch Erwachsenen Streit anzufangen?

Die folgenden Beispiele für spezifische Probleme mit begabten Kindern entstammen langjähriger Beratungspraxis. Empirisch genauer untersucht sind die geschilderten Zusammenhänge nur wenig. Dies liegt nicht zuletzt daran, dass Studien zu Problemverhalten von Kindern kaum einmal Zusammenhänge zu herausragenden kognitiven Begabungen herstellen. Untersuchungen von hochbegabten Kindern wiederum stellen oft die hohe Begabung in den Mittelpunkt der Analyse und Interpretation, so dass die Begabung bzw. deren mangelnde Berücksichtigung durch die Umwelt als zentrales Problem erscheint. Wir verstehen in diesem Kapitel Begabungsaspekte als mögliche Faktoren, die sich auf die Entwicklung und Symptomatik von Problemverhalten auswirken können, aber nicht Kern dieser Problematik sind.

10.1 Begabt und respektlos?

Fallbeispiel
Moritz ist vier Jahre alt und besucht einen Betriebskindergarten, der ausgezeichnet ausgestattet ist und viele Möglichkeiten der Beschäftigung und Förderung bietet. Moritz ist lebhaft und sehr bewegungsfreudig, vor allem aber verbal stark. Kognitiv ist er den anderen Kindern weit voraus. Häufig ist er deshalb der ‚Chef‘ und ‚Bestimmer‘: Er gibt den Ton an und bestimmt, was in der Gruppe gespielt wird. Wenn die anderen Kinder damit nicht einverstanden sind, findet Moritz das langweilig und wendet sich ab. Allein mag er allerdings auch nicht spielen. Durch Motzen, Quengeln und Stören sorgt er dafür, dass sich dann die Fachkräfte intensiv mit ihm beschäftigen müssen. Er verwickelt sie dann in ausgiebige Diskussionen.

Die Mutter ist verzweifelt, weil Moritz sich auch zu Hause nicht allein beschäftigt und ständig ihre Aufmerksamkeit fordert. Er trete immer sehr fordernd und respektlos auf. Überhaupt sei ein Problem, dass Moritz sich nicht an Regeln und Verabredungen halte, sondern trotzig sei, über alles diskutieren wolle und immer das letzte Wort haben müsse.

> Eine psychologische Diagnostik bestätigte Moritz eine überdurchschnittlich hohe Intelligenz, wenn auch keine Hochbegabung im strengen Sinn. Dennoch sind viele der in Checklisten beschriebenen Eigenschaften begabter Kinder bei ihm zu finden.

Moritz zeigt ein für begabte Kinder oft beschriebenes, typisches Verhalten. Begabte Kinder bringen in Konfliktsituationen ihre kognitiven und verbalen Stärken umfassend zum Einsatz. Sie dominieren andere Kinder und kommandieren sie herum. Aufforderungen oder auch Grenzsetzungen von anderen Kindern oder Erwachsenen werden oft nicht beachtet.

Versucht man, mit diesen Kindern darüber zu sprechen, können sie einem ‚eine Kante ans Bein labern' und argumentieren dabei markant und ausdauernd. Viele Erwachsene lassen sich von der Durchsetzungs- und Argumentationsfähigkeit dieser Kinder beeindrucken, und es fällt ihnen schwer, in solchen Situationen klare Grenzen zu setzen. Dies führt dazu, dass das problematische Verhalten aufrechterhalten bleibt, weil es aus Sicht des Kindes kurzfristig erfolgreich ist. Langfristig ist zu befürchten, dass die Problematik sich verstärkt und auch in neuen Situationen immer wieder auftritt.

Was ist stattdessen erforderlich? Kinder müssen erfahren, dass sie sich mit respektlosem und arroganten Verhalten nicht durchsetzen können – egal, wie begabt sie sind. Daher ist es wichtig, sich nicht auf die geschilderten Argumentationsspiralen einzulassen. So ist es wichtig, bei Grenzsetzungen oder Forderungen klar zu bleiben. Natürlich ist wichtig, über Konflikte und die damit verbundenen Gefühle zu sprechen. Ein solches Gespräch darf aber nicht die Funktion haben, angemessenes Verhalten zu vermeiden. Manche begabte Kinder sind sehr geschickt darin, Erwachsene in ‚Pseudodiskussionen' zu verwickeln. Sie machen ‚Nebenkriegsschauplätze' auf, stellen die Sinnhaftigkeit einer Maßnahme in Frage oder wollen grundlegende ethische Fragestellungen erörtern – alles mit dem Ziel, einer Bearbeitung des eigentlichen Konflikts aus dem Weg zu gehen.

Der Umgang mit solchen Kindern erfordert von pädagogischen Fachkräften wie auch von Eltern Selbstbewusstsein, klare Standpunkte und Konfliktfähigkeit. Sie dürfen sich dabei nicht davon irre machen lassen, dass ein Kind eventuell hochbegabt ist: auch begabte Kinder müssen lernen, sich an Regeln zu halten und respektvoll mit Anderen umzugehen. Dies gilt auch dann, wenn Kinder mit ihren Bemerkungen einen wahren Kern treffen und Kritik pointiert und treffsicher formulieren können. Grundsätzlich sollten Erwachsene bereit sein, ihr eigenes Verhalten zu reflektieren und sich von Kindern ‚etwas sagen zu lassen'. Dafür braucht es allerdings eine geeignete Situation und Respekt auf *beiden* Seiten.

10.2 Begabte Underachiever

> *Fallbeispiel*
> Henrik ist acht Jahre alt und besucht die dritte Klasse. Henrik fiel bereits im Kindergarten durch seine Wortgewandtheit auf. Eine Intelligenzdiagnostik ergab da-

mals ein weit über dem Durchschnitt liegendes Ergebnis. Seither bemühen sich die Eltern sehr, Henrik durch verschiedenste Angebote und Aktivitäten zu fördern. Allerdings bleibt Henrik selten längere Zeit bei einer Sache. So probierte er schon die unterschiedlichsten Sportarten aus und versuchte sich an verschiedenen Instrumenten. Der Einstieg gelang Henrik immer gut; schnell hatte er ‚den Bogen raus' und konnte mit ersten Erfolgen glänzen. Dann aber ließen Henriks Interesse und Engagement schnell nach.

In der Schule machte Henrik ähnliche Erfahrungen. Die Lehrkräfte waren zunächst angenehm überrascht: Ein Kind mit einem solchen Vorwissen und einer derart raschen Auffassungsgabe hatten sie noch nicht unterrichtet. In den ersten beiden Schuljahren imponierte er mit seinem umfangreichen Wissen und gab mit lustigen Sprüchen und Ideen in der Klasse den Ton an. Seit den Herbstferien wird es mit Henrik aber immer schwieriger. Er ist lustlos und desinteressiert, macht im Unterricht kaum noch mit und seine Hausaufgaben sind eine Katastrophe. Natürlich leiden seine Leistungen darunter. Die Lehrerin ist sicher, dass Henrik mit diesem Arbeitsverhalten am Ende der vierten Klasse keine Gymnasialempfehlung erhalten wird. Die Eltern können sich nicht erklären, was mit Henrik passiert ist. Henrik habe zu nichts mehr Lust, am liebsten hänge er den ganzen Nachmittag in seinem Zimmer herum, gucke Fernsehen und spiele Computerspiele.

Henrik hat sich von einem lebhaften und wissbegierigen Schulanfänger zu einem Anstrengungsvermeider entwickelt. Dabei ist die Neigung, überflüssige Anstrengung zu vermeiden und Anforderungen mit möglichst wenig Aufwand zu bewältigen, zunächst einmal keine Störung, sondern ganz menschlich. Warum sollte man sich mehr anstrengen als nötig, wenn man seine Ziele auch so erreicht? Manche begabte Kinder entwickeln jedoch eine generelle Tendenz, Anstrengungen zu vermeiden (▶ Kap. 3.2.4). Das wird zum Problem, wenn es um den Erwerb von Wissen geht, das nur durch regelmäßiges Üben erworben werden kann (z. B. Vokabellernen). Wenn Kinder hierfür keine Techniken entwickeln, kann es passieren, dass sie bei steigenden Anforderungen auf ihrer weiteren Schullaufbahn erhebliche Probleme bekommen. Darüber hinaus fällt es ihnen möglicherweise schwer, Eigeninitiative zu entwickeln und Interessen auch dann weiter zu verfolgen, wenn sich ihnen Widerstände in den Weg stellen.

Kinder, bei denen sich ein solches Muster verfestigt, gehen Anforderungen grundsätzlich aus dem Weg und schieben auch notwendige Arbeiten auf. Oder sie setzen sich zwar an die Arbeit, brauchen aber ewig für die Vorbereitungen oder arbeiten so langsam, dass es für die begleitenden Erwachsenen schier unerträglich wird.

Sowohl im Hort als auch im Elternhaus wird dies insbesondere im Zusammenhang mit den Hausaufgaben zum Thema. Auch überdurchschnittlich und hochbegabte Kinder brauchen manchmal stundenlang für Hausaufgaben, die sie nach Ansicht der Lehrkräfte doch eigentlich ohne Probleme schnell erledigen können sollten. Das *kann* schlicht damit zu tun haben, dass Kinder nach einem anstrengenden Schultag eigentlich überhaupt keine Lust mehr haben, sich mit Schule zu beschäftigen.

Anstrengungsvermeider machen dies jedoch zum Prinzip. Sie weichen nicht nur schulischen Leistungsanforderungen aus, sondern gehen auch im Hort oder in der Familie Anforderungen möglichst aus dem Weg. Den Bemühungen Erwachsener, sie zum Arbeiten zu motivieren, setzen sie die verschiedensten Ausreden entgegen – und darin sind viele begabte Kinder aufgrund ihrer guten sprachlichen Möglichkeiten besonders gut. Sie beginnen die oben bereits erwähnten ‚Pseudodiskussionen', die lediglich dazu dienen, abzulenken und Aufgaben zu vermeiden. Manche Kinder machen sich einen Sport daraus und sehen es als Erfolg, wenn es ihnen gelingt, Anforderungen geschickt auszuweichen.

In Kapitel 3.2.5 wurde beschrieben, wie Kinder durch Vermeidungsverhalten und mangelnde Übung in einen Teufelskreis geraten können, der letztlich dazu führt, dass sie nicht nur in ihren schulischen Leistungen unter ihren Möglichkeiten bleiben, sondern auch in anderen Lebensbereichen immer weniger hinbekommen *(underachievement)*. Eine solche Tendenz ist ein Risiko für die gesamte persönliche Entwicklung. Es ist daher wichtig, solche Negativspiralen frühzeitig zu erkennen und zu unterbrechen.

Um problematischen Entwicklungen vorzubeugen ist es hilfreich, wenn Kinder bereits vor der Schule in der KiTa lernen können, dass Erfolge etwas mit der eigenen Anstrengung zu tun haben, also auch davon abhängen, mit welchem Eifer eine Sache verfolgt wird. Hierfür sollte der Umgang mit Lob und positiven Rückmeldungen reflektiert werden. Will man eine Anstrengungsvermeidung der Kinder verhindern, sollte nicht nur das Ergebnis gelobt werden, sondern auch und besonders der Prozess, also z. B. dass und wie lange das Kind an einer Sache gearbeitet hat. Einstellungen zu Lernen und Anstrengung bilden sich während eines langen Zeitraums aus, wobei Einflüsse des Elternhauses, der KiTa und der Grundschule zusammenwirken.

Tipps zum Umgang mit Anstrengungsvermeidung

- Beginnen Sie mit kleinen Schritten. Anstrengungsvermeider brauchen überschaubare Aufgaben und Anforderungen – auch wenn sie hochbegabt sind.
- Üben Sie ‚freundliche Konsequenz'. Bleiben Sie freundlich und zugewandt, aber lassen Sie in der Sache keine Ausreden oder Ausnahmen zu. Lassen Sie sich nicht auf Diskussionen ein, die lediglich dazu dienen, von Anforderungen und Aufgaben abzulenken.
- Dosieren Sie Lob angemessen. Bei Kindern, die Anstrengung grundsätzlich vermeiden, kann ein Lob für das Erreichen eines Ziels durchaus mit einem Hinweis auf die nächste Anforderung verbunden werden.
- Treffen Sie klare Vereinbarungen. Schriftliche ‚Verträge' wirken neutraler und lösen weniger Widerstand aus als ständige Ermahnungen. Ausnahme- und Sonderregelungen darf es dabei nicht geben – sonst besteht die Gefahr, dass immer wieder ein zäher Kampf um eigentlich verbindlich getroffene Abmachungen geführt wird.
- Es kann eine Weile dauern, bis solche Maßnahmen Erfolge zeigen. Daher ist es wichtig, Aufgaben zu stellen, bei denen es nicht so schlimm ist, wenn sie zunächst über einen längeren Zeitraum nicht erledigt werden. Sonst besteht die Gefahr, dass die Aufgaben doch wieder von anderen (oder von Ihnen selbst) übernommen werden.

- Lassen Sie sich nicht ‚um den Finger wickeln'. Auch wenn Sie sich beim Befolgen dieser Vorschläge manchmal zu streng finden (oder ein Kind Ihnen dies vorwirft): Ziel ist nicht, dass ein Kind Sie nett findet, sondern dass Sie besser miteinander zurechtkommen.
- Überprüfen Sie sich selbst: Wie ‚anstrengungsvermeidend' sind Sie? Wie sehr neigen Sie selbst dazu, Schwierigkeiten aus dem Weg zu gehen? Seien Sie ehrlich zu sich selbst … und freundlich!

10.3 Selbstüberforderung und Perfektionismus

Fallbeispiel
Die fünfjährige Lina ist ein ernstes, eher zurückhaltendes Kind. In der Gruppe der Mädchen ist sie unauffällig und schließt sich gern den Spielideen der anderen Kinder an. Lina ist aber auch gerne allein. Am liebsten ist sie dann im Atelier. Mit hoher Konzentration und Ausdauer fertigt sie detailreiche und farbenfrohe Bilder an. Linas Eltern stammen aus Polen, sind vor zehn Jahren nach Deutschland gekommen und arbeiten beide sehr erfolgreich als Ärzte. Ihnen ist die Förderung Linas sehr wichtig: Sie bemühen sich, nach Möglichkeit jedes Interesse Linas aufzugreifen und zu fördern. Lina wächst zweisprachig auf, besucht eine vorschulische Musikeinrichtung, tanzt in einer Ballettgruppe und trainiert regelmäßig in einem Schwimmverein. In den letzten Wochen hat Lina ein großes Interesse an Zahlen und Buchstaben entwickelt und ist dabei, sich das Lesen beizubringen. Auch diese Interessen werden von den Eltern aufgegriffen: Sie beschaffen entsprechende Lernhefte und üben mit Lina.
Für die Erzieherinnen auffällig wird Lina, wenn ihr etwas nicht so gelingt, wie sie es sich vorgestellt hat: Wenn ein Bild nicht so schön ist, wie es sein sollte; wenn die Zahlen und Buchstaben, die sie auf großen Blättern schreibt, nicht so aussehen wie in der Vorlage. Lina kann dann sehr wütend werden. Nicht selten zerreißt sie ihr Bild – auch, wenn die Erwachsenen über das Ergebnis staunen und sie loben. Die Eltern berichten, dass Lina zu Hause in Tränen ausbrechen kann, wenn es ihr nicht gelingt, so zu singen wie in der Musikschule oder wenn sie den Text einfach vergessen hat. Lina sei dann nur sehr schwer wieder zu beruhigen. Auch der Schwimmtrainer weiß, dass es schwierig ist, Lina auf Fehler hinzuweisen: Sehr groß ist die Gefahr, dass sie dann die Schwimmhalle verlässt und nicht zum Weitermachen zu bewegen ist.

Auch solche Kinder gibt es in KiTas: Kinder, die alles perfekt machen wollen; die ein Vorhaben lieber abbrechen, als ein mangelhaftes Ergebnis zu erzielen; die dramatisch verzweifelt sind, wenn ihnen etwas nicht gelingt, was andere Kinder ihres Alters nicht einmal versuchen würden. Manchmal geraten diese Kinder in Streit mit anderen Kindern, die ihre Perfektionsansprüche nicht teilen – ob es nun darum geht, wie rechtwinklig die Türme der gemeinsam gebauten Stadt ausgerichtet sind, oder darum, wie akkurat die Puppenecke für das Rollenspiel vorbereitet werden muss. Noch häufiger scheitern diese Kinder allerdings an sich selbst, wenn sie ihren eigenen Ansprüchen nicht gerecht werden können.

Begabte Kinder haben häufig eine sehr genaue Vorstellung von dem, was sie machen und schaffen wollen. Bei der Umsetzung merken sie dann, dass das doch nicht so einfach ist, oder dass das Ergebnis nicht so aussieht, wie sie es haben wollten. Sie müssen also ständig ihre Pläne verändern und sich von Ansprüchen verabschieden. Tun sie das nicht, besteht die Gefahr, dass sie sich in Fantasiewelten und Elfenbeintürme verabschieden: Solange ihre Vorstellungen theoretisch bleiben, fühlen sie sich sicher, trauen sich aber immer weniger, ihre Ideen in die Tat umzusetzen. Was ist, wenn es nicht funktioniert? Was, wenn es gar nicht klappt und mich die anderen Kinder auslachen? Nichts stärkt die Überzeugung der eigenen Wirksamkeit mehr als die Erfahrung, eine Idee oder ein Vorhaben tatsächlich umgesetzt und zu einem Abschluss gebracht zu haben.

Unübersehbar zum Problem wird Perfektionismus im Lauf der Grundschulzeit, wenn Kinder die Leistungsanforderungen der Schule übernehmen (▶ Kap. 3.2.3). Da gibt es Kinder, die Seiten aus ihrem Schulheft reißen, lautstark heulen und sich auf den Boden werfen, weil sie meinen, dass ihre Schrift zu krakelig aussähe. Oder sie behaupten, dass die Lehrerin böse auf sie sein würde, wenn sie einen Fehler in den Mathehausaufgaben haben (was sich die Eltern gar nicht erklären können, weil die Mathelehrerin eigentlich ganz nett ist). „Warum Kinder so etwas tun, bleibt zunächst oft unverständlich. Es kann damit zu tun haben, dass das Kind auf Grund seiner hohen Begabung nur allzu gut weiß, wie etwas aussehen müsste, damit es ganz richtig ist, angesichts seiner noch nicht entwickelten Fähigkeiten aber jeden Tag wieder an den eigenen Ansprüchen scheitert" (Rohrmann & Rohrmann, 2010, S. 230).

Andererseits hängen Perfektionismus und Selbstüberforderung oft mit Einstellungen, Erwartungen und auch dem Vorbild von Eltern zusammen (vgl. Flett, Hewitt, Oliver & Macdonald, 2002). Dabei geht es eher selten darum, dass Eltern direkt übertriebene Leistungsanforderungen an ihre Kinder stellen (obwohl auch das vorkommt). Häufiger ist es die gesamte Atmosphäre in einer Familie, die Perfektionismus und Selbstüberforderung begünstigen kann. Manche Väter und Mütter müssen selbst immer perfekt sein, ob im Beruf oder in der Familie. Oder der ganze Familienalltag ist leistungsorientiert, Bücher und Spielzeuge der Kinder sind pädagogisch sinnvoll ausgewählt, ein volles Wochenprogramm wird absolviert, damit die Kinder vielfältig gefördert werden – und es gibt kaum einmal Muße für Nichtstun oder gemeinsam Unsinn machen. Das Wissen oder auch nur die Vermutung, ein begabtes Kind zu haben, kann derartige Tendenzen verstärken. In diesem Fall geht es in der Zusammenarbeit mit Eltern in erster Linie darum, für Entspannung und mehr Spaß im Alltag zu sorgen.

Im Laufe der Grundschulzeit werden Kinder im Umgang mit Leistungsanforderungen in der Regel souveräner. Sie können sowohl ihre eigenen Fähigkeiten als auch die Anforderungen des Schulsystems zunehmend besser einschätzen (vgl. Hellmich, 2011). Für begabte Kinder kann dies bedeuten, dass es ihnen besser gelingt, eigenen Ansprüchen zu genügen. Manche entwickeln sich in der Folge zu Hochleistern, die an sich selbst, aber auch an andere hohe Ansprüche stellen. Ein solcher *adaptiver Perfektionismus* kann für viele Hochbegabte als Ressource angesehen werden (Preckel & Vock, 2013, S. 91) und bringt ihnen insbesondere in der Schule oft viel Anerkennung ein. Andererseits geht dies immer auch mit dem Risiko des Scheiterns einher. Nicht selten sind Hochleister sehr empfindlich gegenüber Kritik, da sie jeden Misserfolg als persönliches Versagen erleben. Dies muss daher entweder durch erhöhte Anstrengung vermieden oder aber geleugnet und abgewehrt werden. Dass sie sich damit in einen Zustand ständiger Selbstüberforderung hineinmanövrieren, ist ihnen nicht bewusst – und oft auch ihren Bezugspersonen nicht, die nicht verstehen, warum ein in der Regel leistungsstarkes und erfolgreiches Kind so empfindlich reagiert, wenn einmal etwas nicht so klappt.

In diesem Zuge können Kinder auch Vermeidungstendenzen entwickeln: Eigentlich leistungsstark und -bereit, weichen sie Herausforderungen aus, bei denen sie nicht sicher sein können Erfolg zu haben. Dies kann ihre weitere Entwicklung erheblich beeinträchtigen, insbesondere dann, wenn es sich dabei um Bereiche handelt, die grundsätzlich für alle Kinder wichtig sind, wie z. B. Sport und Bewegung. An dieser Stelle ist eine kompensatorische Förderung unverzichtbar, die begabte Kinder darin unterstützt, auch Bereiche ihrer Persönlichkeit zu entwickeln, in denen sie vielleicht weniger begabt sind.

10.4 Hochbegabte Kinder unter Erfolgsdruck?

Fallbeispiel
Anna besucht die dritte Klasse der Grundschule. Das Einzelkind wurde von Beginn an von den Eltern sehr gefördert. Nach Hinweisen aus dem Kindergarten wurde Anna im Alter von fünf Jahren in einer Beratungsstelle für Hochbegabtenförderung vorgestellt und als hochbegabt diagnostiziert, was die Eltern sehr verunsicherte. In der Folge entwickelten sie noch mehr fördernde Aktivitäten. Anna ist ein liebes Mädchen, die alle diese Angebote gern aufnimmt und mitmacht. In der Schule kommt sie meist mühelos zurecht. Dabei wirkt sie manchmal gelangweilt, manchmal aber auch angespannt und gestresst. In letzter Zeit zieht sie sich auffällig zurück und klagt manchmal über Bauchschmerzen.

Auch Leander geht in die dritte Klasse. Er fiel bereits im Kindergarten als ein vielseitig begabtes Kind auf, das zuweilen sehr in seiner eigenen Welt lebte. Auch Leander wurde mit fünf als hochbegabt diagnostiziert. Einerseits freute dies die Eltern, die sich in ihrer Wahrnehmung ihres Sohnes bestätigt sahen, andererseits befürchten sie seitdem, dass er Probleme entwickelt, wie sie es von vielen hochbegabten Kindern gehört haben. Leander selbst kommt in der Schule ohne größere Anstrengung zurecht, wirkt aber oft gelangweilt, etwas genervt oder auch arrogant. Die Eltern und auch die Lehrerin, die um Leanders Hochbegabung weiß, reagieren darauf sehr besorgt.

Was ist mit diesen Kindern los? Eigentlich kommen sie doch sehr gut zurecht. Warum wirken sie dann dennoch oft unzufrieden, angespannt oder genervt? Wenn ihnen mal etwas nicht so leicht fällt, reagieren sie sehr irritiert, aber nicht so heftig wie die Perfektionisten. Es scheint eher so zu sein, als ob sie gar nicht verstehen, warum ihnen etwas nicht gelingt.

Ein genauerer Blick zeigt in solchen Fällen ein subtiles Zusammenwirken von kindlichem Selbstbild und unausgesprochenen Erwartungen der Eltern. Es scheint, als laste ein hoher Erwartungsdruck auf diesen als hochbegabt ‚erkannten' Kindern, obwohl es den Eltern gar nicht so wichtig ist, dass sie gute Leistungen erbringen. Dieser Druck entsteht indirekt aus der Angst der Eltern und pädagogischen Fachkräfte heraus: Diese befürchten, dass sie etwas falsch gemacht haben, wenn ein als hochbegabt erkanntes Kind keine gute Leistungen zeigt oder sich nicht für ihre Angebote interessiert.

Die Kinder wiederum merken, dass sie für etwas Besonderes gehalten werden, ohne dass ihnen so recht klar ist, was das bedeutet. Das macht es ihnen schwer, eigene Bedürfnisse wahrzunehmen – insbesondere, wenn diese gar nichts Besonderes sind, es z. B. einfach nur darum geht, Quatsch zu machen und mit den anderen Kindern ganz normal zusammen zu sein. Sie befinden sich in einem Dilemma, weil Erfolg für sie einerseits selbstverständlich ist, andererseits sie damit oft gar nicht auffallen wollen. Wenn sie dann aber damit auffallen, dass ihnen etwas *nicht* gelingt, geraten sozusagen ihre Koordinaten durcheinander.

Folgen von Erfolgsdruck können sehr unterschiedlich zum Ausdruck kommen und sind auf den ersten Blick nicht unbedingt als solche erkennbar. Begabte Kinder müssen in diesem Zusammenhang lernen, dass Erfolg nicht selbstverständlich ist, sondern in zunehmendem Maße auch Anstrengung erfordert. Sie müssen ein differenzierteres Selbstbild entwickeln, das sowohl ein Bewusstsein ihrer besonderer Fähigkeiten als auch ein Bewusstsein der Grenzen dieser Fähigkeiten beinhaltet. Um Begabungen umzusetzen und etwas damit anzufangen, braucht es nicht nur Förderung. Was Kinder auch benötigen, ist Vertrauen in die eigenen Fähigkeiten und die Überzeugung, selbst bestimmen zu können, ob und wie sie diese Fähigkeiten einsetzen.

Eltern wiederum müssen ein Gespür für den subtilen Erwartungsdruck entwickeln, der schon in alltäglichen Bemerkungen zum Ausdruck kommen kann. Aussagen wie „Das ist für dich doch eigentlich kein Problem" oder „Na, das kann doch mal passieren" intepretieren die konkrete Situation als ‚Ausrutscher', womit implizit die Erwartung verbunden ist, dass dies beim nächsten Mal nicht wieder vorkommt. Eine solche Bemerkung kann am subjektiven Erleben des Kindes völlig vorbeigehen. Wichtig ist zudem, neben der kognitiven Förderung die Situation eines Kindes in der Gruppe bzw. Klasse im Blick zu behalten.

Bei vielen Eltern geht es zudem darum, ihnen die Sorge zu nehmen, dass sie etwas falsch gemacht haben, wenn ihrem Kind einmal etwas nicht gelingt oder es überhaupt keine Lust hat, tolle Förderangebote wahrzunehmen. Entlastend für alle ist es daher, diese Angelegenheiten nicht so wichtig zu nehmen (was schwer ist) und sich stattdessen häufiger Zeit dafür zu nehmen, einmal ‚einfach so' zusammen zu sein.

Tipps zum Umgang mit Selbstüberforderung und Perfektionismus
- Erkennen Sie an, wenn Kinder sich hohe Ziele setzen, denn dies ist eine wichtige Voraussetzung für anspruchsvolles Lernen und gute Leistungen.
- Belohnen Sie Kinder nicht (nur) für Erfolge, sondern (auch) für ihre Bemühungen. Mängel und Irrtümer sind wichtige Lernschritte. Üben Sie, Fehler zu machen!
- Unterstützen Sie Kinder bei der Bewältigung von Misserfolgen. Äußern Sie Mitgefühl, aber nicht Mitleid, wenn ein Kind etwas nicht hinbekommt. Halten Sie die Enttäuschung gemeinsam mit dem Kind aus.

- Ermutigen Sie Kinder zu Aktivitäten, die keinen Leistungsbezug haben, sondern einfach nur Spaß machen – Grimassen schneiden, Monster malen, laut und falsch singen …
- Ermutigen Sie die Eltern, sich Zeit dafür zu nehmen, mit ihren Kindern einfach zusammen zu sein, zu spielen oder einfach mal nur Quatsch zu machen.
- Überprüfen Sie sich selbst: Wie ‚fehlerfreundlich' sind Sie? Wie sehr neigen Sie selbst dazu, perfekt sein zu wollen? Seien Sie freundlich zu sich selbst!

Egal, ob ein Kind eher zu Perfektionismus neigt oder Anstrengungen eher vermeidet (oder beides auf einmal): Eingefahrene Muster zu verändern braucht Zeit und Geduld. Nach ersten Erfolgen kommt es nicht selten zu massiven Einbrüchen. Kinder testen auch aus, bei wem sie wie ‚landen' können. Wenn eine Fachkraft sich unnachgiebig zeigt oder sich durch einen dramatischen Gefühlsausbruch nicht beeindrucken lässt, werden sie ihre Verhaltensstrategien vielleicht bei einer anderen Kollegin nochmals ausprobieren. Nehmen Sie so etwas mit Humor – der Versuch ist nicht strafbar! – und entwickeln Sie im Team und mit den Eltern gemeinsam Strategien, wie Sie mit herausforderndem Verhalten konsequent und wertschätzend umgehen können.

10.5 Weiterführende Literatur

Arnold, D. & Preckel, F. (2011). *Hochbegabte Kinder klug begleiten. Ein Handbuch für Eltern*. Weinheim: Beltz. (Insbesondere Kap. 9, S. 137–157).
Das Buch greift die wichtigsten Probleme auf, die im Umgang mit (hoch)begabten Kindern relevant sind. Es ist in erster Linie an Eltern gerichtet, die ihre Kinder besser verstehen möchten.

Dweck, C. (2012). *Selbstbild. Wie unser Denken Erfolge oder Niederlagen bewirkt*. München. Piper. (Insbesondere Kap. 3, S. 69–99.)
Dieses Buch befasst sich nicht speziell mit begabten Kindern, gibt aber gute Anstöße dafür, wie Motivation und Anstrengungsbereitschaft bei Kindern erhalten und gefördert werden kann.

11 Zusammenarbeit mit Eltern

Kinder besuchen heute drei bis vier Jahre eine KiTa – oft sogar noch deutlich länger, wenn sie vor Eintritt in den Kindergarten schon eine Krippe besucht haben. In dieser Zeit sind die pädagogischen Fachkräfte wichtige Bezugspersonen für sie, aber auch für ihre Eltern. Unbestritten ist, dass eine gute Beziehung des Kindes zur pädagogischen Fachkraft notwendig ist, damit es sich in der KiTa gut entwickeln und die unterschiedlichen Angebote für sich nutzen kann. Auch für die Eltern ist die KiTa aber mehr als nur ein Betreuungsangebot oder ‚Aufbewahrungsort' für ihre Kinder. Die KiTa ist der Ort, von dem sie sich nicht nur anspruchsvolle und differenzierte Bildungsangebote für ihre Kinder erhoffen, sondern oft auch Unterstützung und Rat bei erzieherischen Fragen erwarten. Dazu ist eine vertrauensvolle Beziehung auf Augenhöhe hilfreich. Diese als *Erziehungspartnerschaft* bezeichnete Kooperation von pädagogischen Fachkräften und Eltern gestaltet sich nicht immer einfach. Fachkräfte möchten einfach ihre Arbeit machen und wollen, dass Eltern sich nicht einmischen. Eltern fühlen sich mit ihren Sorgen und Nöten nicht gesehen.

Wie wichtig der Dialog mit Eltern in einer Einrichtung genommen wird, zeigt sich ganz praktisch in vermeintlichen Äußerlichkeiten: Gibt es in der KiTa einen Raumbereich, der Eltern zum Aufenthalt einlädt? Sind Informationen für Eltern gut zugänglich und ansprechend gestaltet? Wie ist der Raum gestaltet, in dem Elterngespräche stattfinden? Wie oft finden solche Gespräche überhaupt statt – gibt es regelmäßige Entwicklungsgespräche? Welchen Einblick erhalten Eltern in die pädagogische Arbeit der KiTa?

Solche Fragen sind für die Zusammenarbeit mit Eltern generell wichtig. Darüber hinaus gibt es spezifische Anforderungen in der Erziehungspartnerschaft mit Eltern begabter Kinder. Eltern mit gutem Bildungshintergrund haben sich möglicherweise bereits selbst über das Thema Hochbegabung informiert. Eventuell erwarten sie eine fachliche Positionierung der KiTa oder auch gezielte Angebote, mit denen die KiTa entwicklungsschnelle und begabte Kinder besonders fördert. Andere Eltern haben vielleicht noch nie über mögliche besondere Begabungen ihres Kindes nachgedacht; hier kann es Aufgabe der Fachkräfte sein, auf besondere Stärken eines Kindes hinzuweisen und ggf. eine gezielte Förderung anzuregen. Grundlage ist, dass die Teammitglieder Wissen und Handlungskompetenz im Umgang mit Heterogenität und herausragenden Begabungen entwickeln und eigene Positionen zum Thema im Team geklärt werden.

Eltern sind unterschiedlich

Kinder mit Entwicklungsvorsprüngen sind unterschiedlich – ihre Eltern sind es auch. So gibt es Eltern, die nie auf die Idee kommen würden, dass ihr Kind hochbegabt sein könnte. Teilt man ihnen so einen Eindruck mit, reagieren sie möglicherweise irritiert: „Ob sie hochbegabt ist, ist uns egal – wir wollen, dass es ihr gut geht". Manchen Eltern ist es sogar eher unangenehm, ein so ‚besonderes' Kind zu haben. Möglicherweise sind sie verunsichert, ob sie als ganz ‚normale Eltern' so ein ‚schlaues Kind' überhaupt richtig erziehen können, oder sie befürchten, dass ihr Kind deswegen zu einem ‚Problemfall' wird.

Pädagogische Fachkräfte erhalten dann eine wichtige Funktion. Eltern, die befürchten, etwas zu verpassen, wenn sie ihr Kind nicht ausreichend fördern, können sie beruhigen und ihnen vermitteln, dass Begabungen eine Ressource und kein Problem darstellen. Eltern wiederum, die keinen Blick auf die Potenziale ihres Kindes haben, können sie auf besondere Stärken und Fähigkeiten hinweisen und damit den Weg für eine differenzierte Förderung in der KiTa und auf dem weiteren Bildungsweg bahnen. Das wird zunehmend leichter, weil Begabtenförderung kein Tabuthema mehr ist und es in allen Bundesländern Anregungen und Konzepte für eine differenzierte Förderung begabter Kinder gibt. Für viele Familien erleichtert das ihre Situation. Sie können darauf vertrauen, dass das Thema Begabung und Hochbegabung, aber auch ihre Sorgen und Nöte mit diesem Thema ernst genommen und nach Möglichkeit differenzierte Förderangebote für das eigene Kind entwickelt werden.

Andere Eltern haben bereits beim Eintritt in die KiTa die Vermutung, dass ihr Kind hochbegabt sein könnte. Sie haben möglicherweise Literatur zum Thema gelesen und äußern großes Interesse daran, dass ihre Kinder möglichst gut gefördert werden. Dabei handelt es sich oft um gut ausgebildete und sozial bessergestellte Eltern, die ihren Kindern ein anregungsreiches Umfeld bieten können. Manche dieser Eltern sind von der Hochbegabung ihres Kindes fest überzeugt (manchmal auch dann, wenn dies gar nicht durch einen Test belegt wurde) und treten sehr anspruchsvoll und fordernd auf. Dabei geht es ihnen nicht unbedingt um eine mögliche Hochbegabung ihres Kindes, sondern um eine optimale Förderung. Sie überschütten die KiTa mit Forderungen und Wünschen, zu denen pädagogische Fachkräfte qualifiziert Stellung beziehen müssen.

Dass über Begabtenförderung so offen gesprochen werden kann, hat daher auch Nachteile. Die Bereitschaft, ein Kind angemessen zu fördern, bedeutet nicht, dass klar ist, wie ein solches Angebot überhaupt aussehen kann. Oft bestehen große Unsicherheiten nicht nur darüber, was für das einzelne Kind hilfreich sein könnte. Fraglich ist viel grundsätzlicher, wie solche Maßnahmen und Angebote der Begabtenförderung überhaupt beschaffen sein sollten. Manchmal wird dann nach dem Motto „Viel hilft viel" (Arnold & Großgasteiger, 2015, S. 344) verfahren und dem Kind eine Vielzahl ganz unterschiedlicher Aktivitäten und Hobbies zugemutet: Schon KiTa-Kinder haben dann einen sehr gefüllten Terminkalender. Aber nicht nur für die Kinder, auch für die Eltern ist eine solche intensive Förderung ihrer Kinder mit viel Stress verbunden. Nicht wenige fühlen sich finanziell überfordert, wenn neben Mitgliedsbeiträgen z. T. sehr kostspielige Ausstattungen anzuschaffen sind. Zudem geraten viele Familien auch logistisch an ihre Grenzen, weil das Kind zu all diesen Angeboten gefahren werden muss und dabei oft große Entfernungen in Kauf genommen werden.

Alle diese Eltern haben eines gemeinsam: die Sorge um ihr Kind. Eltern von begabten Kindern werden nicht selten als überehrgeizig, verschroben und seltsam wahrgenommen. Aber auch sie wollen vornehmlich nichts falsch machen. Sie wollen sich später keine Vorwürfe machen müssen, weil sie Begabungen und Bedürfnisse ihrer Kinder übersehen haben.

Umgang mit verunsicherten Eltern

Für Eltern sind Kinder heute oft wichtiger als früher. Meist haben sie nur ein oder zwei Kinder – und denen soll möglichst viel ermöglicht werden, schon, weil Eltern ihren ‚Eltern-Job' gut machen wollen. Wenn diesen Eltern gesagt wird, dass ihr Kind über besondere Fähigkeiten verfügen könnte, aktivieren sie alle Möglichkeiten und sind nicht selten bereit, dafür persönlich große Einschränkungen auf sich zu nehmen.

In diesem Zusammenhang kann die Betonung der Bedeutung der ersten Lebensjahre Eltern verunsichern. Wenn die erste Lebensphase so wichtig ist – müssen Eltern dann nicht jede Fördermöglichkeit nutzen, um ihrem Kind die besten Chancen für seinen späteren Lebensweg zu sichern? Müssen besondere Begabungen von Kindern bereits vor Schulbeginn diagnostiziert und hochbegabte Kinder in Familie und Kindergarten besonders gefördert werden? Es wurde schon dargestellt, dass in etlichen Fachveröffentlichungen und Elternratgebern der Hinweis zu finden ist, eine Identifizierung als hochbegabt müsse so früh wie möglich stattfinden. Nur dann sei sicher, dass das Kind in seinem Anderssein verstanden werde und keine ‚falsche' Behandlung erhalte.

Viele Eltern geraten dadurch unter Druck. Sie befürchten, dass sie ihr gesamtes Erziehungsverhalten darauf einstellen müssen, den erhöhten Anforderungen gerecht werden zu können, die die Erziehung eines hochbegabten Kindes an sie stellt. Und sie sind bereit, sehr kostspielige Zusatzmaßnahmen und -angebote bereitzustellen, um ihrem Kind eine positive Entwicklung zu ermöglichen.

In der Arbeit mit diesen Eltern geht es vor allem darum, Informationen zu liefern und Klarheit zu schaffen. Die Eltern benötigen einen Überblick über mögliche Maßnahmen und Angebote sowie Hilfestellung, das/die richtige/n für ihr Kind auszuwählen – oder auch weitere Angebote abzulehnen. Denn oft ist das Kind gut gefördert und mit seiner Situation ganz zufrieden. Dann gibt es keinen Grund, etwas zu ändern. Pädagogische Fachkräfte können in diesen Fällen sehr für Entlastung sorgen, indem sie die Eltern in ihrem Erziehungsverhalten bestärken.

Die Ursachen der Verunsicherung vieler heutiger Eltern liegen jedoch noch tiefer. Die Beziehungen zwischen Eltern und Kindern haben sich in den letzten Jahrzehnten erheblich verändert. In seinem Buch *Das kompetente Kind* schreibt Juul (1997): „Das kollektive Selbstbewusstsein der Kinder und Jugendlichen ist im Lauf der letzten dreißig Jahre beträchtlich gewachsen. Angst und Respekt vor Autoritäten sind weniger geworden" (S. 218). ‚Respektloses' Verhalten von Kindern hat wesentlich damit zu tun, dass Eltern, die mit Verboten und Strafen aufgewachsen sind, ihre Kinder heute anders erziehen wollen. Oft möchten sie, dass Kinder es besser haben: Sie möchten Kinder partnerschaftlicher behandeln und ihnen bessere Bedingungen bereitstellen, als sie selbst als Kinder hatten.

Anstatt Respekt einzufordern, versuchen sie Kindern Regeln und Grenzen ausführlich zu erklären – in der Hoffnung, dass Kinder sich dann aus Einsicht von sich aus vernünftig verhalten. Sie wünschen sich ein harmonisches Zusammenleben und gehen davon aus, dass bei gegenseitigem Verständnis keine Probleme auftauchen. Je höher dabei die Ansprüche an die eigene Person, desto höher ist die Gefahr, es als eigenes Versagen zu erleben, wenn etwas im Alltag mit Kindern nicht so läuft wie erhofft.

Nicht selten haben Erwachsene das Gefühl, „dass sie in Wirklichkeit etwas anders, etwas mehr oder etwas besser gemacht haben sollten" (Jørgensen & Schreiner, 1989, S. 57). Das macht sie anfällig dafür, auf störende Verhaltensweisen von Kindern mit Schuldgefühlen zu reagieren. Gerade Erziehenden, die sich besonders um Kinder bemühen, ist es wichtig, von diesen anerkannt und gemocht zu werden. Auf Kinder dagegen wirkt es verunsichernd, wenn sie spüren, dass das Selbstbewusstsein der Erwachsenen in starkem Maße davon abhängt, wie sie sich verhalten. Manche Kinder geben sich große Mühe, damit es ‚ihren' Erwachsenen gut geht. Andere Kinder ziehen sich eher zurück. Und wiederum andere Kinder reagieren aggressiv oder nutzen Unsicherheiten von Erwachsenen aus, um sie zu manipulieren.

Als Lösung derartiger Probleme wurde in den letzten Jahren zuweilen eine Rückkehr zu autoritären Erziehungsstrategien propagiert, wie es z.B. in der Streitschrift *Lob der Disziplin* zum Ausdruck kommt (Bueb, 2007). Noch verbreiteter ist die Aussage, dass ‚Kinder Grenzen brauchen' – der vor über zwanzig Jahren erschienene Bestseller von Rogge (1993) wurde über eine Viertelmillion Mal verkauft. Juul entwickelt hier eine andere Perspektive: „Stattdessen müssen die Erwachsenen anfangen, für sich selbst Grenzen zu setzen. (...) die Erwachsenen sollen lernen, persönliche Grenzen im Umgang mit den Kindern zu kennzeichnen. Statt autoritärer Macht wird persönliche Autorität gebraucht" (1997, S. 218).

Die hier geschilderte Thematik betrifft Familien begabter Kinder in besonderer Weise. Angesichts der beeindruckenden Fähigkeiten begabter Kinder sind deren Eltern oft in besonderem Maße dazu bereit, Grenzüberschreitungen seitens der Kinder zu akzeptieren und eigene Bedürfnisse und Sichtweisen zurückzustellen. Sie wollen nicht autoritär und streng wirken und sind unsicher, inwieweit sie Druck auf ihre Kinder ausüben dürfen. Stattdessen erwarten sie von ihren Kindern Verständnis für die in ihren Augen sinnvollen Aufforderungen.

Begabte Kinder wiederum bemerken Unsicherheiten und Selbstzweifel der Erwachsenen schnell und nutzen diese für sich aus, „indem sie, redegewandt und diskussionsfreudig wie sie sind, den Erwachsenen lange Auseinandersetzungen abverlangen und auf logischen Begründungen beharren" (Rohrmann & Rohrmann, 2010, S. 208). Lästige Verpflichtungen und langweilige Aufgaben sind auch für hochbegabte Kinder lästig. Es ist daher ganz verständlich, wenn Kinder alle ihre Möglichkeiten einsetzen, um sich diesen Aufgaben und Pflichten zu entziehen (wie Erwachsene es übrigens auch tun).

Aufgabe pädagogischer Fachkräfte ist vor diesem Hintergrund in erster Linie, Eltern in ihrer Erziehungskompetenz zu stärken. Es ist nicht sinnvoll, dem auffälligen Verhalten zu viel Aufmerksamkeit zu schenken – das wird das problematische Muster eher verstärken. Auch eine Sonderbehandlung begabter Kinder kann zu einer Verschärfung der Problematik führen. Stattdessen sollten in erster Linie positive Verhaltensweisen unterstützt und gute Erfahrungen ermöglicht werden. Eltern müssen außerdem wieder in der Lage sein, sich gegenüber den Erwartungen und Forderungen ihrer Kinder abzugrenzen. Arnold und Großgasteiger (2015) weisen in diesem Zusammenhang darauf hin, dass neben der Förderung begabter Kinder auch Erfahrungen von Grenzen und Begrenzungen wichtig sind:

> *Vielmehr soll darauf hingewiesen werden, dass Phasen des vermeintlichen Leerlaufs sowie die Erfahrung von Grenzen und Begrenzung durch Bezugspersonen gleichfalls wichtige Lernerfahrungen für alle – also auch für hochbegabte – Kinder darstellen. (Arnold & Großgasteiger, 2015, S. 352)*

Hochbegabung als ‚Erklärung' von Erziehungsproblemen

Das Bild, das Medien und Ratgeber von Hochbegabten zeichnen, ist widersprüchlich. Dabei ist entgegen wissenschaftlichen Erkenntnissen nach wie vor die Vorstellung verbreitet, dass Hochbegabte oft ‚schwierig' seien: Einzelgänger, Sonderlinge, hochsensibel und insbesondere sozial unfähig. Entsprechende Medienberichte, Internetseiten oder Informationen von anderen Eltern können Eltern auf die Idee bringen, dass Schwierigkeiten, die ihr Kind zeigt, mit einer hohen oder besonderen Begabung im Zusammenhang stehen könnten.

Dabei werden Auffälligkeiten und Verhaltensstörungen oft in erster Linie auf Unterforderung zurückgeführt. Vor allem dramatisierende Medienberichte und populärpsychologische Ratgeber erwecken den Eindruck, dass begabte Kinder Gefahr laufen, große Probleme zu bekommen, wenn ihre Begabungen nicht ‚entdeckt' und sie nicht angemessen gefördert werden. Damit verbunden ist eine hohe Wertschätzung für die Fähigkeiten und auch Eigenheiten dieser Kinder. Probleme erscheinen vor diesem Hintergrund in erster Linie als Probleme der Umwelt, die nicht angemessen auf sie eingeht.

Eine solche Erklärung für problematisches Verhalten ist für manche Eltern sehr einleuchtend. Zunehmend bringen sie alle möglichen Schwierigkeiten damit in Verbindung. Dies ist natürlich eine angenehmere Erklärung für Probleme als die Befürchtung, das eigene Kind falsch erzogen zu haben. Für manche Eltern, deren Kind in irgendeiner Weise auffällig oder ‚schwierig' geworden ist, kann der Gedanke an eine Hochbegabung also sehr erleichternd sein. Er kann das merkwürdige Verhalten ihres Kindes erklären, so dass nicht mehr über andere mögliche Ursachen nachgedacht werden muss.

In der Folge stellen Eltern möglicherweise unangemessene Ansprüche an die KiTa, damit dieser ihrem ‚besonderen' Kind gerecht wird: eine bessere Betreuungssituation, spezielle Angebote oder generell mehr Aufmerksamkeit. Eltern hoffen, dass sich so bestehende Probleme auflösen lassen. Im Gespräch mit diesen Eltern muss zunächst klargestellt werden, dass eine mögliche Hochbegabung eines Kindes zunächst eine Ressource, also etwas Gutes, ist und nicht an sich schon ein Problem darstellt. Störendes oder auffälliges Verhalten lässt sich daher nicht allein durch die Begabung an sich erklären. Stattdessen muss gemeinsam mit den Eltern überlegt werden, wie und wann sich das ‚merkwürdige' oder störende Verhalten zeigt und wann das Kind keine Auffälligkeiten erkennen lässt. Wichtig ist auch der Blick auf den Gruppenzusammenhang. Im Gegensatz zu Erwachsenen sind Kinder oft sehr direkt und nicht unbedingt bereit, ‚komisches' Verhalten anderer Kinder zu tolerieren. Sie reagieren irritiert oder verärgert, wenn ein Kind eine ‚Sonderbehandlung' fordert, ohne dass dafür ein für sie nachvollziehbarer Grund erkennbar ist.

Wichtig ist daher, in Elterngesprächen nach Ansatzpunkten für gutes soziales Miteinander zu suchen, an konstruktiven Verhaltensweisen anzuknüpfen und auf diese Weise positive Erfahrungen zu ermöglichen. Dies schließt gezielte Maßnahmen zur kognitiven Förderung eines Kindes nicht aus, lässt diese aber etwas in den Hintergrund rücken.

Für eine gute Elternarbeit zum Thema Begabung ist damit nicht nur Fachwissen zum Thema Begabung und Begabtenförderung erforderlich, sondern vor allem die Fähigkeit zu einem klaren und selbstbewussten Umgang mit Anfragen und Forderungen von Eltern. Pädagogische Fachkräfte müssen dazu ein Selbstverständnis als Fachleute für Bildung in KiTas entwickeln und dies in Gesprächen mit Eltern auch klar vertreten.

> **Empfehlungen für Elterngespräche in der KiTa**
> (nach Rohrmann & Rohrmann, 2010, S. 217)
>
> - Teilen Sie Eltern Beobachtungen des Kindes möglichst konkret mit und vermeiden Sie Bewertungen.
> - Stellen Sie Ihre konkrete pädagogische Arbeit und Ihre Angebote dar und vermitteln Sie, in welcher Weise dabei die Bildungsprozesse von Kindern unterstützt werden. Wichtiger als das Ergebnis ist oft der Weg, der dahin geführt hat!
> - Greifen Sie die Unsicherheit von Eltern auf und ziehen Sie ggf. Fachleute hinzu, insbesondere wenn es um die Frage einer früheren Einschulung geht.
> - Lassen Sie sich von Eltern nicht einschüchtern, wenn diese übertriebene Forderungen an Sie bzw. an Ihre Einrichtung stellen.
> - Glauben Sie nicht uneingeschränkt alles, was in einem Gutachten steht und ein Psychologe oder eine Psychologin unterschrieben hat. Auch manche ausgebildeten Diplom-Psychologen und -Psychologinnen sind sehr großzügig mit der Diagnose hochbegabt oder verwenden Verfahren, die veraltet oder für die Diagnose von Hochbegabung nicht geeignet sind.
> - Informieren Sie sich – und vertrauen Sie Ihrer eigenen Wahrnehmung!

Blickt man auf die Themen, die von Eltern hochbegabter Kinder oft angesprochen werden, so geht es dabei oft um ganz normale Erziehungsfragen wie in vielen anderen Familien auch. Fragen nach der ‚richtigen' Förderung kindlicher Begabungen sind demgegenüber oft nachrangig (vgl. Rohrmann & Rohrmann, 2010, S. 206 ff.).

Der Faktor Begabung sollte in der Beratung von Eltern als *Moderatorvariable* verstanden werden und nicht als Ausgangspunkt von Problemen (Jacob, 2015). Daher müssen Eltern hochbegabter Kinder bei Erziehungsproblemen auch nicht unbedingt an eine spezialisierte Beratungsstelle verwiesen werden, sondern sind in Erziehungsberatungsstellen gut aufgehoben (Arnold, Jacob & Großgasteiger, 2015). Rost (2008) wandte sich in einem Zeitungsinterview bereits vor Jahren pointiert gegen eine ‚Förderhysterie':

Es gibt sehr viele Eltern, die glauben, ihr Kind würde nur noch aus dem Intellekt bestehen. Diese Eltern achten gar nicht mehr auf die anderen Bedürfnisse des Kindes. Das geht natürlich viel zu weit. Ich will damit nicht sagen, dass man nichts für Hochbegabte tun soll. Aber auch hochbegabte Kinder brauchen Freizeit, hochbegabte Jugendliche müssen auch mal rumhängen und mal nicht gefördert werden. (S. 1)

Literaturempfehlungen für Eltern – eine Auswahl

Alvarez, C. (2010). *Hochbegabung: Tipps für den Umgang mit fast normalen Kindern* (aktual. u. erw. Ausg.). München: dtv.
Das handliche Buch entwickelt eine unaufgeregte und ressourcenorientierte Perspektive auf begabte Kinder und ihre Familien. Es kann auch Eltern empfohlen werden.

Arnold, D. & Preckel, F. (2011). *Hochbegabte Kinder klug begleiten. Ein Handbuch für Eltern*. Weinheim: Beltz.
Das Buch ist Ergebnis eines von den Autoren entwickelten Elterntrainings. Eltern erhalten Anregungen dafür, wie sie mit alltäglichen Problemen besser umgehen können.

Holling, H. (Hrsg.). (2015). *Begabte Kinder finden und fördern. Ein Ratgeber für Eltern, Erzieherinnen und Erzieher, Lehrerinnen und Lehrer* (3. Aufl.). Bonn: BMBF Referat Öffentlichkeitsarbeit.
Die bereits mehrfach genannte Broschüre gibt auch Eltern gut verständliche und hilfreiche Anregungen.

Literatur

Ahnert, L. (2010). *Wieviel Mutter braucht ein Kind? Bindung – Bildung – Betreuung: öffentlich und privat*. Berlin: Springer.

Albers, T. (2015). Identifikation von Begabungen in der Krippe? Handlungsanforderungen im Kontext einer inklusiven Frühpädagogik. In C. Solzbacher, G. Weigand & P. Schreiber (Hrsg.), Begabungsförderung kontrovers? (S. 151–163). Weinheim: Beltz.

Albers, T. (2016). Sprachliche Bildung und Förderung im Kontext von Inklusion. In Balluseck, H. von (Hrsg.). Professionalisierung der Frühpädagogik (S. 269-282). Opladen: Barbara Budrich.

Allmendinger, J. & Nikolai, R. (2006). Bildung und Herkunft. *Aus Politik und Zeitgeschichte (APuZ)*, 56 (44/45), 32-38.

Alvarez, C. (2010). *Hochbegabung: Tipps für den Umgang mit fast normalen Kindern* (aktual. u. erw. Ausg.). München: dtv.

American Psychiatric Association. (2014). *Diagnostisches und Statistisches Manual Psychischer Störungen – DSM-5*. Deutsche Ausgabe herausgegeben von Peter Falkai und Hans-Ulrich Wittchen. Göttingen: Hogrefe.

Ansari, S. (2013). *Rettet die Neugier! Gegen die Akademisierung der Kindheit* (2. Aufl.). Frankfurt a. M.: Fischer.

Arnold, D. & Großgasteiger, I. (2014). *Ressourcenorientierte Hochbegabtenberatung*. Weinheim: Beltz.

Arnold, D. & Großgasteiger, I. (2015). Hochbegabtenförderung. Viel hilft viel? Über Möglichkeiten und Grenzen der Förderung hochbegabter Kinder und Jugendlicher. *Report Psychologie*, 40 (9), 344-352.

Arnold, D. & Preckel, F. (2011). *Hochbegabte Kinder klug begleiten. Ein Handbuch für Eltern*. Weinheim: Beltz.

Arnold, D., Jacob, A. & Großgasteiger, I. (2015). Erziehungsberatung (auch) für Hochbegabte. In C. Koop & A. Jacob (Hrsg.), *Psychologische Beratung im Feld Hochbegabung* (S. 19-27). Frankfurt a. M.: Karg-Stiftung.

Autorengruppe Bildungsberichterstattung. (Hrsg.). (2016). *Bildung in Deutschland 2016. Ein indikatorengestützter Bericht mit einer Analyse zur Bildung und Migration*. Bielefeld: Bertelsmann.

Autorengruppe Bildungsberichterstattung. (Hrsg.). (2014). *Bildung in Deutschland 2014. Ein indikatorengestützter Bericht mit einer Analyse zur Bildung von Menschen mit Behinderungen*. Bielefeld: Bertelsmann.

Baerwald, R. (1896). *Theorie der Begabung. Psychologisch-pädagogische Untersuchung über Existenz, Klassifikation, Ursachen, Bildsamkeit, Wert und Erziehung menschlicher Begabungen*. Leipzig: Reisland.

Bäuerlein, K., Linkert, C., Stumpf, E. & Schneider, W. (2013). Kurz- und langfristige Effekte außerfamiliärer Kleinkindbetreuung auf die kognitive und sprachliche Entwicklung unter besonderer Berücksichtigung der Betreuungsqualität. *Zeitschrift für Entwicklungspsychologie und Pädagogische Psychologie*, 45 (2), 57–65.

Bandura, A. (1977). Self-efficacy. Toward a unifying theory of behavioral change. *Psychological Review*, 84(2), 191-215.

Bandura, A. (1979). *Sozial-kognitive Lerntheorie*. Stuttgart: Klett-Cotta.

Bandura, A. (1997). *Self-efficacy: The exercise of control*. Basingstoke: Freeman.

Baudson, T. G. (2008). „Genie und Wahnsinn": Sind Hochbegabte so anders? *MinD-Magazin. Das offizielle Organ von Mensa in Deutschland* (Nr. 64), 39-41.

Baudson, T. G. (2010). Hochbegabung und Asperger-Autismus. In C. Koop, I. Schenker, G. Müller, S. Welzien & Karg-Stiftung (Hrsg.), *Begabung wagen. Ein Handbuch für den*

Umgang mit Hochbegabung in Kindertagesstätten (S. 237-243). Weimar: Verlag das Netz.

Baumert, J. & Schümer, G. (2001). Familiäre Lebensverhältnisse, Bildungsbeteiligung und Kompetenzerwerb. In Deutsches PISA-Konsortium (Hrsg.), *PISA 2000. Basiskompetenzen von Schülerinnen und Schülern im internationalen Vergleich* (S. 323-410). Opladen: Leske + Budrich.

Bayerisches Staatsministerium für Arbeit und Sozialordnung, Familie und Frauen & Staatsinstitut für Frühpädagogik. (Hrsg.). (2012). *Der Bayerische Bildungs- und Erziehungsplan für Kinder in Tageseinrichtungen bis zur Einschulung* (5., erw. Aufl.). Weinheim: Beltz.

Becker, S. & Westerholt, A. (2010) Übergang KiTa – Grundschule. Flexible Eingangsphase an der Salzbödetal-Schule – das Konzept eines am Kind orientierten Übergangs. In C. Koop & O. Steenbuck (Hrsg.), *Herausforderung Übergänge. Bildung für hochbegabte Kinder und Jugendliche gestalten* (S. 27-30). Frankfurt a. M.: Karg-Stiftung.

Berger, N. & Schneider, W. (2017). Gruppendynamik und Begabungsförderung. In C. Koop & M. Riefling (Hrsg.), *Alles eine Frage der Haltung? Begabtenförderung in der Kindertagesstätte* (S. 19–25). Frankfurt a. M.: Karg-Stiftung.

Bertelsmann Stiftung. (2016a). *Ländermonitor Frühkindliche Bildungssysteme*. Zugriff am 11.04.2017. Verfügbar unter www.laendermonitor.de/

Bertelsmann Stiftung. (Hrsg.). (2016b). *MIKA Musik im Kita-Alltag*. Zugriff am 30.07.2016. Verfügbar unter https://www.bertelsmann-stiftung.de/de/unsere-projekte/¬mika-musik-im-kita-alltag/

Berthold, B. (2008). *Einschulungsregelungen und flexible Eingangsstufe. Recherche für den Nationalen Bildungsbericht 2008 im Auftrag des Deutschen Jugendinstituts*. München: DJI.

Betts, G. T. & Kercher, J. K. (1999). *Autonomous Learner Model: Optimizing ability*. Greeley, CO: ALPS.

Beudels, W., Haderlein, R. & Herzog, S. (2012). *Handbuch Beobachtungsverfahren in Kindertageseinrichtungen*. Dortmund: Borgmann Media.

Billhardt, J. (1997). *Hochbegabte. Die verkannte Minderheit*. Würzburg: Lexika-Verlag.

Bodrova, E. (2008). Make-believe play versus academic skills. A Vygotskian approach to today's dilemma of early childhood education. *European Early Childhood Education Research Journal, 16* (3), 357-369.

Borke, J. & Keller, H. (2013). *Kultursensitive Frühpädagogik*. Stuttgart: Kohlhammer.

Bos, W., Hornberg, S., Arnold, K.-H., Faust, G., Fried, L., Lankes, E.-M. et al. (Hrsg.). (2007). *IGLU 2006. Lesekompetenzen von Grundschulkindern in Deutschland im internationalen Vergleich*. Münster: Waxmann.

Bos, W., Tarelli, I., Bremerich-Vos, A. & Schwippert, K. (Hrsg.). (2012). *IGLU 2011. Lesekompetenzen von Grundschulkindern in Deutschland im internationalen Vergleich*. Münster: Waxmann.

Brackmann, A. (2005). *Jenseits der Norm – hochbegabt und hoch sensibel? Die seelischen und sozialen Aspekte der Hochbegabung bei Kindern und Erwachsenen*. Stuttgart: Klett-Cotta.

Brandes, H. (2005). *Lev Vygotski und die elementarpädagogische Reformdebatte heute. Ehs-Studientext*. Zugriff am 11.04.2017. Verfügbar unter www.ehs-dresden.de/For¬schung/Publikationen/Studientexte

Brandes, H. (2010). Lernen in der Kindergruppe. Peerinteraktionen und Gruppenprozesse von Klein- und Vorschulkindern. In C. Koop, I. Schenker, G. Müller, S. Welzien & Karg-Stiftung (Hrsg.), *Begabung wagen. Ein Handbuch für den Umgang mit Hochbegabung in Kindertagesstätten* (S. 141-151). Weimar: Verlag das Netz.

Brandes, H. (2011). Woher die Begabung kommt. *Betrifft Kinder* (08/09), 48-50.

Bronfenbrenner, U. (Hrsg.). (1981). *Die Ökologie der menschlichen Entwicklung. Natürliche und geplante Experimente.* Stuttgart: Klett-Cotta.
Bruner, J. (1985). Vygotsky: An historical and conceptual perspective. In J. V. Wetsch (Ed.), *Culture, communication, and cognition: Vygotskian perspectives* (pp. 21-34). London: Cambridge University Press.
Bueb, B. (2007). *Lob der Disziplin. Eine Streitschrift* (14. Aufl.). Berlin: List.
Calvert, K. & Hausberg, A. K. (2011a). *PhiNa Handbuch: Philosophieren mit Kindern über die Natur.* Baltmannsweiler: Schneider.
Calvert, K. & Hausberg, A. K. (2011b). Kreatives Philosophieren mit hochbegabten Kindern. In C. Koop & O. Steenbuck (Hrsg.), *Kreativität – Zufall oder harte Arbeit?* (S. 62-65). Frankfurt a. M.: Karg-Stiftung.
Carle, U. (2013). Pädagogische Diagnostik als forschende Tätigkeit. In B. Friebertshäuser, A. Langer & A. Prengel (Hrsg.), *Handbuch qualitative Forschungsmethoden* (S. 831-844). Weinheim: Beltz Juventa.
Carle, U. & Hegemann-Fonger, H. (2012). *Beobachtung und Diagnostik – Basis für die Förderung der Kinder* (Handreichungen zum Berufseinstieg von Elementar- und KindheitspädagogInnen Heft B02, hrsg. von U. Carle & G. Koeppel). Bremen: Universität Bremen. Zugriff am 11.04.2017. Verfügbar unter www.fruehpaedagogik.uni-bremen.de¬/handreichungen/B02Diagnostik(CA+HHF).pdf
Carr, M. (2001). *Assessment in early childhood settings. Learning stories.* London: Chapman.
Childre, D. (2006). *Die Herzintelligenz entdecken.* Kirchzarten: VAK.
Cloos, P., Oehlmann, S. & Sitter, M. (2013). Der Übergang vom Kindergarten in die Grundschule. In W. Schröer, B. Stauber, A. Walther, L. Böhnisch & B. Leipold (Hrsg.), *Handbuch Übergänge* (S. 547-568). Weinheim: Beltz Juventa.
Coles, R. (2001). *Kinder brauchen Werte. Wie Eltern die moralische Intelligenz fördern können.* Reinbek: Rowohlt.
Cornell, D. G. (1984). *Families of gifted children.* Ann Arbor, MI: UMI Research Press.
Cornell, D. G. & Grossberg, I. N. (1989). Parent use of the term „gifted": Correlates with family environment and child adjustment. *Journal for the Education of the Gifted, 12* (3), 218-230.
Cropley, A., McLeod, J. & Dehn, D. (1988). *Begabung und Begabungsförderung. Entfaltungschancen für alle Kinder.* Heidelberg: Asanger.
Dabrowski, K. (1964). *Positive disintegration.* Boston, Mass.: Little Brown.
Dahl, R. (1997). *Matilda.* Reinbek: Rowohlt.
Dahle, G. (2006). Naturwissenschaften im Kindergarten. In M. Textor (Hrsg.), *Das Kita-Handbuch.* Zugriff am 11.04.2017. Verfügbar unter www.kindergartenpaedagogik.de/¬1624.html
Dartsch, M. (Hrsg.). (2014). *Musik im Vorschulalter.* Kassel: Bosse.
Darwin, C. R. (1871). *The descent of man, and selection in relation to sex.* London: Murray. Zugriff am 11.04.2017. Verfügbar unter http://darwin-online.org.uk/content/frame¬set?pageseq=1&itemID=F937.1&viewtype=text
Daseking, M., Werpup-Stüwe, L., Wienert, L. M., Menke, B. M., Petermann, F. & Waldmann, H.-C. (2015). Sprachfreie Intelligenzdiagnostik bei Kindern mit Migrationshintergrund. *Kindheit und Entwicklung, 24* (4), 243-251.
Deci, E. L. & Ryan, R. M. (1993). Die Selbstbestimmungstheorie der Motivation und ihre Bedeutung für die Pädagogik. *Zeitschrift für Pädagogik, 39,* 223-228.
Deutsche Gesellschaft für soziale Psychiatrie. (Hrsg.). (2013). *"Eine Generation wird krankgeschrieben". Die Aufmerksamkeitsdefizit-/Hyperaktivitätsstörung (ADHS), Ritalin und Psychopharmaka.* Zugriff am 25.09.2013. Verfügbar unter www.dgsp-ev.de/filead¬min/dgsp/pdfs/Flyer_Infoblatt_KuFo-Programme_Broschueren/Broschuere_Memorandum¬_Ritalin_2013_web.pdf

Deutsches PISA-Konsortium. (Hrsg.). (2001). *PISA 2000. Basiskompetenzen von Schülerinnen und Schülern im internationalen Vergleich*. Opladen: Leske + Budrich.

d'Harcourt, C. (2002). *Ich sehe was, was du nicht siehst: Kunst für kleine Entdecker*. Köln: DuMont.

d'Harcourt, C. (2007). *Schau genau: Meisterwerke für kleine Entdecker*. Köln: DuMont.

Dickens, W. T. & Flynn, J. R. (2001). Heritability estimates versus large environmental effects: The IQ paradox resolved. *Psychological Review*, 108(2), 346-369.

Döpfner, M., Frölich, J. & Lehmkuhl, G. (2013). *Aufmerksamkeitsdefizit-/Hyperaktivitätsstörung (ADHS)* (2., überarb. Aufl.). Göttingen: Hogrefe.

Dornes, M. (1993). *Der kompetente Säugling. Die präverbale Entwicklung des Menschen*. Frankfurt a. M.: Fischer.

Dornes, M. (2006). *Die Seele des Kindes. Entstehung und Entwicklung*. Frankfurt a. M.: Fischer.

Dweck, C. (2012). *Selbstbild. Wie unser Denken Erfolge oder Niederlagen bewirkt*. München: Piper.

Educational Transitions and Change (ETC) Research Group. (2011). *Transition to school. Position statement*. Albury-Wodonga: Research Institute for Professional Practice, Learning and Education, Charles Sturt University. Zugriff am 11.04.2017. Verfügbar unter www.csu.edu.au/faculty/educat/edu/transitions/publications/Position-Statement.pdf

Eliot, L. (2010). *Was geht da drinnen vor? Die Gehirnentwicklung in den ersten fünf Lebensjahren*. Berlin: Berlin Verlag.

El-Mafaalani, A. (2014). *Vom Arbeiterkind zum Akademiker. Über die Mühen des Aufstiegs durch Bildung*. Sankt Augustin: Konrad-Adenauer-Stiftung. Zugriff am 05.08.2016. Verfügbar unter www.kas.de/wf/de/33.36606/

Erikson, E. H. (1973). *Identität und Lebenszyklus. Drei Aufsätze*. Frankfurt a. M.: Suhrkamp.

Eurydice and Eurostat Report (2014). *Key Data on Early Childhood. Report Education and Care Education and Training in Europe*. Zugriff am 1.2.2017. Verfügbar unter http://eacea.ec.europa.eu/education/eurydice/documents/key_data_series/166en.pdf.

Feger, B. & Prado, T. M. (1998). *Hochbegabung. Die normalste Sache der Welt*. Darmstadt: Wissenschaftliche Buchgesellschaft.

Fels, C. (1999). *Identifizierung und Förderung Hochbegabter in den Schulen der Bundesrepublik Deutschland*. Bern: Haupt.

Fischbach, K.-F. & Niggeschmidt, M. (2016). *Erblichkeit der Intelligenz. Eine Klarstellung aus biologischer Sicht*. Wiesbaden: Springer VS.

Fischer, C. (Hrsg.). (2015). *Giftedness across the lifespan. Begabungsförderung von der frühen Kindheit bis ins Alter*. Berlin: Lit.

Fischer, C. & Fischer-Ontrup, C. (2016). Mehrfach außergewöhnlich. Besonders begabte Kinder mit Lern- und Leistungsschwierigkeiten. *Lernen und Lernstörungen* (5), 207–218.

Fläming, K., Musketa, B. & Leu, H. R. (2009). *Bildungs- und Lerngeschichten – Entwicklungstheoretische Hintergründe* (Bildungs- und Lerngeschichten Spezial). Weimar: Verlag das Netz.

Flammer, A. (1996). *Entwicklungstheorien. Psychologische Theorien der menschlichen Entwicklung*. Bern: Huber.

Flett, G. L., Hewitt, P. L., Oliver, J. M. & Macdonald, S. (2002). Perfectionism in children and their parents: A developmental analysis. In G. L. Flett & P. L. Hewitt (Eds.), *Perfectionism: Theory, research, and treatment* (pp. 89-132). Washington, DC: American Psychological Association.

Fonagy, P., Gergely, G., Jurist, E. L., Target, M. & Vorspohl, E. (2004). *Affektregulierung, Mentalisierung und die Entwicklung des Selbst*. Stuttgart: Klett-Cotta.

Frankenbach, T. (2014). *Somatische Intelligenz. Hören, was der Körper braucht*. Burgrain: Koha.

Freeman, J. (1979). *Gifted children. Their identification and development in a social context*. Lancaster: MTP Press.
Freeman, J. (2001). *Gifted children grown up* (2nd Ed.). London: Fulton.
Freeman, J. (2010). *Gifted Lives. What happens when gifted children grow up*. Hove: Routledge Psychology Press.
Friedrichs, H. & Meister, D. M. (2015). Medienerziehung in der Kindertagesstätte. In F. v. Gross, D. Meister & U. Sander (Hrsg.), *Medienpädagogik – ein Überblick* (S. 273-305). Weinheim: Beltz Juventa.
Fröhlich-Gildhoff, K. & Petermann, F. (2013). Verhaltensauffälligkeiten im Kindergartenalter. Editorial. *Frühe Bildung, 2*(2), 55-58.
Fthenakis, W. E. (2003). Zur Neukonzeptualisierung von Bildung in der frühen Kindheit. In W. E. Fthenakis (Hrsg.), *Elementarpädagogik nach PISA. Wie aus Kindertagesstätten Bildungseinrichtungen werden können* (S. 18-37). Freiburg: Herder.
Fthenakis, W. E., Schmitt, A., Daut, M., Eitel, A. & Wendell, A. (2009). *Natur-Wissen schaffen. Band 2: Frühe Mathematische Bildung*. Troisdorf: Bildungsverlag EINS.
Galton, F. (1865). Hereditary talent and character. *Macmillan's Magazine, 12*, 157-166, 318-327. Zugriff am 11.04.2017. Verfügbar unter http://psychclassics.yorku.ca/Galton/talent.htm
Galton, F. (1910). *Genie und Vererbung*. Leipzig: Klinkhardt. Original (1869). *Hereditary genius*. London: Macmillan.
Gardner, H. (1991). *Abschied vom IQ. Die Rahmen-Theorie der vielfachen Intelligenzen*. Stuttgart: Klett-Cotta.
Gardner, H. (2002). *Intelligenzen. Die Vielfalt des menschlichen Geistes*. Stuttgart: Klett-Cotta.
Gardner, H. (2007). *Five minds for the future*. Boston, MA: Harvard Business School Press.
Gauck, L. (2007). *Hochbegabte verhaltensauffällige Kinder. Eine empirische Untersuchung*. Münster: Lit.
Gauck, L. & Reimann, G. (2015). Diagnostik von Hochbegabungen. Wie sie erfasst und von psychischen Auffälligkeiten unterschieden werden können. *Report Psychologie, 40* (7-8), 294-304.
Gauck, L. & Trommsdorf, G. (2009). Probleme hochbegabter Kinder aus der Sicht von Kindern, Eltern und Lehrern. *Psychologie in Erziehung und Unterricht, 56*(1), 27-37.
Geiling, U., Liebers, K. & Prengel, A. (Hrsg.). (2015). *Handbuch ILEA T. Individuelle Lern-Entwicklungs-Analyse im Übergang von der Kita in die Schule*. Halle-Wittenberg: Martin-Luther-Universität. Zugriff am 04.08.2016. Verfügbar unter http://wcms.itz.uni-halle.de/download.php?down=34521&elem=2750160
Gembris, H. (2014). Talent und Begabung in der Musik. In M. Stamm (Hrsg.), *Handbuch Talententwicklung. Theorien, Methoden und Praxis in Psychologie und Pädagogik* (S. 497-512). Bern: Huber.
Glüer, M. (2016). *Bindungs- und Beziehungsqualität im Kindergarten. Grundlagen und Praxis*. Stuttgart: Kohlhammer.
Gogolin, I. & Krüger-Potratz, M. (2012). Sprachenvielfalt – Fakten und Kontroversen. *Zeitschrift für Grundschulforschung, 5* (2), 7-19.
Goleman, D. (1995). *Emotionale Intelligenz*. Wien: Hanser.
Golinkoff, R. M., Hirsh-Pasek, K. & Singer, D. G. (Eds.). (2006). *Play = Learning: How play motivates and enhances children's cognitive and social-emotional growth*. Oxford: Oxford University Press.
Gomolla, M. & Radtke, F.-O. (2009). *Institutionelle Diskriminierung. Die Herstellung ethnischer Differenz in der Schule* (3. Aufl.). Wiesbaden: VS Verlag für Sozialwissenschaften.
Götting, G. (2006). *Keine Angst vor Hochbegabung: erkennen – fördern – begleiten*. München: Knaur.

Gottfredson, L. S. (1997). Mainstream science on intelligence: An editorial with 52 signatories, history, and bibliography. *Intelligence*, 24 (1), 13–23.
Grell, F. (2010). Über die (Un-)Möglichkeit, Früherziehung durch Selbstbildung zu ersetzen. *Zeitschrift für Pädagogik, 56* (2), 154-167.
Griebel, W. & Niesel, R. (Hrsg.). (2004). *Transitionen. Fähigkeit von Kindern in Tageseinrichtungen fördern, Veränderungen erfolgreich zu bewältigen*. Weinheim: Beltz.
Griebel, W. & Niesel, R. (2013). *Übergänge verstehen und begleiten. Transitionen in der Bildungslaufbahn von Kindern* (2. Aufl.). Berlin: Cornelsen.
Groffmann, K. J. (1964). Die Entwicklung der Intelligenzmessung. In R. Heiss, K. J. Groffmann & L. Michel (Hrsg.), *Handbuch der Psychologie, Band 6 Psychologische Diagnostik* (S. 148-199). Göttingen: Hogrefe.
Grossmann, K. & Grossmann, K. E. (2008). Die Entwicklung von Bindungen: Psychische Sicherheit als Voraussetzung für psychologische Anpassungsfähigkeit. In G. Opp & M. Fingerle (Hrsg.), *Was Kinder stärkt. Erziehung zwischen Risiko und Resilienz* (S. 279-299). München: Reinhardt.
Gutknecht, D. (2015). *Bildung in der Kinderkrippe. Wege zur professionellen Responsivität* (2., überarb. Aufl.). Stuttgart: Kohlhammer.
Gyseler, D. (2014). Begabung, Talent und ADHS. In M. Stamm (Hrsg.), *Handbuch Talententwicklung. Theorien, Methoden und Praxis in Psychologie und Pädagogik* (S. 405-411). Bern: Huber.
Hackl, A., Steenbuck, O. & Weigand, G. (Hrsg.). (2011). *Werte schulischer Begabtenförderung. Begabungsbegriff und Werteorientierung* (Karg-Heft 3). Frankfurt a. M.: Karg-Stiftung.
Hackl, A., Steenbuck, O. & Weigand, G. (Hrsg.). (2014). *Begabung und Traditionen* (Karg-Heft 6), Frankfurt a. M.: Karg-Stiftung.
Hännikainen, M., Singer, E. & van Oers, B. (2013). Promoting play for a better future. Editorial to special issue. *European Early Childhood Education Research Journal, 21*, 165-171.
Hakkarainen, P., Brediktye, M., Jakkula, K. & Munter, H. (2013). Adult play guidance and children's play development in a narrative play world. *European Early Childhood Education Research Journal, 21*, 213-225.
Hansen, R. (2013). Mitbestimmung der Kleinsten im Kita-Alltag: So klappt's. *KiTa aktuell ND, 21* (3), 67-69.
Hansen, R., Knauer, R. & Friedrich, B. (2004). *Die Kinderstube der Demokratie. Partizipation in Kindertageseinrichtungen*. Kiel: Ministerium für Justiz, Frauen, Jugend und Familie des Landes Schleswig-Holstein.
Hansen, R., Knauer, R. & Sturzenhecker, B. (2011). *Partizipation in Kindertageseinrichtungen. So gelingt Demokratiebildung mit Kindern!* Weimar: Verlag das Netz.
Hanses, P. & Rost, D. H. (1998). Das „Drama" der hochbegabten Underachiever. „Gewöhnliche" oder „außergewöhnliche" Underachiever? *Zeitschrift für pädagogische Psychologie, 12* (1), 53-71.
Hartmann, C., Stapf, A. & Vöhringer, I. (2016). Hochbegabte Kinder frühzeitig erkennen – wie geht das? *Kita aktuell, Ausgabe HRS, 24*(6), 142-144.
Haese, D. (2016). *Begabtenzentrum*. Zugriff am 11.04.2017. Verfügbar unter www.begabtenpaedagogik.de/hochbegabung.html
Hasselhorn, M. & Gold, A. (2013). *Pädagogische Psychologie. Erfolgreiches Lernen und Lehren* (3., vollst. überarb. und erw. Aufl.). Stuttgart: Kohlhammer.
Hauser, B. (2016). *Spielen. Frühes Lernen in Familie, Krippe und Kindergarten* (2. Aufl). Stuttgart: Kohlhammer.
Havighurst, R. J. (1948). *Developmental tasks and education*. New York, NY: McKay.
Heimken, N. (2015). *Migration, Bildung und Spracherwerb. Bildungssozialisation und Integration von Jugendlichen aus Einwandererfamilien*. Wiesbaden: Springer.

Heller, K. A. (1976). *Intelligenz und Begabung*. München: Reinhardt.
Heller, K. A. (1990). Zielsetzung, Methode und Ergebnisse der Münchner Längsschnittstudie zur Hochbegabung. *Psychologie in Erziehung und Unterricht, 37* (2), 85-100.
Heller, K. A. (Hrsg.). (1992a). *Hochbegabung im Kindes- und Jugendalter*. Göttingen: Hogrefe.
Heller, K. A. (1992b). Projektziele, Untersuchungsergebnisse und praktische Konsequenzen. In K. A. Heller (Hrsg.), *Hochbegabung im Kindes- und Jugendalter* (S. 17-36). Göttingen: Hogrefe.
Heller, K. A. (2000). Hochbegabungsdiagnose (Identifikation). In K. A. Heller (Hrsg.). *Begabungsdiagnostik in der Schul- und Erziehungsberatung*. (2. vollst. überarb. Auflage, S. 241-258). Bern: Huber.
Hellmich, F. (Hrsg.). (2011). *Selbstkonzepte im Grundschulalter. Modelle, empirische Ergebnisse, pädagogische Konsequenzen*. Stuttgart: Kohlhammer.
Henze, G., Sandfuchs, U. & Zumhasch, C. (2006). *Integration hochbegabter Grundschüler. Längsschnittuntersuchung zu einem Schulversuch*. Bad Heilbrunn: Klinkhardt.
Hille, K. & Hoffmann, D. (2012). Editorial: Lernen en passant. *Diskurs Kindheits- und Jugendforschung, 7* (4), 385-387.
Hoberg, K. & Rost, D. H. (2000). Interessen. In D. H. Rost (Hrsg.), *Hochbegabte und hochleistende Jugendliche. Neue Ergebnisse aus dem Marburger Hochbegabtenprojekt* (S. 339-365). Münster: Waxmann.
Höcker, A., Engberding, M. & Rist, F. (2013). *Prokrastination*. Göttingen: Hogrefe.
Hoffsommer, J. & Koop, C. (2017). Partizipation und Hochbegabung. In C. Koop & M. Riefling (Hrsg.), *Alles eine Frage der Haltung? Begabtenförderung in der Kindertagesstätte* (S. 43–49). Frankfurt a. M.: Karg-Stiftung.
Hohmann, A. (2014). Talent im Sport. In M. Stamm (Hrsg.), *Handbuch Talententwicklung. Theorien, Methoden und Praxis in Psychologie und Pädagogik* (S. 513-536). Bern: Huber.
Holahan, C. K. & Sears, R. R. (1995). *The gifted group in later maturity*. Stanford, CA: Stanford University Press.
Holling, H. (Hrsg.). (2003). *Begabte Kinder finden und fördern. Ein Ratgeber für Elternhaus und Schule*. Bonn: Bundesministerium für Bildung und Forschung (BMBF).
Holling, H. (Hrsg.). (2015). *Begabte Kinder finden und fördern. Ein Ratgeber für Eltern, Erzieherinnen und Erzieher, Lehrerinnen und Lehrer* (3. Aufl.). Bonn: Bundesministerium für Bildung und Forschung (BMBF). Zugriff am 28.01.2016. Verfügbar unter https://www.bmbf.de/pub/b_Kinder.pdf
Holling, H., Preckel, F. & Vock, M. (2004). *Intelligenzdiagnostik*. Göttingen: Hogrefe.
Houwer, A. de (2015). Integration und Interkulturalität in Kindertagesstätten und in Kindergärten: Die Rolle der Nichtumgebungssprache für das Wohlbefinden von Kleinkindern. In E. Reichert-Garschhammer, C. Kieferle, M. Wertfein & F. Becker-Stoll (Hrsg.), *Inklusion und Partizipation. Vielfalt als Chance und Anspruch* (S. 113-125). Göttingen: Vandenhoeck & Ruprecht.
Hoyer, T., Weigand, G. & Müller-Oppliger, V. (2013). *Begabung. Eine Einführung*. Darmstadt: Wissenschaftliche Buchgesellschaft.
Hoyningen-Süess, U. & Gyseler, D. (2006). *Hochbegabung aus sonderpädagogischer Sicht*. Bern: Haupt.
Hüther, G. (2011). Onto-Genese der Humanität. Neurobiologische Einsichten in die Bildung zum Menschen. In J. Rüsen (Hrsg.), *Perspektiven der Humanität. Menschsein im Diskurs der Disziplinen* (S. 59-92). Bielefeld: Transcript.
Hüther, G. & Hauser, U. (2012). *Jedes Kind ist hoch begabt. Die angeborenen Talente unserer Kinder und was wir aus ihnen machen* (7. Aufl.). München: Knaus.
Institut für Qualitätsentwicklung an Schulen Schleswig-Holsteins. (Hrsg.). (2015). *Kompetenzzentren*. Zugriff am 21.12.2015. Verfügbar unter www.schleswig-holstein.de¬

/DE/Landesregierung/IQSH/Arbeitsfelder/FortWeiterbildung/FaecheruebergreifendeThemen/SchulBegabungsfoerderung/Kompetenzzentren/Kompetenzzentren.html
Jacob, A. (2015). Ein psychosoziales Modell zur personalen Entwicklung... unter Berücksichtigung von Hochbegabung und zur Herleitung von Beratungsschwerpunkten. In C. Koop & A. Jacob (Hrsg.), *Psychologische Beratung im Feld Hochbegabung* (S. 76-87). Frankfurt a. M.: Karg-Stiftung.
Jacob, A. (2016). *Hochbegabte Kinder in der Beratung.* Weinheim: Beltz Juventa.
Jacob, A. & Koop, C. (Hrsg.). (2015). *Psychologische Beratung im Feld Hochbegabung* (Karg-Heft 8). Frankfurt a. M.: Karg-Stiftung.
Jäger, K. (2014). *Inklusive Begabtenförderung in der Grundschule. Konzepte und Praxisbeispiele zur Schulentwicklung* (veränd. Neuaufl.) (Sächsisches Staatsministerium für Kultus, Hrsg.), Dresden. Zugriff am 11.04.2017. Verfügbar unter https://publikationen.sachsen.de/bdb/artikel/11997
Jiménez, F. (2015, 20. November). Warum es das richtige Einschulungsalter nicht gibt. *Die Welt.* Zugriff am 11.04.2017. Verfügbar unter www.welt.de/wissenschaft/article149074052/Warum-es-das-richtige-Einschulungsalter-nicht-gibt.html
Jirasek, K. (2009). Warum sollen Schlaue noch schlauer werden? Die Erarbeitung eines Perspektivwechsels. In Karg-Stiftung für Hochbegabtenförderung (Hrsg.), Begabung wagen. *KiTa spezial Sonderausgabe,* 4/2009, 34-36.
Jørgensen, M. & Schreiner, P. (1989). *Kampfbeziehungen. Wenn Kinder gegen Erwachsene kämpfen: Erklärungen und Lösungen.* Reinbek: Rowohlt.
Juul, J. (1997). *Das kompetente Kind. Auf dem Weg zu einer neuen Wertgrundlage für die ganze Familie.* Reinbek: Rowohlt.
Karg-Stiftung für Hochbegabtenförderung. (Hrsg.). (2009). Begabung wagen [Themenheft]. KiTa spezial, Sonderausgabe, 4/2009.
Karg-Stiftung für Hochbegabtenförderung & Stiftung Internationales Centrum für Begabungsforschung ICBF. (2015). *Münstersche Empfehlungen zur Förderung begabter und besonders leistungsfähiger Kinder und Jugendlicher.* Zugriff am 20.08.2016. Verfügbar unter: www.karg-stiftung.de/binaries/addon/461_2015-09-12_muenstersche_empfehlungen.pdf
Kathke, P. (2001). *Sinn und Eigensinn des Materials. Projekte – Anregungen – Aktionen* (2 Bände). Weinheim: Beltz.
Kipman, U. (2011). Legasthenie, Dyskalkulie, AD(H)S und Hochintelligenz. Begriffsklärung, Befunde und Häufigkeiten. *news & science, Begabtenförderung und Begabungsforschung, ÖZBF,* 29 (3), 30-33. Zugriff am 11.04.2017. Verfügbar unter www.oezbf.at/cms/tl_files/Publikationen/Beitraege_aus_der_Wissenschaft/2011/04_02_Legast_Dyskalkulie_ADHS.pdf
Klaes, M. (Hrsg.). (1998). *Vita sanctae Hildegardis. Leben der heiligen Hildegard von Bingen. Canonizatio Sanctae Hildegardis. Kanonisation der heiligen Hildegard.* Freiburg: Herder.
Klauer, K.-J. (1989). *Denktraining für Kinder.* Göttingen: Hogrefe.
KMK Kultusministerkonferenz & BMBF Bundesministerium für Bildung und Forschung. (2016). *Gemeinsame Initiative von Bund und Ländern zur Förderung leistungsstarker und potenziell besonders leistungsfähiger Schülerinnen und Schüler.* Berlin: BMBF. Zugriff am 11.04.2017. Verfügbar unter https://www.bmbf.de/de/gemeinsame-initiative-von-bund-und-laendern-bessere-entwicklungsmoeglichkeiten-fuer-3639.html
König, A. (2007). Dialogisch-entwickelnde Interaktionsprozesse als Ausgangspunkt für die Bildungsarbeit im Kindergarten. *Bildungsforschung,* 4 (1), 1-17. Zugriff am 11.04.2017. Verfügbar unter http://bildungsforschung.org/index.php/bildungsforschung/article/viewFile/54/57
König, A. (2009). *Interaktionsprozesse zwischen Erzieherinnen und Kindern. Eine Videostudie aus dem Kindergartenalltag.* Wiesbaden: VS.

König, A. (2013). Die Bedeutung soziokultureller Theorien für die Elementarpädagogik. Von Wygotski bis zur dialogisch-entwickelnden Kommunikation. In C. Wustmann (Hrsg.), *Kindheit aus sozialwissenschaftlicher Perspektive* (S. 57-68). Graz: Leykam.

Koop, C. & Riefling, M. (Hrsg.). (2017a). *Alles eine Frage der Haltung? Begabtenförderung in der Kindertagesstätte* (Karg-Heft 10). Frankfurt a. M.: Karg-Stiftung.

Koop, C. & Riefling, M. (2017b). Hochbegabung in der Kindertagesstätte – überhaupt (m)ein Thema? In C. Koop & M. Riefling (Hrsg.), *Alles eine Frage der Haltung? Begabtenförderung in der Kindertagesstätte* (S. 6–10). Frankfurt a. M.: Karg-Stiftung.

Koop, C. & Riefling, M. (2017). Schlussfolgerungen für die Weiterbildung von frühpädagogischen Fachkräften im Feld Hochbegabung. In C. Koop & M. Riefling (Hrsg.), *Alles eine Frage der Haltung? Begabtenförderung in der Kindertagesstätte* (S. 67–73). Frankfurt a. M.: Karg-Stiftung.

Koop, C., Schenker, I., Müller, G., Welzien, S. & Karg-Stiftung (Hrsg.). (2010). *Begabung wagen. Ein Handbuch für den Umgang mit Hochbegabung in Kindertagesstätten*. Weimar: Verlag das Netz.

Koop, C. & Steenbuck, O. (Hrsg.). (2010). *Herausforderung Übergänge. Bildung für hochbegabte Kinder und Jugendliche gestalten* (Karg-Heft 1), Frankfurt a. M.: Karg-Stiftung.

Koop, C. & Steenbuck, O. (Hrsg.). (2011). *Kreativität – Zufall oder harte Arbeit?* (Karg-Heft 2). Frankfurt a. M.: Karg-Stiftung.

Koop, C. & Welzien, S. (2009). Hinterher sind alle schlauer. Die Weiterbildung „Begabtenpädagoge" der Karg-Stiftung. In Karg-Stiftung für Hochbegabtenförderung (Hrsg.). Begabung wagen. *KiTa spezial Sonderausgabe*, 4/2009, 6-8.

Krapp, A. & Ryan, R. M. (2002). Selbstwirksamkeit und Lernmotivation. Eine kritische Betrachtung der Theorie von Bandura aus der Sicht der Selbstbestimmungstheorie und der pädagogisch-psychologischen Interessentheorie. In M. Jerusalem & D. Hopf (Hrsg.), *Selbstwirksamkeit und Motivationsprozesse in Bildungsinstitutionen* (Zeitschrift für Pädagogik Beiheft, Bd. 44, S. 54-82). Weinheim: Beltz. Zugriff a, 11.04.2017. Verfügbar unter www.pedocs.de/volltexte/2011/3931/pdf/ZfPaed_44_Beiheft_Krapp_Ryan_Selbst¬wirksamkeit_D_A.pdf

Kühnert, S., Merker, M., Oehme, G., Petzold, C. & Uhlig, U. (2006). Systematisches Beobachten und Dokumentieren (hrsg. vom Ministerium für Bildung und Frauen des Landes Schleswig-Holstein, Kiel). Zugriff am 11.04.2017. Verfügbar unter www.datenschutzzen¬trum.de/schule/systematisches-beobachten.pdf

Laewen, H.-J. (2002a). Bildung und Erziehung in Kindertageseinrichtungen. In H.-J. Laewen & B. Andres (Hrsg.), *Bildung und Erziehung in der frühen Kindheit. Bausteine zum Bildungsauftrag von Kindertageseinrichtungen* (S. 16-102). Weinheim: Beltz.

Laewen, H.-J. (2002b). Was Bildung und Erziehung in Kindertageseinrichtungen bedeuten können. In H.-J. Laewen & B. Andres (Hrsg.), *Forscher, Künstler, Konstrukteure. Werkstattbuch zum Bildungsauftrag von Kindertageseinrichtungen* (S. 33-69). Weinheim: Beltz.

Laewen, H.-J. (2002c). Das „konstruierende Kind" und der Situationsansatz. In H.-J. Laewen & B. Andres (Hrsg.), *Forscher, Künstler, Konstrukteure. Werkstattbuch zum Bildungsauftrag von Kindertageseinrichtungen* (S. 208-243). Weinheim: Beltz.

Laewen, H.-J. & Andres, B. (Hrsg.). (2002a). *Bildung und Erziehung in der frühen Kindheit. Bausteine zum Bildungsauftrag von Kindertageseinrichtungen*. Weinheim: Beltz.

Laewen, H.-J. & Andres, B. (Hrsg.). (2002b). *Forscher, Künstler, Konstrukteure. Werkstattbuch zum Bildungsauftrag von Kindertageseinrichtungen*. Weinheim: Beltz.

Laewen, H.-J. & Andres, B. (2002c). Arbeitsblatt 4: Erziehung als gestaltete Interaktion II: Die Themen der Kinder beantworten. In H.-J. Laewen & B. Andres (Hrsg.), *Bildung und Erziehung in der frühen Kindheit. Bausteine zum Bildungsauftrag von Kindertageseinrichtungen* (S. 139-147). Weinheim: Beltz.

Laewen, H.-J. & Andres, B. (2002d). Arbeitsblatt 6: Bildungsbereiche oder Die sieben Intelligenzen des Howard Gardner. In H.-J. Laewen & B. Andres (Hrsg.), *Bildung und Erziehung in der frühen Kindheit. Bausteine zum Bildungsauftrag von Kindertageseinrichtungen* (S. 162-176). Weinheim: Beltz.

Lee, H. (1962). *Wer die Nachtigall stört*. Reinbek: Rowohlt.

Lenhard, A., Lenhard, W. & Klauer, K.-J. (2011). *Denkspiele mit Elfe und Mathis. Förderung des logischen Denkvermögens für Vor- und Grundschulkinder*. Göttingen: Hogrefe.

Leu, H. R., Flämig, K., Frankenstein, Y., Koch, S., Pack, I., Schneider, K. et al. (2007). *Bildungs-und Lerngeschichten. Bildungsprozesse in früher Kindheit beobachten, dokumentieren und unterstützen*. Weimar: Verlag das Netz.

Lehwald, G. (2017). *Motivation trifft Begabung. Begabte Kinder und Jugendliche verstehen und gezielt fördern*. Göttingen: Hogrefe.

Lorenz, J.-H. (2016). *Kinder begreifen Mathematik. Frühe mathematische Bildung und Förderung* (2. Aufl.). Stuttgart: Kohlhammer.

Lucito, L.-J. (1964). Gifted children. In L. M. Dunn (Ed.), *Exceptional children in the schools* (pp. 179-238). New York, NY: Holt, Rinehart & Winston.

Lück, G. (2009). *Handbuch der naturwissenschaftlichen Bildung. Theorie und Praxis für die Arbeit in Kindertageseinrichtungen* (vollst. überarb. u. erw. Neuausgabe). Freiburg: Herder.

Maaz, K., Hausen, C., McElvany, N. & Baumert, J. (2006). Stichwort: Übergänge im Bildungssystem. Theoretische Konzepte und ihre Anwendung in der empirischen Forschung beim Übergang in die Sekundarstufe. *Zeitschrift für Erziehungswissenschaft, 9*(3), 299-327.

Mähler, B. & Hofmann, G. (1998). *Ist mein Kind hochbegabt? Besondere Fähigkeiten erkennen, akzeptieren und fördern*. Reinbek: Rowohlt.

Marland, S. P. (1971). *Education of the gifted and talented, Vol. I. Report to the Congress of the United States by the Commissioner of Education*. Washington, DC: US Government Printing Office.

Martens, E. (2004). *Philosophieren mit Kindern. Eine Einführung in die Philosophie*. Stuttgart: Reclam.

Maslow, A. H. (1981). *Motivation und Persönlichkeit* (12. Aufl.; Original 1954). Reinbek: Rowohlt.

Mayr, T. (2012). KOMPIK – Kompetenzen und Interessen von Kindern in Kindertageseinrichtungen. Ein neues Verfahren für Kindertageseinrichtungen. *Frühe Bildung, 1* (3), 163-167.

Mayr, T., Bauer, C. & Krause, M. (2010). *KOMPIK – Kompetenzen und Interessen von Kindern. Beobachtungs- und Einschätzbogen für Kinder von 3,5 bis 6 Jahre*. Gütersloh: Bertelsmann Stiftung.

Medienpädagogischer Forschungsverbund Südwest. (2015a). *KIM-Studie 2014. Kinder + Medien, Computer + Internet*. Basisuntersuchung zum Medienumgang 6- bis 13-Jähriger, Stuttgart. Zugriff am 15.11.2015. Verfügbar unter www.mpfs.de/fileadmin/KIM-pdf14/¬KIM14.pdf

Medienpädagogischer Forschungsverbund Südwest. (2015b). *miniKIM 2014. Kleinkinder und Medien*. Basisuntersuchung zum Medienumgang 2- bis 5-Jähriger, Stuttgart. Zugriff am 15.11.2015. Verfügbar unter www.mpfs.de/fileadmin/miniKIM/2014/miniKIM_20¬14.pdf

Mendaglio, S. (2010). Overexcitabilities und Dabrowskis Theorie der Positiven Desintegration. In F. Preckel, W. Schneider & H. Holling (Hrsg.), *Diagnostik von Hochbegabung* (S. 169-195). Göttingen: Hogrefe.

Ministerium für Arbeit und Soziales des Landes Sachsen-Anhalt. (2014). *Bildung: elementar – von Anfang an. Bildungsprogramm für Kindertageseinrichtungen in Sachsen-Anhalt. Fortschreibung 2013*. Weimar: Verlag das Netz.

Ministerium für Bildung, Jugend und Sport des Landes Brandenburg. (2004). *Grundsätze elementarer Bildung in Einrichtungen der Kindertagesbetreuung im Land Brandenburg.* Zugriff am 11.04.2017. Verfügbar unter: www.mbjs.brandenburg.de/media/lbm1.c.31¬2232.de

Mönks, F. J. (1992). Ein interaktionales Modell der Hochbegabung. In E. A. Hany & H. Nickel (Hrsg.), *Begabung und Hochbegabung* (S. 17-22). Bern: Huber.

Mönks, F. J. (2000). Hochbegabung im Kleinkindalter – Erkennen und Handeln. In BMW Group (Hrsg.), *Kleine Kinder – Große Begabung. Hochbegabte Kinder erkennen und fördern* (S. 25-37). Möglichkeiten und Grenzen des Kindergartens. München: BMW Group. Zugriff am 11.04.2017. Verfügbar unter www.kindergartenpaedagogik.de/557.html

Mönks, F. J. (2001). Begabungsforschung und Begabtenförderung. *Journal für Begabtenförderung,* (1/2001), 7-15.

Mönks, F. J. & Knoers, A. M. P. (1995). *Lehrbuch für Entwicklungspsychologie.* München: Reinhardt.

Mönks, F. J. & Ypenburg, I. H. (1998). *Unser Kind ist hochbegabt. Ein Leitfaden für Eltern und Lehrer.* München: Reinhardt.

Müller, G. (2010). Hochbegabung und AD(H)S. In C. Koop, I. Schenker, G. Müller, S. Welzien & Karg-Stiftung (Hrsg.), *Begabung wagen. Ein Handbuch für den Umgang mit Hochbegabung in Kindertagesstätten* (S. 245-249). Weimar. Verlag das Netz.

Muller-Oppliger, V. (2012). (Hoch-)Begabung in pädagogischem Bezug zum Menschenbild. Paradigmenwechsel zu einem dialektischen Begabungsmodel. In Hackl, A., Steenbuck, O. & Weigand, G. (Hrsg.), *Werte schulischer Begabtenförderung. Begabungsbegriff und Werteorientierung* (S. 55-68). Frankfurt a. M.: Karg-Stiftung.

Müller-Oppliger, V. (2014). Paradigmenwechsel. In G. Weigand, A. Hackl, V. Müller-Oppliger, G. Schmid & C. Maulbetsch (Hrsg.), *Personorientierte Begabungsförderung. Eine Einführung in Theorie und Praxis* (S. 68-76). Weinheim: Beltz.

Musiol, M. (2002). Biografizität als Bildungserfahrung. In H.-J. Laewen & B. Andres (Hrsg.), *Bildung und Erziehung in der frühen Kindheit. Bausteine zum Bildungsauftrag von Kindertageseinrichtungen* (S. 300-328). Neuwied: Luchterhand.

Neubauer, A. & Stern, E. (2007). *Lernen macht intelligent. Warum Begabung gefördert werden muss.* München: DVA.

Neuß, N. (2012). *Kinder & Medien. Was Erwachsene wissen sollten.* Seelze-Velber: Kallmeyer.

NICHD Early Child Care Research Network. (2006). Child-care effect sizes for the NICHD Study of Early Child Care and Youth Development. *The American psychologist,* 61 (2), 99–116. Zugriff am 11.04.2017. Verfügbar unter http://dx.doi.org/10.1037/0003-066X¬.61.2.99

Niedersächsisches Kultusministerium. (2015). *Begabungsförderung. Hochbegabung erkennen und fördern.* Zugriff am 11.04.2017. Verfügbar unter www.mk.niedersachsen.de/¬portal/live.php?navigation_id=1841&article_id=6499&_psmand=8

Niesel, R. & Griebel, W. (2013). Übergang von der Familie in eine Kindertageseinrichtung. In W. Schröer, B. Stauber, A. Walther, L. Böhnisch & B. Leipold (Hrsg.), *Handbuch Übergänge* (S. 547-568). Weinheim: Beltz Juventa.

OECD. (2014). *Bildung auf einen Blick. OECD-Indikatoren.* Bielefeld: Bertelsmann.

Oerter, R. (2008). Begabung, Expertise und Hochleistungen. In Oerter, R. & Montada, L. (Hrsg.), *Entwicklungspsychologie* (6., vollst. überarb. Aufl.) (S. 797-802). Weinheim: Beltz PVU.

Oerter, R. (2012). Lernen en passant. Wie und warum Kinder spielend lernen. *Diskurs Kindheits- und Jugendforschung,* 7(4), 389-403.

Oerter, R. & Montada, L. (Hrsg.). (2008). *Entwicklungspsychologie* (6., vollst. überarb. Aufl.). Weinheim: Beltz PVU.

Orthmann, D. (2008). Lernstörungen. In D. H. Rost (Hrsg.), *Handwörterbuch Pädagogische Psychologie* (S. 313-317). Weinheim: Psychologie Verlags Union.
Peez, G. (2015). *Kinder zeichnen, malen und gestalten. Kunst und bildnerisch-ästhetische Praxis in der KiTa*. Stuttgart: Kohlhammer.
Penke, L. (2013). Gibt es ein Gen für Intelligenz? *Spektrum der Wissenschaft, 2/2013*, 62–70.
Perleth, C. (2010). Checklisten in der Hochbegabungsdiagnostik. In F. Preckel, W. Schneider & H. Holling (Hrsg.), *Diagnostik von Hochbegabung* (S. 65-87). Göttingen: Hogrefe.
Perry, B., Dockett, S. & Petriwskyj, A. (2014). *Transitions to school – international research, policy and practice*. Dordrecht: Springer.
Peters, W. A. M., Grager-Loidl, H. & Supplee, P. (2000). Underachievement in gifted children and adolescents: Theory and practice. In K. A. Heller, F. J. Mönks, R. J. Sternberg & R. F. Subotnik (Eds.), *International handbook of giftedness and talent* (2nd ed., pp. 609-620). Oxford: Pergamon.
Pfahl, L. & Seitz, S. (2014). Inklusive Schulentwicklung als Impuls für die Begabungsförderung. In A. Hackl, O. Steenbuck & G. Weigand (Hrsg.), *Werte schulischer Begabtenförderung: Begabung und Traditionen* (S. 46-57). Frankfurt a. M.: Karg-Stiftung.
Pfeifer, W. (Hrsg.). (2016). Gabe. In Berlin-Brandenburgische Akademie der Wissenschaften (Hrsg.), *Das Etymologische Wörterbuch des Deutschen im DWDS. Digitale Version*. Zugriff am 11.04.2017. Verfügbar unter www.dwds.de/?qu=Begabung
Pfeiffer, S. (2012). *Lernwerkstätten und Projekte in der Kita. Handlungsorientierung und entdeckendes Lernen*. Göttingen: Vandenhoeck & Ruprecht.
Piaget, J. & Inhelder, B. (1972). *Die Psychologie des Kindes*. Olten: Walter.
Pramling Samuelsson, I. & Asplund Carlsson, M. (2007). *Spielend lernen. Stärkung lernmethodischer Kompetenzen*. Troisdorf: Bildungsverlag EINS.
Preckel, F. & Baudson, T. G. (2013). *Hochbegabung. Erkennen, verstehen, fördern*. München: Beck.
Preckel, F. & Brüll, M. (2008). *Intelligenztests*. München: UTB.
Preckel, F., Schneider, W. & Holling, H. (Hrsg.). (2010). *Diagnostik von Hochbegabung*. Göttingen: Hogrefe.
Preckel, F. & Vock, M. (2013). *Hochbegabung. Ein Lehrbuch zu Grundlagen, Diagnostik und Fördermöglichkeiten*. Göttingen: Hogrefe.
Prengel, A. (2010). *Inklusion in der Frühpädagogik. Bildungstheoretische, empirische und pädagogische Grundlagen. Expertise für das Projekt Weiterbildungsinitiative Frühpädagogische Fachkräfte (WiFF)*. München: Deutsches Jugendinstitut.
Renzulli, J. S. (1978). What makes giftedness? Reexamining a definition. *Phi Delta Kappan, 60*, 180-184.
Richartz, A. (2015). Raufen und Toben – Was Spielkämpfen ist und wozu es dient. In C. Blomberg & N. Neuber (Hrsg.), *Männliche Selbstvergewisserung im Sport. Beiträge zur geschlechtssensiblen Förderung von Jungen* (S. 165-184). Wiesbaden: Springer VS.
Rogge, J.-U. (1993). *Kinder brauchen Grenzen*. Reinbek: Rowohlt.
Rönnau-Böse, M. & Fröhlich-Gildhoff. K. (2010). *Resilienzförderung im Kita-Alltag. Was Kinder stark und widerstandsfähig macht*. Freiburg: Herder.
Rösler, J. (2017). Krippen mit Grips. Kognitive Begabung in Kinderkrippen fördern. In C. Koop & M. Riefling (Hrsg.), *Alles eine Frage der Haltung? Begabtenförderung in der Kindertagesstätte* (S. 11–17). Frankfurt a. M.: Karg-Stiftung.
Rohrmann, S. & Rohrmann, T. (2010). *Hochbegabte Kinder und Jugendliche. Diagnostik – Förderung – Beratung* (2., überarb. Aufl.). München: Reinhardt.
Rohrmann, T. (2008). *Zwei Welten? Geschlechtertrennung in der Kindheit; Forschung und Praxis im Dialog*. Opladen: Budrich UniPress.

Rohrmann, T. (2009). *Individuelle Förderung begabter Grundschüler. Evaluation eines Schulversuchs.* Wiesbaden: VS.
Rohrmann, T. (2016a). Hochbegabung in Bildungs- und Orientierungsplänen für Kitas. Eine Übersicht. *Theorie und Praxis der Sozialpädagogik, 67* (3), 40-41.
Rohrmann, T. (2016b). Hochbegabung in Bildungs- und Orientierungsplänen für Kindertageseinrichtungen. Zugriff am 11.04.2017. Verfügbar unter www.wechselspiel-online.de/¬literatur/Texte_TR/Begabung_Bildungsplaene_2016.pdf
Rohrmann, T. & Wanzeck-Sielert, C. (2014). *Mädchen und Jungen in der KiTa. Körper, Gender, Geschlecht.* Stuttgart: Kohlhammer.
Rosenthal, R. & Jacobson, L. (1992). *Pygmalion in the classroom: Teacher expectation and pupils' intellectual development.* New York, NY: Irvington.
Roßbach, H.-G. & Hasselhorn, M. (Hrsg.). (2012) Schwerpunkt: Kompensatorische Sprachförderung [Themenheft]. *Frühe Bildung, 1* (4).
Rost, D. H. (1991). Identifizierung von „Hochbegabung". *Zeitschrift für Entwicklungspsychologie und Pädagogische Psychologie, 23* (3), 197-231.
Rost, D. H. (1993). Das Marburger Hochbegabtenprojekt. In Rost, D. H. (Hrsg.). *Lebensumweltanalyse hochbegabter Kinder* (S. 1-33). Göttingen: Hogrefe.
Rost, D. H. (Hrsg.). (2000). *Hochbegabte und hochleistende Jugendliche. Neue Ergebnisse aus dem Marburger Hochbegabtenprojekt.* Münster: Waxmann.
Rost, D. H. (2008, 26. Juni). Vom Recht der Hochbegabten, nicht ständig gefördert zu werden. Interview von Alex Westhoff mit Detlev Rost. *Frankfurter Allgemeine Zeitung.* Zugriff am 11.04.2017. Verfügbar unter www.faz.net/aktuell/feuilleton/forschung-und-¬lehre/begabungsdiagnostik-vom-recht-der-hochbegabten-nicht-staendig-gefoerdert-zu-w¬erden-1544485.html
Rost, D. H. (2009a). *Intelligenz: Fakten und Mythen.* Weinheim: Beltz.
Rost, D. H. (Hrsg.). (2009b). *Hochbegabte und hochleistende Jugendliche. Befunde aus dem Marburger Hochbegabtenprojekt* (2., erw. Aufl.). Münster: Waxmann.
Rost, D. H. (2010). Stabilität von Hochbegabung. In F. Preckel, W. Schneider & H. Holling (Hrsg.), *Diagnostik von Hochbegabung* (S. 233-266). Göttingen: Hogrefe.
Rost, D. H. (2013). *Handbuch Intelligenz.* Weinheim: Beltz.
Rost, D. H. & Czeschlik, T. (1994). Beliebt und intelligent? Abgelehnt und dumm? *Zeitschrift für Sozialpsychologie, 25,* 170-176.
Rost, D. H. & Hoberg, K. (1998). Besondere Jugendliche mit besonderen Interessen? *Zeitschrift für Entwicklungspsychologie und Pädagogische Psychologie, 30,* 183-199.
Rousseau, J.-J. (1988). *Julie oder die neue Héloise.* München: Artemis & Winkler.
Rowe, D. C., Jacobson, K. C. & van den Oord, E. J. (1999). Genetic and environmental influences on vocabulary IQ: parental education level as moderator. *Child Development, 70* (5), 1151–1162. http://dx.doi.org/10.1111/1467-8624.00084
Ruberg, T. & Rothweiler, M. (2012). *Spracherwerb und Sprachförderung in der KiTa.* Stuttgart: Kohlhammer.
Rusen, J. (Hrsg.). (2011). *Perspektiven der Humanität. Menschsein im Diskurs der Disziplinen.* Bielefeld: Transcript.
Rüther, G. (2008). *Die Rolle der Eliten.* St. Augustin: Konrad-Adenauer-Stiftung. Zugriff am 05.08.2016. Verfügbar unter www.kas.de/wf/de/21.109/
Sächsisches Staatsministerium für Kultus. (Hrsg.). (2008). *Integrative Begabtenförderung – Ein Beitrag zur Schul- und Unterrichtsentwicklung an Sachsens Grundschulen,* Dresden. Zugriff am 11.04.2017. Verfügbar unter https://publikationen.sachsen.de/bdb/artikel/¬11997
Sarrazin, T. (2010). *Deutschland schafft sich ab. Wie wir unser Land aufs Spiel setzen.* München: Deutsche Verlagsanstalt.
Schäfer, G. E. (Hrsg.). (2003a). *Bildung beginnt mit der Geburt. Förderung von Bildungsprozessen in den ersten sechs Lebensjahren.* Weinheim: Beltz.

Schäfer, G. E. (2003b). Was ist frühkindliche Bildung? In G. E. Schäfer (Hrsg.), *Bildung beginnt mit der Geburt* (S. 10-42). Weinheim: Beltz.
Schäfer, G. E. (2003c). Aufgaben frühkindlicher Bildung. In G. E. Schäfer (Hrsg.), *Bildung beginnt mit der Geburt* (S. 43-102). Weinheim: Beltz.
Schäfer, G. E. (2011). *Bildungsprozesse im Kindesalter. Selbstbildung, Erfahrung und Lernen in der frühen Kindheit* (4. Aufl.). Weinheim: Juventa.
Schäfer, G. E. & Staege, R. (Hrsg.). (2010). *Frühkindliche Lernprozesse verstehen. Ethnographische und phänomenologische Beiträge zur Bildungsforschung*. Weinheim: Juventa.
Schelle, R. (2011). *Die Bedeutung der Fachkraft im frühkindlichen Bildungsprozess. Didaktik im Elementarbereich* (WiFF-Expertise, Bd. 18). München: DJI.
Schenker, I. (2010a). Inklusive Hochbegabtenförderung in der Kindertagesstätte. In C. Koop, I. Schenker, G. Müller, S. Welzien & Karg-Stiftung (Hrsg.), *Begabung wagen. Ein Handbuch für den Umgang mit Hochbegabung in Kindertagesstätten* (S. 281-289). Weimar: Verlag das Netz.
Schenker, I. (2010b). Spielen ist Lernen – das Konzept der Entwicklungspädagogik. In C. Koop, I. Schenker, G. Müller, S. Welzien & Karg-Stiftung (Hrsg.), *Begabung wagen. Ein Handbuch für den Umgang mit Hochbegabung in Kindertagesstätten* (S. 293-305). Weimar: Verlag das Netz.
Schilling, S., Sparfeldt, J. & Rost, D. H. (2006). Facetten schulischen Selbstkonzepts. Welchen Unterschied macht das Geschlecht? *Zeitschrift für Pädagogische Psychologie, 20* (1-2), 9-18.
Schneider, W. & Lindenberger, U. (Hrsg.). (2012). *Entwicklungspsychologie* (7., vollst. überarb. Aufl.). Weinheim: Beltz.
Schönbeck, J. (2012). *Musikalische Bildung im Elementarbereich* (Handreichungen zum Berufseinstieg von Elementar- und KindheitspädagogInnen Heft B08, hrsg. von U. Carle & G. Koeppel). Bremen: Universität Bremen. Zugriff am 30.07.2016. Verfügbar unter www.fruehpaedagogik.uni-bremen.de/handreichungen/B08Musik%28JS%29.pdf
Schröer, W., Stauber, B., Walther, A., Böhnisch, L. & Leipold, B. (Hrsg.). (2013). *Handbuch Übergänge*. Weinheim: Beltz Juventa.
Schulte-Körne, G. (2010). Diagnostik und Therapie der Lese-Rechtschreib-Störung. *Deutsches Ärzteblatt, 107* (41), 718-727. Verfügbar unter DOI: 10.3238/arztebl.2010.0718
Sears, R. R. (1977). Sources of life satisfaction of the Terman gifted men. *American Psychologist, 32*, 199-128.
Senatsverwaltung für Jugend, Bildung und Sport Berlin. (Hrsg.). (2014). *Das Berliner Bildungsprogramm für Kitas und Kindertagespflege*. Weimar: Verlag das Netz.
Singer, W. (2002). *Der Beobachter im Gehirn. Essays zur Hirnforschung*. Frankfurt a. M.: Suhrkamp.
Sinhart-Pallin, D. (2006). „Wie ist die Welt gebaut?". Philosophieren mit Kindern. *Kindergarten heute*, Heft 8/2006, 6-12.
Sodian, B. (2012). Denken. In W. Schneider & U. Lindenberger (Hrsg.), *Entwicklungspsychologie* (7., vollst. überarb. Aufl., S. 385-411). Weinheim: Beltz.
Solzbacher, C. & Behrensen, B. (2010). Individuelle Förderung als Grundlage für Begabtenförderung. In C. Koop, I. Schenker, G. Müller, S. Welzien & Karg-Stiftung (Hrsg.), *Begabung wagen. Ein Handbuch für den Umgang mit Hochbegabung in Kindertagesstätten* (S. 45-55). Weimar: Verlag das Netz.
Solzbacher, C., Weigand, G., & Schreiber, P.(Hrsg.). (2015). *Begabungsförderung kontrovers?* Weinheim: Beltz.
Spahn, C. (1997). *Wenn die Schule versagt. Vom Leidensweg hochbegabter Kinder*. Asendorf: Mut.
Staatsinstitut für Frühpädagogik. (Hrsg.). (2016). *KOMPIK – Kompetenzen und Interessen von Kindern*. Zugriff am 04.08.2016. Verfügbar unter www.kompik.de/kompik.html

Stamm, M. (2014a). Minoritäten als Begabungsreserven. In M. Stamm (Hrsg.), *Handbuch Talententwicklung. Theorien, Methoden und Praxis in Psychologie und Pädagogik* (S. 375-384). Bern: Huber.
Stamm, M. (Hrsg.). (2014b). *Handbuch Talententwicklung. Theorien, Methoden und Praxis in Psychologie und Pädagogik*. Bern: Huber.
Stapf, A. (2003). *Hochbegabte Kinder. Persönlichkeit, Entwicklung, Förderung*. München: Beck.
Stapf, A. (2010a). *Hochbegabte Kinder. Persönlichkeit, Entwicklung, Förderung* (5., aktual. Aufl.). München: Beck.
Stapf, A. (2010b). Differenzialdiagnostik: Hochbegabung und Aufmerksamkeitsstörung (ADHS). In F. Preckel, W. Schneider & H. Holling (Hrsg.), *Diagnostik von Hochbegabung* (S. 293-318). Göttingen: Hogrefe.
Steenbuck, O., Quitmann, H. & Esser, P. (Hrsg.). (2011). *Inklusive Begabtenförderung in der Grundschule. Konzepte und Praxisbeispiele zur Schulentwicklung*. Weinheim: Beltz.
Steinbrink, C. & Lachmann, T. (2014). *Lese-Rechtschreibstörung. Grundlagen, Diagnostik, Intervention*. Berlin: Springer.
Steinheider, P. (2014). *Was Schulen für ihre guten Schülerinnen und Schüler tun können. Hochbegabtenförderung als Schulentwicklungsaufgabe*. Wiesbaden: Springer VS.
Stern, E. (2001). Intelligenz, Wissen, Transfer und der Umgang mit Zeichensystemen. In E. Stern & J. Guthke (Hrsg.), *Perspektiven der Intelligenzforschung* (S. 163-203). Lengerich: Pabst.
Stern, E. & Grabner, R. H. (2014). Die Erforschung menschlicher Intelligenz. In L. Ahnert (Hrsg.), *Theorien in der Entwicklungspsychologie* (S. 174-201). Heidelberg: Springer VS.
Stern, E. & Neubauer, A. (2013). *Intelligenz – Große Unterschiede und ihre Folgen*. München: DVA.
Stern, E. & Neubauer, A. (2016). Intelligenz – kein Mythos, sondern Realität. *Psychologische Rundschau, 67* (1), 15-27.
Stern, W. (1916). Psychologische Begabungsforschung und Begabungsdiagnose. In P. Petersen (Hrsg.), *Der Aufstieg der Begabten* (S. 105-120). Leipzig: Teubner.
Sternberg, R. J. (2000). Giftedness as developing expertise. In K. A. Heller, F. J. Mönks, R. J. Sternberg & R. F. Subotnik (Eds.), *International handbook of giftedness and talent* (2nd ed., pp. 55-66). Oxford: Pergamon.
Sternberg, R. J. (2001). Giftedness as developing expertise: A theory of the interface between high abilities and achieved excellence. *High Ability Studies, 12*, 159-179.
Sternberg, R. J. & Davidson, J. E. (Eds.). (2005). *Conceptions of giftedness*. New York, NY: Cambridge University Press.
Stiftung Haus der kleinen Forscher. (2015). *Pädagogischer Ansatz der Stiftung „Haus der kleinen Forscher". Anregungen für die Lernbegleitung in Naturwissenschaften, Mathematik und Technik*. Zugriff am 04.08.2016. Verfügbar unter www.haus-der-kleinen-for¬scher.de/fileadmin/Redaktion/1_Forschen/Paedagogik/Paedagogikbroschuere.pdf
Stiftung Haus der kleinen Forscher. (2016). *Fortbildungen – Pädagogischer Ansatz*. Zugriff am 04.08.2016. Verfügbar unter www.haus-der-kleinen-forscher.de/de/fortbildungen/¬paedagogik/
Stöger, H., Schirner, S. & Ziegler, A. (2008). Ist die Identifikation Begabter schon im Vorschulalter möglich? Ein Literaturüberblick. *Diskurs Kindheits- und Jugendforschung, 3* (1), 7-24.
Sylva, K., Melhuish, E., Sammons, P., Siraj-Blatchford, I. & Taggart, B. (2004). *The effective provision of pre-school education (EPPE) project: Findings from pre-school to end of key stage 1*. Zugriff am 05.08.2016. Verfügbar unter http://eppe.ioe.ac.uk/eppe/ep¬pepdfs/RBTec1223sept0412.pdf

Tannock, M. T. (2008). Understanding the value of children's rough-and-tumble play. *The Early Childhood Educator* (Spring 2008). Zugriff am 05.08.2015. Verfügbar unter www.ecebc.ca/resources/journal/2008spring/03.html

Tettenborn, A. (1996). *Familien mit hochbegabten Kindern*. Münster: Waxmann.

Textor, M. (2014). Hochbegabte Vorschulkinder entdecken und angemessen fördern. In M. Stamm (Hrsg.), *Handbuch Talententwicklung. Theorien, Methoden und Praxis in Psychologie und Pädagogik* (S. 143-160). Bern: Huber.

TPS Theorie und Praxis der Sozialpädagogik. (Hrsg.). (2016) Begabung – Entwicklung – Förderung [Themenheft]. *Theorie und Praxis der Sozialpädagogik* (3).

Tucker-Drob, E. M., Briley, D. A. & Harden, K. P. (2013). Genetic and Environmental Influences on Cognition Across Development and Context. *Current directions in psychological science, 22* (5), 349–355. http://dx.doi.org/10.1177/0963721413485087

Turkheimer, E., Haley, A., Waldron, M., D'Onofrio, B. & Gottesman, I. I. (2003). Socioeconomic status modifies heritability of IQ in young children. *Psychological science, 14* (6), 623–628. http://dx.doi.org/10.1046/j.0956-7976.2003.psci_1475.x

Urban, K. K. (2011). Möglichkeiten und Grenzen von Kreativitätsdiagnostik. In Koop, C. & Steenbuck, O. (Hrsg.), *Kreativität – Zufall oder harte Arbeit?* (S. 18-27). Frankfurt a. M.: Karg-Stiftung.

Van Ackeren, I. (2008). Nationale Spitzenleistungen – internationale Leistungsspitze? Eine Sichtung von Lernerträgen besonders leistungsstarker Jugendlicher. In H. Ullrich & S. Strunck (Hrsg.). *Begabtenförderung an Gymnasien. Entwicklungen, Befunde, Perspektiven* (S. 37-59). Berlin: Springer.

Van Dieken, C. (2004). *Lernwerkstätten und Forscherräume in Kitas und Kindergarten*. Freiburg: Herder.

Van Kuyk, J. J. (2011). Scaffolding – how to increase development? *European Early Childhood Education Research Journal, 19* (1), 133-146.

Velden, M. (2013). *Hirntod einer Idee. Die Erblichkeit der Intelligenz*. Göttingen: Vandenhoeck & Ruprecht.

Viernickel, S., Nentwig-Gesemann, I.; Nicolai, K., Schwarz, S. & Zenker, L. (2013). *Schlüssel zu guter Bildung, Erziehung und Betreuung. Bildungsaufgaben, Zeitkontingente und strukturelle Rahmenbedingungen in Kindertageseinrichtungen. Forschungsbericht*. Berlin: Alice-Salomon-Hochschule.

Von der Beek, A.; Fuchs, R., Schäfer, G. E. & Strätz, R. (2003). Schlussfolgerungen für die Gestaltung von Bildungsprozessen in Kindertagesstätten – Vorschläge für Bildungsbereiche. In Schäfer, G. E. (Hrsg.). (2003a): *Bildung beginnt mit der Geburt. Förderung von Bildungsprozessen in den ersten sechs Lebensjahren* (S. 103-195). Weinheim: Beltz.

Von Groß, F., Meister, D. & Sander, U. (Hrsg.). (2015). *Medienpädagogik – ein Überblick*. Weinheim: Beltz Juventa.

Wagner, P. (Hrsg.) (2013). *Handbuch Inklusion. Grundlagen vorurteilsbewusster Bildung und Erziehung*. Freiburg: Herder.

Webb, J. T., Amend, E. R., Webb, N. E., Goerss, J., Beljan, P. & Olenchak, R. (2015). *Doppeldiagnosen und Fehldiagnosen bei Hochbegabung. Ein Ratgeber für Fachpersonen und Betroffene*. Bern: Huber.

Weigand, G. (2011). Geschichte und Herleitung eines pädagogischen Begabungsbegriffs. In A. Hackl, O. Steenbuck & G. Weigand (Hrsg.), *Werte schulischer Begabtenförderung. Begabungsbegriff und Werteorientierung* (S. 48-54). Frankfurt a. M.: Karg-Stiftung.

Weigand, G., Hackl, A., Müller-Oppliger, V., Schmid, G. & Maulbetsch, C. (Hrsg.). (2014). *Personorientierte Begabungsförderung. Eine Einführung in Theorie und Praxis*. Weinheim: Beltz.

Welzer, H. (2006). Über Engramme und Exogramme. Die Sozialität des autobiographischen Gedächtnisses. In H. Welzer & H. J. Markowitsch (Hrsg.), *Warum Menschen sich erin-*

nern können. Fortschritte in der interdisziplinären Gedächtnisforschung (S. 111-128). Stuttgart: Klett-Cotta.

Wood, D., Bruner, J. & Ross, G. (1996). The role of tutoring in problem solving. *Journal of Child Psychiatry and Psychology, 17* (2), 89-100.

Wörz, T. (2004). Die Entwicklung der Transitionsforschung. In W. Griebel & R. Niesel (Hrsg.), *Transitionen. Fähigkeit von Kindern in Tageseinrichtungen fördern, Veränderungen erfolgreich zu bewältigen* (S. 22-41). Weinheim: Beltz.

Wygotski [Vygotsky], L. S. (1987). *Ausgewählte Schriften. Arbeiten zur psychischen Entwicklung der Persönlichkeit* (Bd. 2). Köln: Pahl-Rugenstein.

Wygotski [Vygotsky], L. S. (2010). Das Spiel und seine Bedeutung in der psychischen Entwicklung des Kindes (1933). In D. B. Ikonin (Hrsg.), *Die Psychologie des Spiels* (S. 441-465). Berlin: Lehmanns Media.

Zentrales adhs-netz. (Hrsg.). (2012). *Diagnostik und Therapie von ADHS bei Kindern und Jugendlichen*. Göttingen: Hogrefe.

Ziegler, A., 2005). The actiotope model of giftedness. In R. J. Sternberg & J. E. Davidson (Eds.), *Conceptions of giftedness* (pp. 411-436). New York, NY: Cambridge University Press.

Ziegler, A. (2008). *Hochbegabung*. München: Reinhardt.

Zimmer, D. E. (2012). *Ist Intelligenz erblich? Eine Klarstellung*. Reinbek bei Hamburg: Rowohlt.

Zimmer, R. (2014). *Handbuch Bewegungserziehung. Grundlagen für Ausbildung und pädagogische Praxis*. Freiburg: Herder.

Zoch-Verlag (Hrsg.). (2016). *Geistesblitz*. Zugriff am 11.04.2017. Verfügbar unter: www.zoch-verlag.com/spiele/karten-wuerfel/geistesblitz.html

Verzeichnis der psychologischen Tests

AID-3	Kubinger, K. D. & Holocher-Ertl, S. (2014). *AID 3. Adaptives Intelligenz Diagnostikum 3* (Version 3.1). Göttingen: Hogrefe.
BIVA	Schaarschmidt, U., Ricken, G., Kieschke, U. & Preuß, U. (2004). *BIVA. Bildbasierter Intelligenztest für das Vorschulalter.* Göttingen: Hogrefe.
CFT 1-R	Weiß, R. H. & Osterland, J. (2013). *CFT 1-R. Grundintelligenztest Skala 1 – Revision.* Göttingen: Hogrefe.
CPM	Raven, J. C., Raven, J. & Court, J. H. (2006). *Raven's Progressive Matrices und Vocabulary Scales. Coloured Progressive Matrices mit der Parallelform des Tests und der Puzzle-Form* (dt. Bearbeitung und Normierung von S. Bulheller und H. Häcker). Frankfurt a. M.: Pearson.
HAWIK IV	Petermann, F. & Petermann, U. (2010). *HAWIK-IV. Hamburg-Wechsler-Intelligenztest für Kinder – IV. Übersetzung und Adaptation der WISC-IV von David Wechsler* (3. ergänzte Aufl.). Bern: Huber.
HAWIVA III	Ricken, G., Fritz, A., Schuck, K.-D. & Preuß, U. (Hrsg.). (2007). *HAWIVA-III. Hannover-Wechsler-Intelligenztest für das Vorschulalter – III.* Bern: Huber.
IDS	Grob, A., Meyer, C. S. & Hagmann-von Arx, P. (2009). *Intelligence and Development Scales (IDS). Intelligenz- und Entwicklungsskalen für Kinder von 5-10 Jahren.* Göttingen: Hogrefe.
IDS-P	Grob, A., Reimann, G., Gut, J. & Frischknecht M. C. (2013). *Intelligence and Development Scales – Preschool (IDS-P). Intelligenz- und Entwicklungsskalen für das Vorschulalter.* Göttingen: Hogrefe.
K-ABC-II	Kaufman, A. S. & Kaufman, N. L. (2015). *Kaufman Assessment Battery for Children II* (dt. Bearbeitung von P. Melchers und U. Preuß). Frankfurt a. M.: Pearson.
KFT 4-12+R	Heller, K. A. & Perleth, C. (2000). *KFT 4-12+ R. Kognitiver Fähigkeitstest für 4. bis 12. Klassen, Revision* (3., rev. Aufl. des KFT 4-13+). Göttingen: Hogrefe.
KET KID	Daseking, M. & Petermann, F. (2009). *Kognitiver Entwicklungstest für das Kindergartenalter (KET KID).* Göttingen: Hogrefe.
MHBT-P	Heller, K. A. & Perleth, C. (2007). *MHBT-P. Münchner Hochbegabungstestbatterie für die Primarstufe.* Göttingen: Hogrefe.
PSB 4-6	Horn, W., Lukesch, H., Kormann, A. & Mayrhofer, S. (2002). *Prüfsystem für Schul- und Bildungsberatung für 4. bis 6. Klassen (PSB-R 4-6).* Göttingen: Hogrefe.
SON-R 2½-7	Tellegen, P. J., Laros, J. A. & Petermann, F. (2007). *SON-R 2½-7. Non-verbaler Intelligenztest.* Göttingen: Hogrefe.
SPM	Horn, R. (2009). *Raven's Standard Progressive Matrices.* Frankfurt a. M.: Pearson.
THINK 1-4	Baudson, T. G., Wollschläger, R. & Preckel, F. (2017). *THINK 1-4. Test zur Erfassung der Intelligenz im Grundschulalter.* Göttingen: Hogrefe.
WPSSI III	Petermann, F., Ricken, G., Fritz, A., Schuck, K.-D. & Preuß, U. (Hrsg.). (2014). *Wechsler Preschool and Primary Scale – Third edition. Deutschsprachige Adaption nach D. Wechsler* (3., überarb. u. erw. Aufl.). Frankfurt a. M.: Pearson.
WISC IV	Petermann, F. & Petermann, U. (Hrsg.). (2011). *Wechsler Intelligence Scale for Children – Fourth Edition. Übersetzung und Adaptation der WISC-IV von David Wechsler.* Frankfurt a. M.: Pearson.
WISC V	Petermann, F. (Hrsg.). *Wechsler Intelligence Scale for Children – Fifth Edition. Übersetzung und Adaptation der WISC-V von David Wechsler.* Frankfurt a. M.: Pearson.
WNV	Wechsler, D. & Naglieri, J. A. (2014). *Wechsler Nonverbal Scale of Ability.* Frankfurt a. M.: Pearson.

Tim Rohrmann
Christa Wanzeck-Sielert

Mädchen und Jungen in der KiTa

Körper, Gender, Sexualität

2014. 234 Seiten. Kart.
€ 27,99
ISBN 978-3-17-022122-2

Entwicklung und Bildung in der Frühen Kindheit

Die große Bedeutung geschlechterbezogener Faktoren für Bildungsprozesse bereits in der frühen Kindheit ist heute unumstritten. In der Ausbildung künftiger Elementarpädagogen hat die Auseinandersetzung mit Geschlechterfragen daher einen festen Platz. Dieses Lehrbuch vermittelt anschaulich und fundiert Grundlagen und Methoden zu den Themen Gender und Sexualität, die für die pädagogische Bildungsarbeit in KiTas von Bedeutung sind. Entlang aktueller Theorien und Forschungsergebnisse werden zentrale Fragen der psychosexuellen und geschlechtsbezogenen Entwicklung von Kindern thematisiert. Dabei wird der Kita als wesentlichem Sozialisationsraum besondere Beachtung gegeben. Anregungen zur Selbstreflexion vermitteln pädagogischen Fachkräften ein Grundverständnis ihrer Bedeutung als Frau oder Mann in der pädagogischen Arbeit mit Mädchen und Jungen. Daran anknüpfend werden Ansatzpunkte und Konzepte geschlechterbewusster und sexualpädagogischer Handlungskompetenz im Elementarbereich eingeführt und anhand vieler Praxisimpulse veranschaulicht.

Dr. Tim Rohrmann, Dipl.-Psych., ist Professor für Entwicklung und Bildung im Kindesalter an der Evangelischen Hochschule Dresden. **Christa Wanzeck-Sielert**, Dipl.-Päd. und Supervisorin, ist Leiterin des Zentrums für Prävention am Institut für Qualitätsentwicklung an Schulen Schleswig-Holstein (IQSH) und Lehrbeauftragte an der Universität Flensburg.

Leseproben und weitere Informationen unter www.kohlhammer.de

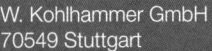

Miriam Leuchter

Kinder erkunden die Welt

Frühe naturwissenschaftliche
Bildung und Förderung

2017. 135 Seiten. Kart.
€ 29,-
ISBN 978-3-17-023434-5

Entwicklung und Bildung in der Frühen Kindheit

Schon Kleinkinder nehmen an den Dingen ihrer Umwelt Anteil und versuchen Zusammenhänge zu ergründen. Das Buch zeigt, wie drei- bis sechsjährige Kinder spielerisch an Naturwissenschaften herangeführt werden können, wobei entwicklungspsychologische Voraussetzungen und fachdidaktische Zugänge den Ausgangspunkt bilden. Anschließend werden die Grundlagen naturwissenschaftlichen Denkens und Handelns erklärt. Praxisnahe Beispiele zeigen, wie mit einfachen Materialien spielbasiert ein elementares Verständnis naturwissenschaftlicher Denk- und Arbeitsweisen sowie physikalischer Begriffe angeregt werden kann.

Dr. phil. Miriam Leuchter ist Professorin am Institut für Bildung im Kindes- und Jugendalter der Universität Koblenz-Landau.

Leseproben und weitere Informationen unter www.kohlhammer.de